# 풀뿌리는 느리게 질주한다

## —자치운동의 현재와 미래

시민자치정책센터

갈무리

2002

갈무리 신서 31

## 풀뿌리는 느리게 질주한다

초판인쇄    2002년 4월 10일
초판발행    2002년 4월 19일

지 은 이    시민자치정책센터
펴 낸 이    장민성
표    지    신은주
편    집    최미정
펴 낸 곳    도서출판 **갈무리**
등록번호    제17-0161호
등록일자    1994. 3. 3.

주    소    서울 마포구 서교동 467-1호 파빌리온 오피스텔 304호
전    화    325-1485 / 팩스 : 325-1407

주문·배본    한국출판협동조합 716-5616~9

Web page    http://galmuri.co.kr
E-mail    galmuri@galmuri.co.kr

ISBN    89-86114-46-1    04330
        89-86114-21-6    (세트)


★ 잘못 만들어진 책은 바꾸어 드립니다.

‘느리게 질주한다’. 단순한 말장난처럼 들릴 지도 모르겠다. 하지만 이것은 이제껏 우리가 믿고 살아 왔던 것들에 대한 반성을 의미한나.

‘느림’이라는 가치가 유행하고 있다. 하루하루 벌어먹고 살기도 바쁜 와중에, ‘일찍 일어나는 새가 벌레를 먼저 잡는다’라는 금과옥조를 품고 살아온, ‘한강의 기적’을 일으킨 개미처럼 근면한 배달의 민족에게 왜 뜬금없이 느림인가? 어찌 보면 “새벽종이 울렸네, 새아침이 밝았네”를 부르며 일터로 향했던 우리에겐 느림을 생각할 여유가 없었다. 아니 우리는 느림을 생각하지 못하도록, ‘개발’과 ‘발전’만을 추구하도록 학습받았고 강요당했다.

무엇이 목표인지, 어떻게 사는 것이 올바른 것인지 알지 못한 채, 무조건 앞으로 나가도록 강요당했다. 다리가 내려앉고 백화점이 무너져도, 아이들이 유서를 남기고 자살을 택할 때도 그런 것은 재수없는(?) 소수의 문제일 뿐이고 나머지는 그냥 그대로 일상을 살아가는 것이 올바른 것이라고, 그럴수록 열심히 시키는 대로 따라야 한다고 교육받았다. 누군가 입바른 소리를 하거나 비판을 하면, 꾸준히 배워왔던 대로 ‘좌경’ 혹은 ‘빨갱이’라는 딱지를 붙이고 의심스런 눈초리로 쳐다봤다.

느림은 너무 빠른 속도로 움직여서 제대로 파악할 수 없었던 우리 주변의 일상을 천천히, 그리고 주의깊게 다시 바라보는 것이다. 무엇을 목표로 삼을 것인지, 어떻게 살 것인지, 무엇이 올바른 것인지를 스스로 판단하며 천천히 앞으로 나가는 것이다. 남이 시켜서, 혹은 남들이 하니까 무조건 덩달아 뛰어가는 것이 아니라 자신의 속도를 유지하며 우리의 삶을 살아가는 것이다.

　요즘은 '질주'라는 말보다 '탈주'라는 말이 더 유행하는 것 같다. 꽉 짜여진 일상에서 일탈해 새로운 무언가를 찾아 떠나는 것, 그것은 분명 멋진 일이다. 하지만 탈주는 다시 짜여진 일상 속으로 돌아올 것을 전제한다. 왜냐하면 그것은 일탈일 뿐이고 일상 속에서 변화를 추구하지 않기 때문이다(물론 탈주를 통해 배운 새로운 경험들이 일상을 새롭게 변화시키기도 한다). 영원한 일탈? 그것은 현실에서 아직 가능한 것 같지 않다(돌아오지 않는 탈주는 일상인이 아니라 그런 특권을 가진 사람들에게나 가능하다).

　그런 점에서 새로움은 갑자기 등장하는 것, 일상 밖에서 일상으로 주입되는 것이 아니다. 새로움은 과거를 잊어버리지 않고 기억할 때(친일파를 기억하고 그 죄상을 밝혀내야 하듯이), 과거로 묻혀진 것들에 쌓인 먼지를 툭툭 털어내고 다시 펼치는 것이다. 일상 속에서의 변화는 작은 것이지만 관련된 개인과 공동체의 삶을 크게 변화시킨다. 조그마한 신념의 변화, 일상의 변화는 그 사람의 삶을 폭풍처럼 질주하게 한다. 그래서 '탈주'보다는 '질주'가 더 깊게 다가온다.

　풀뿌리는 '느리게' '질주'한다. 풀뿌리는 일상 깊숙이 뿌리내려 있고 그 일상의 힘으로 세상을 변화시키려 한다. 견고한 일상이 쉽게 변화를 따르지 않기 때문에 그 속도는 상황과 조건에 따라 느리게 진행될 수밖에 없다. 하지만 풀뿌리의 길은 느리지만 올바른 것이기 때문에 실제로 더 빠른 것일지 모른다. 개발과 발전을 앞세워 생태계를 파괴하고 자신의 능력을 과신하는 '토끼'보다는 느리지만 시민 스스로를 공동체의 주체로 만들고 공존하는 법을 배워가는 '거북이'가 '자치'라는 결승점에 먼저 도착할 수 있다.

# 머리말

　지방자치제도의 부활 이후 많은 시행착오가 있었지만 여기 여기에서 변화의 조짐들이 나타나고 있다. 우선 주민을 대하는 공무원들의 태도가 달라지고 지역문제를 바라보는 주민의 태도가 변하고 있다. 여기 저기에서 지역문제를 스스로 해결하려는 주민들의 활동이 눈에 띄게 증가하고 있다. 지방자치는 한편으로 정치개혁 프로그램으로서의 의미를 갖기도 하지만 다른 한편으로 우리의 삶을 재구성하는 문명전환으로서의 의미도 갖는다. 지방자치의 목적은 궁극적으로 주민을 변화시켜 시민으로 만들고 시민이 지역공동체를 변화시켜 삶의 터전으로 일구며 더 나아가 국가공동체를 아래에서 위로 바꾸어 내는 데 있다.

　<시민자치정책센터>에서는 주민들 스스로가 주체로서 지역의 변화를 일으키고자 하는 노력들이 여기 저기에서 나타나는 것에 주목하고 이런 노력들이 우리 사회를 변화시킬 수 있는 희망의 씨앗이라고 본다. 이런 작은 변화들

을 소중하게 생각하고 이들 변화들을 연결하고 확산하여 도도한 큰 흐름으로 만들어 내고자 하는 것이 <시민자치정책센터>의 목적이다. 이를 위하여 <시민자치정책센터>는 지역운동 사례를 발굴하고 이것에 의미를 부여하는 이론적인 지원활동을 하고 있다. <시민자치정책센터> 활동 중의 하나로 월례포럼이 진행되고 있다. 많은 사람이 모이는 것은 아니지만 지방자치와 풀뿌리운동에 관한 진지한 발표와 토론이 진행되고 있다. 지금까지 발표된 글들을 모으고 일부를 보충하여 책자로 발간하자는 의견이 제안되었고 이 책도 그런 작업의 한 성과물이다. 이러한 작업은 앞으로도 계속될 것이다.

이 책에서는 시민자치운동의 터전에 대한 검토로서 시민의 주체적인 자기결정이 민주주의와 어떤 연관성을 가지고 있는지, 지방자치가 지향하는 바가 무엇이고 그 본질이 무엇인지, 지방자치의 버팀목으로서 주민들의 자기실현, 참여를 위한 주민의 자치, 주민운동의 현황과 과제에 대해 논의하고 있다. 다음으로 주민의 자치운동의 실험 사례들을 몇 가지 짚어 보고 이를 어떻게 바라볼 것인지를 해석해 내고 있다. 녹색도시 비전 만들기, 마을만들기, 공동육아운동 등은 우리의 일상생활 속에서 혼자만의 힘으로 해결하기 어려운 문제들을 여럿의 힘으로 모아 삶의 터전을 더 살기 좋은 곳으로 만들려는 다양한 시도들과 상상력을 담아내고 있다. 다음으로 주민의 자치운동과 지역정치와의 관계, 제도화되지 않은 자치와 제도화된 자치와의 연계가능성 등에 대한 조심스러운 접근을 시도하고 있다. 뜻을 함께 하는 시민들이 자기결정을 통해 공동체의 생활문제를 해결하는 활동을 하나의 정치현상으로 본다면, 시민이 주체가 된다는 점에서는 시민정치라 할 수 있고 관심의 초점이 생활문제라는 점에서는 생활정치라고 할 수 있다. 이 책에서 논의된 주제들은 시민의 자발적인 헌신에 의한 시민정치 내지 생활정치의 문을 열기 위한 시도라고 볼 수 있다. 이 책은 주민자치운동의 의미와 본질, 방법론, 과제 등을 제시함으로써 지방자치와 주민자치에 관심을 가진 활동가나 실무자, 학생, 지방정치인이나 그 지망자들에게 도움을 줄 수 있을 것으로 기대된다.

  책의 제목을 정하기 위해 많은 얘기를 나눴다. 중앙집권적인 논리가 속도숭배, 물질주의, 대량생산주의, 획일화, 남성적 권력추구, 폭력주의와 맥락을 같이 한다면, 지방자치로 상징되는 것은 속도에 대한 강박으로부터 탈출, 정신주의 내지 문화주의, 다양화, 공존적 나눔, 평화적 생태주의, 여성화 등으로 표현할 수 있다. 문명 전환의 터전이자 상징을 풀뿌리에서, 속도초월이라는 의미를 느림에서 찾았고, 줄기찬 변화의 추구라는 의미를 질주로 표현했다.

  이 책의 원고를 쓴 집필자들(특히 <한국도시연구소>의 이호 실장)과 기획과 편집을 해주신 <시민자치정책센터> 운영위원들에게 감사드린다. 특히 이 책의 발간을 제안하고 기획 및 편집, 교정에까지 헌신적으로 노력한 <시민자치정책센터>의 편집위원장을 맡고 있는 하승우 씨에게 특별한 감사를 드린다. 또한 이 책의 발간을 흔쾌히 승낙해 주시고 조언을 해주신 갈무리 출판사 조정환 선생님께 깊은 감사를 드린다. 아무쪼록 이 책이 우리 나라의 자치운동과 지방자치의 발전에 조금이라도 도움이 되기를 바란다.

시민자치정책센터 대표 이기우

# 차례

# 자치운동, 그 씨줄과 날줄 그리기



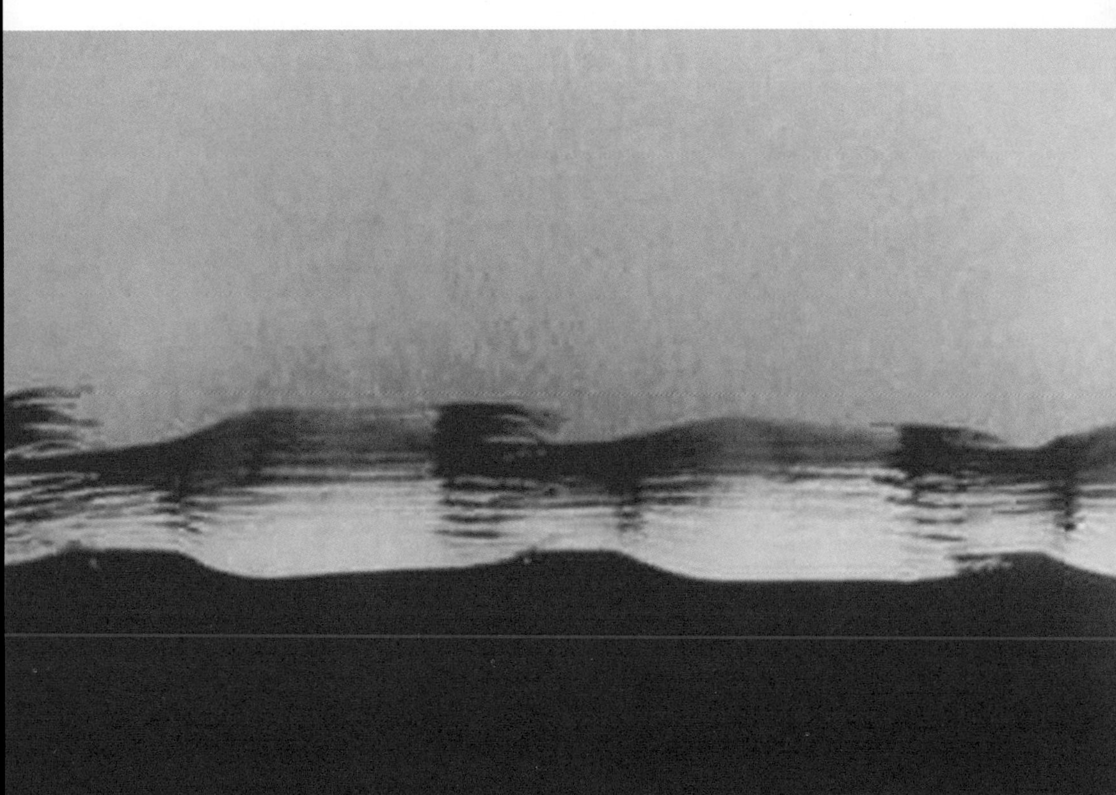

# 1장
# 시민자치운동과 민주주의의 미래[*]

대담정리 : 하승우

　많은 사람들이 21세기를 'NGO의 시대'라고 부른다. 이것은 사회단체, 시민
단체의 영향력이 그만큼 확대되었다는 것을 의미한다. 시민단체는 단순히 수
적인 면에서만이 아니라 다루는 이슈의 측면에서도 폭발적으로 성장했다. 『한
국민간단체총람 2000』에 따르면 한국의 NGO는 4,023개에 이르며 지부까지
포함하면 약 2만 개가 넘는 것으로 추정된다. 이슈 영역도 시민사회, 지역자치,
사회서비스, 환경, 문화, 교육/학술, 종교, 노동/농어민, 경제, 국제 등 매우 다
양해졌다.

---

[*] 이 글은 2001년 12월 4일 한국기독교청년연합(KYC) 강당에서 이뤄진 대담을 기초로 작성된 것
입니다. 참석자는 김현(시민자치정책센터 상근운영위원), 유종순(사)열린사회시민연합 공동대표),
이호(한국도시연구소 주민운동실장), 하승수(시민자치정책센터 운영위원), 하승우(시민자치정책
센터 운영위원)입니다. 대담 내용을 취합한 것이지만 집필자의 의도에 따라 가감되었음을 미리
밝힙니다.

하지만 그 폭발적인 성장과 발전에 있어 속도를 조절할 때가 온 것 같다. 한국사회의 시민운동은 시민들의 가려운 곳을 긁어줘서 짜릿한 쾌감을 줬지만 그 쾌감을 지속시키지 못하고 있다. 이런 시점에서 시민자치운동[1]은 그 동안 진행되어 온 주민운동의 성과와 시민운동의 성과를 결합하며 민주주의의 발전에서 가장 중요한 것이 무엇인가를 되돌아보게 해준다. NGO의 시대가 왔다고 해서 자동적으로 민주주의가 구현되는 것은 아니다. 시대적 상황도 그것을 일궈나갈 주체가 없다면 새로운 변화를 만들 수 없다.

## 시민운동, 주민운동, 시민자치운동

이미 '시민운동'이라는 말이 있는데 굳이 '시민자치운동'이라는 말을 따로 쓰는 이유는 뭘까? 흔히 그러듯이 서로 패를 나누고 힘겨루기를 해서 주도권을 차지하려고 그러는 것일까? '자치'라는 말의 의미를 생각해 보면, 그런 이유는 아닐 것 같다. 왜냐하면 자치는 스스로 결정하고 다스리는 것이므로 니편, 내편 싸울 이유가 없기 때문이다. 그렇다면 왜 시민자치운동이라는 개념을 따로 사용하는 것일까?

그것은 한국사회의 시민운동에 대한 '건강한 걱정' 때문이다. '건강한'이라는 표현은 시민운동의 자리를 빼앗기 위한 것이 아니라 그것이 제대로 뿌리내렸으면 하는 바램을 나타내고, '걱정'이라는 표현은 시민운동이 뭔가 잘못된 길을 가고 있다는 염려를 나타낸다.

'적과 싸우다 보면 닮아간다'는 말이 있다. 모든 것이 수도권으로 초집중된 (그냥 집중이라는 말로 표현하기엔 너무 심해진) 한국의 중앙권력과 싸우다 보

---

1) 왜 자치가 아니라 자치운동이어야 하는지는 '3장. 주민자치, 주민자치운동의 현황과 과제'를 참조하시길.

니 시민운동도 중앙화될 수밖에 없다. 그러다 보니 모든 것이 중앙에서 결정되고 의제의 설정이나 의사결정 역시 중앙에서 진행된다. 운동의 방식도 시민을 주체로 만들기보다는 시민의 이름을 내걸고 대신 싸우는 대리전의 형태이다. 나를 대신해 싸워줄 누군가가 있다는 것이 든든하기도 하지만 어찌 보면 그것은 대의제의 또 다른 형식일 뿐이다. 참여를 지향하는 시민운동이 대의제의 또 다른 형식을 취한다는 것은 논리적인 모순, 현실적인 한계에 부딪친 것이라 하겠다.

물론 실제로 운동을 하는 데 있어서 그것은 잘 의식되지 않는다. 흰말이면 어떻고, 검은말이면 어떤가, 잘 달리면 되는 것 아닌가? 흰 고양이면 어떻고, 검은 고양이면 어떠랴, 쥐만 잘 잡으면 되지. 이런 생각은 매우 현실적인 고민이지만 때론 위험한 결과를 가져올 수도 있다. 지나치게 확대된 해석으로 들릴지 모르지만 박정희에 대한 재평가 열풍은 이런 생각과 무관하지 않다. "독재면 어떻고, 민주주의면 어떠랴, 잘 먹고 잘 살면 되지. 정치는 한량들이 하는 것이고, 골치 아픈 건 다른 사람들이 알아서 하라고 해. 잘되면 좋은 거구 나쁘면 할 수 없는 거지." 민주주의의 비극은 바로 여기서 시작한다. 바로 이 비극을 막고자 시민자치운동은 같이 골치 좀 아파 보자고, 도대체 잘 사는 것이 무엇인지 같이 고민해 보자고 손짓한다.

물론 시민자치운동에 관해 합의된 개념이 있는 것은 아니다. 유일한 합의는 자치가 궁극적인 목표여야 한다는 것이고, 그 규모는 차이를 가질 수밖에 없다. 왜냐하면 각각의 장이 다르기 때문이다. 지역적인 규모에서 가능한 것을 국가적인 것으로 요구할 수 없고, 국가적인 사안을 지역에서 해결할 수는 없기 때문이다. 자치는 이것이라고 규정될 수 있는 개념이 아니고 그때그때의 사정에 따라 탄력적으로 구사되어야 한다. 또한 자치라고 하는 것은 자치적인 능력을 가진 사람의 수준만큼 이루어진다. 그런 의미에서 자치적인 능력이 없는 사람들에게 자치적 권한을 부여한다고 해도 자치는 실현될 수 없다. 자치능력은 끊임없이 교육받고 훈련하면서 발전하는 것이다. 그런 점에서 자치는 고정되고 완결된 개념이 아니라 작은 소모임에서 큰 단위로, 또는 그 역방향으로 끊임없이 소통되고 유동적으로 흐르는 개념이다. 따라서 시민운동과 시민자치운동은 대립되는 운동이 아니다. 시민운동은 궁극적으로 시민자치운동이어야 한다. 일시적으로 시민을 대변하는 운동에서 시작했다 하더라도 시민 스스로가 자치를 할 수 있도록 만드는 것을 지향해야 한다.

시민자치운동이라는 개념은 시민운동과의 관계에서만이 아니라 주민운동과의 관계에서도 애매하게 들릴 수 있다. 주민운동을 자치운동이라고 부른다고 해서 특별한 문제가 있는 것은 아니다. 다만 주민이라는 말이 들어갈 경우에는 그 규모가 필요한데 시민이라고 하면 특정한 공간적 범위보다 역사적인 전개가 연상되는 차이가 있다. 주민자치라고 하면 '여기에서 이런 일을 한다'는 구체적인 상이 그려지는데 시민자치라고 하면 구체적인 상이 잘 그려지지 않는다. 즉 주민이라고 하면 무엇을 가지고 어떻게 참여할 것인가라는 경로가 뚜렷이 보이는데, 시민이라고 하면 공공성이라는 의미 외에는 나머지 경로가 추상적이기 때문에 실천적인 것을 지향하는 데 한계를 가진다. 이렇게 보면 자치라는 것은 작은 공동체 단위에서만 가능한 것으로, 자치를 교육받고 훈련하는 것은 큰 단위에서 불가능해 보인다.

분명히 자치라는 개념은 '스스로 다스린다'는 말이지만 현실적인 면에서 시민이 의사결정 과정에 참여하는 것을 가리킨다. 현대사회에서 공동체의 규모가 너무 크기 때문에, 현실적으로 지방자치가 이루어지는 공간만 봐도 엄격한 개념의 자치는 불가능하다. 예를 들어, 작은 시의 규모인 인구 5만 정도만 되어도 현실적으로 자치는 불가능하기 때문이다. 따라서 현실적인 감각을 가지고 자치를 운용할 필요가 있다.

또한 시민자치운동이라고 하면 주민운동과 달리 공적인 이해관계를 강조한다.[2] 일본의 경우 의식적으로 주민자치보다는 시민자치라는 말을 많이 사용한다. 왜냐하면 공해반대운동처럼 주민들의 요구만 해결되면 운동이 사그라드는 경우가 많이 있었기 때문에 그것에 대한 반성으로 의식적으로 시민자치라는 개념을 사용하는 것이다. 한국의 경우도 주민들의 요구나 민원이 즉자적으로 일어나는 측면이 많아서 그런 것과 거리를 두기 위해 시민이라는 말을 의식적으로 사용하기도 한다.

따라서 주민자치라는 것 자체만으로는 운동이 될 수 없다. 사회운동이 사회를 변화시키는 운동이듯, 자치운동도 사회를 변화시키려는 지향성과 전망을 가지고 있느냐, 없느냐를 중요한 기준으로 삼는다. 따라서 자족적이거나 폐쇄적인 모임이 아니라 자신들의 욕구와 지역사회의 욕구를, 지역의 욕구만이 아니라 전체의 욕구를 고려하려고 노력할 때 사회운동으로서의 주민자치운동 또는 시민자치운동이 될 수 있다.

재미있는 예로, 아이들의 공화국으로 잘 알려진 에스파냐 북서쪽에 위치한 '벤포스타(Benposta)'를 들 수 있다(김현 2001). 아이들은 자치적으로 대통령을 뽑고 법률을 제정하며 마을을 운영한다. 재미있는 것은 누구나 신청을 통해 주민이 될 수 있지만 바로 '시민'이 될 수 없다는 점이다. 나이나 거주 기간에 상관없이 시민이 되려는 사람은 총회에서 추천을 받아야 하고 공화국에 대한 자신의 생각을 피력하고 질문과 토론을 통해 자질을 평가받아야 한다. 그리고 하룻밤 동안 공화국의 발전을 위한 제안과 자신이 하고 싶은 일들을 정리한 글을 발표함으로써 최종적인 검증을 받는다. '시민'이라는 자격은 그냥 주어지

---

2) 시민자치는 지방자치의 토대 위에 구성되는 것이다. 보통 지방자치는 단체자치와 주민자치로 구성된다. 단체자치는 지방정부의 자율성에 중점을 두는 것으로 분권의 문제라고 볼 수 있고, 주민자치는 지방정부의 정책결정 과정에 주민이 참여하는 것이다. 다만 시민자치라는 개념은 지역문제에 대한 지역주민의 학습과 참가가 결국 국가와 시장의 규율로부터 상대적으로 자립한 시민사회적인 정치를 형성하는 운동으로 연결된다는 의미에서, 그리고 주민의 참가가 그러한 시민으로서의 격을 지향해야 한다는 규범성을 강조하기 위해 의식적으로 사용되고 있다고 할 수 있을 것이다. 참가에 드는 비용을 감수하면서도 자치를 지향하는 주민은 이미 시민의 격을 획득했거나 획득하는 과정에 있다고 말할 수 있을 것이다. 그 본질이 자치에 있다는 점을 고려한다면, 공적인 문제에 대해 숙고하고 토론하여 합의를 창출해 내고 그러한 합의를 공동의 규범으로서 받아들여 스스로를 다스려 나갈 때 그러한 주민은 이미 시민의 격을 획득하고 있다고 말할 수 있을 것이다(김기성 1999).

는 것이 아니라 전체를 보는 눈을 기르고 전체의 일에 참여함으로써 획득해야 하는 것이다.[3]

또 다른 예로 공동육아협동조합을 들 수 있다. 공동육아협동조합에 참여하는 사람들은 다양하다. 육아라는 문제를 자체적으로 해결하기 위해 참여하는 사람이 있고 사회운동으로서의 전망을 가지고 활동하는 사람도 있다. 협동조합이라는 그 자체로도 충분히 자족적이고 자치적인 요소를 가지고 있지만 배타성도 가지고 있기 때문에 그 자체만으로는 사회운동으로 보기 어렵다. 개개인에 대한 판단이 아니라 자기들만의 육아문제를 해결하려고 하는지 아니면 지역사회로 확장되려고 하는지를 봐야 자치운동으로서의 가능성을 평가할 수 있다. 자신의 욕구와 지역사회의 욕구를, 더 나가서 공공의 이익을 고려할 수 있을 때만 시민자치운동으로 볼 수 있다.[4]

그렇다면 시민자치운동은 현실적으로 어떻게 변화를 만들어 낼 것인가?


## 기동전에서 입체전으로

일찍이 이탈리아의 그람시(A. Gramsci)는 혁명적 봉기를 통한 기동전에서 시민사회에 기반한 진지전으로의 전환을 주장했다. 즉 국가의 지배는 공식화

---

3) 이런 점에서 시민이 누구인가에 대한 아리스토텔레스의 고전적인 정의를 되새길 필요가 있다. 아리스토텔레스는 시민의 덕목이란 정체에 따라 다르고(권위주의에서는 복종하는 것이 시민의 덕목이고, 민주주의에서는 참여하는 것이 시민의 덕목이다) 민주주의에서 시민의 덕목이란 공적인 사무에 참여하고 다스릴 뿐 아니라 따를 줄도 아는 것이라고 강조한다(Aristotle 1990).

4) 주민자치와 시민자치는 별개의 개념이 아니고 서로 연관된 개념이다. 주민자치가 지역적인 공간으로 한정되는 느낌을 준다면 시민자치는 좀더 확장된, 국가와 상대적인 개념으로 쓰이는 시민사회에 기반하고 있다고 볼 수 있다. 즉 주민운동이 '특정 지역'이라는 지역성을 지닌 운동이라면, 시민운동은 특정지역에 국한되지 않고 더 일반적인 사회적·정치적 문제의 해결을 위해, 더 광범한 시민의 참가를 통해 전개되는 운동을 가리킨다(이지원 1999).

되고 제도적인 기구들을 통해서만이 아니라 이데올로기적인 여러 장치들을 통해 헤게모니를 장악하고 있기 때문에, 이 헤게모니를 뒤집고 실질적으로 사회를 변화시키려면 시민사회의 헤게모니를 장악해야 한다는 주장이다.

과거 민중운동 진영에서 일하던 사람들이 대거 시민운동으로 참여한 것은 이런 인식의 전환과 무관하지 않다. 하지만 그 사람들은 인식이 전환된 만큼 자신의 몸도 변화시킨 것일까? 혹시 머리만 진지전이고 여전히 몸은 기동전에 맞추어져 있는 것이 아닐까?

흔히들 현대전은 입체전이라고 말한다.[5] 전쟁에서 승리하려면 육군만으론 부족하고 공군도 필요하다. 그리고 육군 내에서도 전차부대가 필요하고 소총부대도 필요하다. 즉 다양한 역할이 필요하다. 시민자치운동도 마찬가지다. 자치를 지향하는 데 필요한 사람을 만드는 활동이 필요하고, 자치를 가능하게 하는 제도를 만드는 활동도 필요하다. 그리고 이런 활동들은 지속적인 소통을 통해 서로의 상황을 교환해야 한다. 가령, 공군이 육군의 상황—— 적을 만나서 고전을 하는지, 순조롭게 행군하고 있는지—— 을 잘 안다면 적절히 지원해서 전쟁을 승리로 이끌 수 있다. 하지만 소통이 잘 되지 않는다면 전쟁의 승패를 장담하기 힘들다. 결국 각 부대간의 적절한 소통이 전쟁의 승패를 결정한다.

그렇기에 현대전에서 적군은 심리전과 방해전을 활발하게 구사한다. 소통을 방해하기 위해 잘못된 정보를 흘리기도 하고 방해전파를 쏘기도 한다. 특히 현대사회의 발달과 함께 대중매체의 영향력이 커지면서 이런 전술은 손쉽게 큰 효과를 거둘 수 있다(조선일보처럼 편향된 정보를 지속적으로 흘리면 왜곡된 정보가 사실처럼 느껴진다). 예를 들어, 지역주민들의 절실한 요구 사안일지라도 매스컴이 지역이기주의로 몰아버리면 소통이 단절된다.

---

5) 뒤에서 설명하겠지만 사실 시민자치운동은 권력을 장악하기 위한 운동이 아니기 때문에 삶과 죽음이라는 절대명제, 절대적인 선택밖에 없는 전쟁에 비유하기 힘들다. 하지만 설명의 편의를 위해, 그리고 대담 중에 재미있는 얘기가 나왔기 때문에 전쟁에 비유해서 설명하려 한다.

보통 중앙에서 활동하는 <참여연대>나 <경실련> 같은 시민운동단체를 공군으로 볼 수 있다. 고정된 한 지역에 뿌리내리기보다 전국적인 이슈를 중심으로 많이 활동하기 때문이다. 반면 지역에서 활동하는 주민운동단체들은 육군으로 볼 수 있다. 전국적인 이슈보다는 실질적으로 지역을 하나의 공동체로 형성하는 일에 더 치중하기 때문이다(물론 <총선시민연대>활동에 결합했던 것처럼 대부분의 주민운동단체들이 중앙과 지역의 일을 병행하고 있지만 주력 사업은 지역의 욕구를 해결하는 것이다).

문제는 공군이 지나치게 주목을 받는다는 점이다(대중매체는 의도적으로 공군의 활동만을 부각시켜서 소통을 단절시키고 공군의 허점을 찾아내려 한다). 땅을 박박 기는 보병보다 하늘을 씽씽 나르는 파일럿이 더 멋있어 보이는 건 당연할 수 있다. 하지만 육군이 없으면 궁극적인 전쟁의 승리가 불가능한데도 대부분의 재생산 구조가 공군에 치우친다. 운동에 새롭게 참여하려는 사람들은 중앙의 시민운동단체로 갈려고 하지 밑바닥에서부터 시작하는 지역의 주민운동단체에서 일하려 하지 않는다. 그러니 지역단체는 활동가를 재생산하는 데 어려움이 많다. 그리고 전문가들도 폼나는 중앙으로만 모인다. 중앙의 시민운동단체에서는 교수, 변호사, 회계사를 쉽게 만날 수 있지만 주민운동단체에서는 그들을 찾아보기 힘들다. 그러다 보니 육군과 공군의 거리가 점점 멀어지고 승리의 가능성도 줄어든다.

'메뚜기도 한철'이라는 속담이 있다. 잘 나간다고 뒤에서 호박씨 까는 말이 아니라 잘 나갈 때 한번 더 뒤돌아보라는 교훈을 담고 있다. 공군은 이동이 자유롭고 물리력이 강한 만큼 육군의 상황을 이해하려고 먼저 다가서야 한다. 상황이 괜찮으면 모르겠지만 고립되고 열악한 상황의 육군이 공군과 먼저 연락을 취하기란 힘들다(기껏해야 연기를 피우고 깃발을 흔드는 간접적인 신호밖에 보내지 못한다). 중앙의 시민운동단체가 먼저 지역의 주민운동단체를 찾고 그 상황을 정확히 파악해서 도움을 줘야 한다. 결국에는 그것이 전쟁을 승리로 이끌 것이기 때문이다.

그리고 지역에 뿌리를 가지지 않은 중앙의 시민운동단체는 문제가 생기면 말라버리기 쉽다. 처음에 중앙단체로 시작했다 하더라도 의사결정 과정에서 뿌리를 키우려는 노력이 필요한데, 한국의 시민운동단체는 아직까지 그런 과정을 활성화시키지 않고 있다. 모든 의사결정이 중앙의 사무국 중심으로 이루어지다 보니 지역에 지부가 있어도 지역의 이슈를 발굴하지 않고 중앙의 이슈를 전파하는 역할을 많이 하게 된다. 자연히 몇 년이 지나도 대부분의 지부에서 하는 일이 비슷하다. 지금과 같은 '공중전'만 계속된다면 10년 후에도 한국 사회의 모습은 별반 다르지 않을 것이다. 관성을 극복해야 한다. 그렇지 않으면 '시민없는 시민운동'이라는 비판은 한 세기가 바뀌어도 여전히 제기될 것이다.

물론 그런 문제, 소통의 단절은 중앙의 시민운동단체만의 잘못이 아니다. 앞서 지적했듯이 적군이 행하는 심리전과 방해전이 더 큰 문제이다. 중앙과 지역의 단체가 서로 적대하는 것은 적군이 바라는 일일 것이다. 결코 육군과 공군은 서로 적대시해서는 안 된다. 오히려 그 둘의 관계는 물과 물고기의 관계이다. 지역이라는 연못에서만 중앙의 시민단체는 살아갈 수 있고, 중앙이 활발하게 움직일 수 있어야 지역은 더 빛날 수 있다.

이것은 앞으로 시민자치운동이 해결해 나가야 할 과제일 것이다. 중앙의 시민운동단체는 지역의 활동에 더 많은 관심을 가져야 하고, 지역의 주민운동단체는 자신의 정체성을 가지고 지속적으로 운동을 전개해서 중앙과 협력관계를 이룰 수 있어야 한다. 주민운동이 단순히 지역의 이기적인 욕구나 주민자치의 수준에 머물러서는 중앙의 시민운동과 적절한 관계를 맺을 수 없다(이런 수준을 넘어서려면 중앙의 시민운동단체가 시민운동의 분위기를 형성하며 지역을 지원해야 한다). 주민을 넘어서서 시민자치운동으로 성장할 때 주민운동은 중앙의 시민운동과 대등한 관계를 이룰 수 있을 것이다. 이런 점에서 중앙과 지역의 관계는 변증법적인 것이다. 지역과 중앙의 입체전만이 한국사회를 변화시킬 수 있다.

권력을 통한 변화에서 인간에 대한 이해, 사람을 통한 변화로

89년 소련의 붕괴는 한 국가의 붕괴라기보다 하나의 대안이 붕괴했다는 충격을 줬다. 그 이후 자본주의는 '터보 자본주의'로 불릴 만큼 거침없이 달렸고 급기야 신자유주의에 기초한 세계화라는 엄청난 상황을 가져왔다. 이런 상황을 변화시킬 수 있는 대안은 무엇일까? 많은 사람들이 이런 대안들에 대해 한 마디씩 언급했지만 상황을 바꿀 수 있는 본질적인 부분을 건드리지 못하고 있다.

그 본질적인 차이는 무엇을 이해하려 하는가── 인간이해형 운동이냐, 인간 몰이해형 운동이냐,── 무엇을 지향하는가── 사람지향적 운동이냐, 권력지향적 운동이냐── 이다. 이 본질적인 차이를 포착하지 못한다면 시민자치운동은 80년대까지 유행했던 변혁운동과 차별성을 가지지 못한다. 체제만 바꾸면, 제도만 바꾸면 모든 것이 자동적으로 변화될 것이라는 생각은 사회주의권의 붕괴로 착각임이 드러났다. 제도가 아무리 바뀌어도 그 제도를 운용할, 그 제도 속에서 생활할 사람들이 변화되지 않으면 사상누각에 지나지 않는다. 마찬가지다. 시민단체의 수가 늘어나고 외형이 커진다고 해서 그 사회가 자동적으로 발전하는 것은 아니다. 문제는 그런 차이를 얼마나 이해하고 있는가라는 점이다.

불행히도 아직까지 중앙의 시민운동단체들은 그 차이를 제대로 이해하지 못하고 있는 것 같다. 90년대 <경실련>과 <참여연대>의 운동은 인간에 대한 신뢰를 표방했지만 실제로는 인간을 신뢰할 수 없었기 때문에 제도 바꾸기로 전환된 것이다. 인간을 신뢰할 수 없기 때문에 제도를 바꾸는 것이 사회개혁의 핵심이라고 파악한 점에서 옷을 바꿔입긴 했지만 80년대 변혁론의 관점에 그대로 서 있는 것이다(구성원도 비슷하기 때문에 적응하기도 쉬웠을 것이다). 제도를 믿고 신뢰한다는 점에서 그들은 엘리트일 수밖에 없다. 제도를 바꾸는 것에서는 실제로 사람과 사업을 진행하는 것보다 서명용지 하나, 회비 얼

마 더 걷는 것이 더 유용하고 사람들을 일일이 만날 필요가 없기 때문이다.

물론 제도의 힘을 무시할 수는 없다. 제도를 통해서 바꿀 수 있는 부분이 분명히 존재한다. <참여연대>가 진행한 '작은권리찾기운동' 같은 것은 사회적인 파장을 불러일으켰고 사람들의 의식도 많이 바꿨다. 그런데 그런 권리찾기에서 더 나아가 그 사람의 일상 자체를 변화시킬 수 있어야 사회가 변화될 수 있다. 순간적인 쾌감은 일상을 바꾸지 못한다. 적어도 사람이 변해야 사회가 바뀐다는 인식만이라도 깔고서 제도변화를 추구해야 하는데, 그런 사람은 아직까지 소수인 것 같다. 아무리 좋은 지방자치제도를 만들어도 사람이 변하지 않으면 자치를 실현할 수 없는 것과 마찬가지다.

이런 점에서 시민자치운동은 권력을 장악하기 위한 운동, 권력을 통해서 사회를 변화시키려는 운동, 한번의 변화로 사회를 완전히 바꿀 수 있다고 주장하는 운동이 아니다. 시민자치운동은 인간을 이해하려 하는 운동, 인간을 통한 사회변화, 장기적인 관점에서 사회를 실질적으로 변화시키려는 운동이다. 아무리 좋은 제도를 만들어도 그것이 제대로 운용되지 않으면 허사이다. 그러기 위해서는 인간을 이해하고 사람을 변화시키려는 노력이 필요하다.

현실을 바라봤을 때, 주민들은 자기 이익에 집착하는 경우가 많다. 님비(NIMBY)라는 말로 표현되듯, 우리 지역은 안 되고 다른 지역은 된다는 식의 생각을 하는 경우도 있다. 특히 공적으로 필요하지만 사회적으로 기피되는 시설들, 장애우 시설이나 화장터 같은 시설에서 이런 이기주의가 자주 나타난다. 하지만 이런 이기주의가 나타난다고 해서 바로 실망하고 인간을 불신해서는 안 된다.

어찌 보면 자신이 직접 생활해야 하는 공간이기 때문에 그런 이기심이 나타나는 것은 자연스러운 일일 수 있다. 이런 자연스러운 이기심을 변화시키는 것이 바로 시민자치운동의 몫이다. 무조건 막 싸우는 것만이 능사가 아니라는 점을 주민들에게 설득하고 교육해서 변화시키는 것이 필요하다. 예를 들어, 산본 소각장의 경우 처음에는 주민들이 마구 싸우기만 하다가 나중에는 최소한 이런 기준들을 만들어라, 그리고 주민들이 감시할 수 있도록 해라는 현실적인 중재안을 내놓았다. 목동 같은 경우에도 소각장 문제에 시민운동단체가 개입해서 이런 중재안으로 잘 이끌었다.

그리고 주민들이 이기적이라는 생각 이전에 먼저 주민들의 의식과 욕구를 조사할 필요가 있다. 중앙화된 권력 밑에서 주민들은 자신의 욕구를 표현조차 하지 못했고 그러다 보니 권력을 불신하고 변화를 믿지 않는다. 이것이 옳다고 설득하기 이전에 주민들이 말하지 못했던, 실제로 가슴에 품고 있던 의식과 욕구를 이해하려고 먼저 다가서야 한다. 인간을 이해해야 인간을 변화시킬 수 있는 것이다. 즉 사람들이 이기적이라는 단정을 내리며 확인사살할 것이 아니라 그들이 변화되게끔, 그들 스스로 변화하게끔 유도하는 것이 바로 시민자치운동이다.

그런 점에서 시민자치운동은 대립과 갈등만이 아니라 협력할 줄도 알아야 한다. 때론 그런 협력은 시민 상호간에서만이 아니라 민과 관 사이에서도 필요하다. 특히 지방자치제 실시 이후 지방정부는 자치운동의 적대세력으로만 볼 수 없게 되었다. 자치단체장이나 기초의원들은 직선으로 선출되었기 때문에 그 지역주민들에 어느 정도 기반하고 있다. 따라서 그 지역에서 활동하는 시민운동단체가 지방정부와 '무조건' 대립만 한다면 주민들의 이익과 욕구에 반하게 되는 모순이 생기기 마련이다. 물론 그렇다고 해서 지방정부에 무조건 협력하라는 것이 아니다. 적절한 긴장관계를 유지하면서 때론 날카로운 비판을 가할 수 있어야 하지만 기본적인 생각에서 대립하지 않는다는 것이 전제된다면 서로간에 협력할 수도 있다는 것이다.

마찬가지로 지역 내에 어떤 세력들이 존재하며 어떻게 영향력을 행사하는지에 대해서도 조사할 필요가 있다. 자치운동의 출발점은 자치를 실현하고자 하는 공간 내의 문제점을 정확히 파악하는 것이다. 마을 규모의 자치라면 그 마을 내부의 현황과 문제점을, 지방자치단체 규모라면 그 지방자치단체의 현황과 문제점을 파악하는 것이 선행되어야 한다.

## 자치의 미래로

세계화(Globalization)라는 단어를 무조건 미워할 수 없는 이유는 그 속에 지역화(Localization)라는 단어를 내포하고 있기 때문이다(그래서 글로칼리제이션 Glocalization이라는 단어를 쓰기도 한다). 문제는 세계화나 지역화를 무조건 긍정적으로만 바라볼 수 없다는 점이다. 두 단어 모두 밝음과 어두움을 가진다. 세계화의 밝은 측면은 생태계 문제처럼 단일국가 차원에서 해결할 수 없는 새로운 이슈에 접근하게 하고 새로운 연대의 가능성을 열어주는 반면, 세계화의 어두운 측면은 20대 80의 사회, 생존을 위협하는 국제투기자본, 다국적 기업의 횡포 등으로 나타난다. 또한 지방화의 밝은 측면은 지역적인 문화적 정체성의 부활과 탈중심화로 나타나지만, 지방화의 어두운 측면은 인종이나 성, 종교, 언어 등으로 공동체 안팎의 사람들을 억압하고 배제한다.

시민과 시민운동단체의 관계에도 밝음과 어두움의 측면이 있다. 밝은 측면은 앞에서 쭉 설명해 왔듯이 주민을 시민으로 만들고 스스로 자치하게끔 만들어 주는 것이다. 반면 어두운 측면은 주민이 시민운동단체나 주민운동단체에 가지는 과잉이미지이다. 즉 운동단체가 모든 문제를 해결해 줄 수 있을 것이라는 환상이다. 그것은 운동단체가 제공하는 면도 있다. 시민운동단체나 주민운동단체들은 자신의 목표를 설정할 때 지역의 정치세력화, 주민자치, 생태운동 이런 것을 모두 포함시킨다. 이렇게 목표를 과도하게 설정하기 때문에 정치에도 관여해야 하고 모든 것에 관여해야 한다. 그러다 보니 기대치는 높은데 그 기대를 다 처리할 능력은 안 된다.

어두운 장막을 걷어 내고 빛이 들어올 자리를 마련하는 것이 필요하다. 시대의 흐름에 휩쓸려 다녀서는 안 된다. 그 시대가 어떠한 방향으로 흘러가든 그 흐름을 조절하는 것은 주체로 서 있는, 주체로 설 수 있는 생명이다. 그런 점에서 시민자치운동은 민주주의가 지향하고 나가야 할 방향을 보여 준다. 시민 스스로 자신들의 삶을 결정한다는 시민자치운동은 '민중에 의한 지배'라는 민주주의의 목표를 실현하는 것이기 때문이다.

하지만 이것은 단기간 내에 이루어지지 않는다. 많은 사람들이 진보를 얘기하고 발전을 얘기했지만 그것은 시간적인 속도감만, 그리고 조급함만 불러일으켰을 뿐 삶의 질적인 변화를 가져오지 못했다. 시간적인 효율성만이 절대적인 가치가 된 세상에서 공간적인 배려를 중시하는 자치운동은 장기적으로 새로운 차원의 역사를 만들어 갈 것이다.

지역은 단순한 운동의 거점이 아니다. 지역은 운동의 토대가 되는 뿌리와도 같은 것이다. 일본의 혁신자치체운동이 그 한계점에 도달하고 나서야 일본의 진보운동은 자치운동에 주목하기 시작했다. 우리는 그 실패를 반복할 것이 아니라 발전적인 방향으로 수용해야 한다. 역사의 실패를 반복하지 않고 교훈으로 수용할 때 한걸음 더 발전할 수 있는 것이다. 그래야 변하지 않는 역사에 대한 회의도 사라질 것이다.

과거의 경험을 죽은 것으로 버리지 않고 새로운 경험의 토대로 삼을 때 운동은 한 단계씩 발전할 수 있다. 살아남은 것을 기뻐하지 않고 무거운 짐을 남겨 둔 죽은 자를 증오할 때 역사의 수레바퀴는 공전하게 된다. 역사의 수레바퀴를 다시 굴러가게 만드는 힘은 근본으로, 초기의 마음으로 돌아가는 것이다.


## □ 참고문헌


김기성. 1999. 「시민자치와 '정치적인 것'의 변화: 일본사회의 실험을 중심으로」. 『한국정치학회보』, 제33집 2호

김현. 2001. 「시민되기」. 『시민자치뉴스레터』 준비 15호.

이지원. 1999. 「현대 일본의 자치체개혁운동: 혁신자치체와 시빌미니멈을 중심으로」. 서울대학교 대학원 사회학과 박사학위논문.

Aristotle. *The Politics*. Garner, Richard · Oldenquist, Andrew ed. 1990. *Society and the Individual*. Wadsworth.

# 2장
# 지방자치의 현주소와 진로

이기우

1952년에 근대적인 지방자치제도가 한국에 도입된 이래 지방자치제도는 부침을 거듭해 왔다. 지방자치제도가 5·16 군사쿠데타에 의하여 중단되기도 했고 근 30년이라는 긴 겨울잠을 거쳐 제도적으로 부활했지만 여전히 집권의 논리, 분권의 논리간의 대립이 있고 제도의 개정에 대한 논의는 정반대의 상반된 방향에서 주장되고 있다.

2000년 11월에는 일부 국회의원들이 기초지방자치단체장의 임명제를 골자로 하는 지방자치법 개정안을 제출하는가 하면 지방자치에 대한 주무부서인 행정자치부는 지방자치단체 부단체장의 국가직 환원, 지방자치단체장에 대한 서면경고제 등을 골자로 하는 지방자치법개정을 시도한 적이 있다. 또한 중앙언론기관들은 앞다투어 지방자치단체의 선심행정, 예산낭비, 난개발, 지역이기주의, 지방부패 등 지방자치제 도입 이후의 부정적인 결과들을 집중적으로 보도하고 있다.

이에 대하여 학계와 시민단체 편에서는 중앙집권적인 논리에서 벗어나 지방분권을 강화하는 방향에서 지방자치법을 개정해야 한다고 주장하면서 정치권과 정부의 개정안에 대해 비판과 반대의사를 적극적으로 표명하고 분권의 논리를 실현하기 위한 제도적인 장치를 모색하고 있다. 오늘날의 국가발전단계에 적합한 국가권력 시스템으로서 집권의 논리와 분권의 논리를 재정립하고 진로를 모색하는 것은 매우 시의적절한 과제이며 필요한 작업의 하나라고 볼 수 있다. 먼저 집권의 논리적인 배경과 그 역할을 검토하고 다음으로 분권의 논리를 검토해 본다. 이어서 한국 지방자치의 현주소를 부활배경과 정치권의 논리를 통하여 점검해 본다.

지난 총선에서 "바꿔, 바꿔"를 표어로 내세운 시민세력은 정치권의 인물을 상당한 수준에서 물갈이하는 데 성공함으로써 한국 정치사는 물론 세계정치사에서 드문 성과를 얻어내었다. 그럼에도 불구하고 정치의 내용을 바꾸는 데는 실패함으로써 정치개혁은 새로운 변화의 틀을 요구하고 있다. 위로부터의 변화가 실패했다면 아래로부터의 개혁을 실천하는 지방자치의 원리가 국가 전체의 정치시스템을 바꾸는 데 어떤 역할을 할 수 있을 것인지도 검토할 단계가 되었다.


## 집권의 논리와 분권의 논리

### 1. 중앙집권적인 정치시스템

한국의 전통적인 권력구조는 중앙집권적이다. 모든 국가권력은 중앙에 집중되고 중앙에 집중된 권력은 다시 중앙의 한 권력기관으로 집중되었다.

절대 왕정시대에는 왕을 정점으로 권력이 집중되었고 현재의 대통령중심제 하에서는 모든 권력이 대통령에 집중되고 있다. 이러한 상황에서 지방은 국가가 결정한 정책을 집행하는 일선기관에 불과했다. 모든 권력수단과 재원, 인력이 중앙에 집중되어 있어서 지방은 중앙의 기획의도와 부합하는 범위 내에서만 권한을 행사할 수 있고 그 권한행사의 방법, 내용, 권한을 행사하기 위한 재정적인 수단, 인력을 중앙에 의존하게 된다. 중앙집권적인 권력체제하에서 모든 국민은 최고 권력자 한사람의 의사결정을 쳐다보며 선처를 기다리는 것에 익숙해져 있다. 다른 권력기관이나 지방 및 일반 국민의 역할은 최고 권력자가 정한 지침을 충실히 이행하고 따르는 것으로 한정된다.

중앙집권적인 체제하에서는 효율성과 형평성을 명분으로 획일적인 의사결정이 선호되고 권력은 하나의 중심에 집중되며 피라미드적인 상명하복의 관계를 형성하게 된다. 모든 의사결정 과정은 수직적이며 정상에서 의사결정이 이루어지지 않으면 하부단위가 활동할 수 없게 된다. 이러한 권력 시스템하에서 정보와 재원 및 인력은 중앙에 집중되며 이를 관리하는 관료가 권력의 중심적인 역할을 수행하게 된다. 그리고 중앙집권적인 권력 시스템하에서 통계수치로 표현되는 외부적인 성과의 실현은 정치와 행정의 가장 큰 목표가 된다(예컨대 경제성장률, 주택보급률, 취업률, 수출실적 등이 이에 해당된다).

이와 같은 중앙집권적인 권력시스템은 농경사회나 근대화를 추진하는 과정에서 매우 효율적인 제도적 장치가 될 수 있으며 국가적인 통합을 이루는 데도 매우 효과적인 기능을 할 수 있다. 농경사회는 전국의 생활상황이나 욕구가 대체로 공통적이므로, 국가에 의해 재단된 행위양식이 전국적으로 적용된다 해도 별로 큰 문제는 없을 뿐만 아니라 하나의 권력기관이 의사를 결정하여 통일적으로 집행하는 것은 매우 효율적일 수 있다.

또한 후진국에서 근대화를 도모한다고 할 경우 다양한 발전모델을 실험하기보다 중앙정부의 관료가 계획한 단일한 발전모델을 전국적으로 강력하게 실천해 가는 것은 단기적으로 더 효율적이고 효과적일 수 있다. 한국의 발전단계에서 개발독재를 통한 발전모델이 다른 후진국에 비해 더 효율적일 수 있었던 것은 이러한 발전단계적인 상황에 의한 것이다. 지방이나 각 개인은 중앙정부가 설정한 목표를 실현하기 위한 도구로 간주되었고 주어진 도구의 역할을 충실히 따르도록 강요되었다. 지역적인 다양성이나 개인의 주체적인 행동은 국론의 분열로 비추어지고 비효율적인 것으로 간주되었다.

## 2. 지방분권적인 정치시스템

분권화는 국가의 의사결정권이 하나의 정치조직에 집중되지 않고 수직적인 관계에 있는 각 정치단위로 분산되는 정치조직원리이다. 분권화된 정치 시스템은 권력을 하나의 극에 집중시키지 않고 여러 단계의 정치단위에 분점시키는 권력분점의 원리이다.

분권의 논리는 권력의 분점을 통한 중앙의 기능 분화를 전제로 다양한 생활욕구를 충족시키면서도 전체로서 국가의 통합성을 유지하기 위한 국가권력 시스템으로 등장하게 되었다. 중앙집권적인 권력체계가 요구하는 획일성 대신에 분권적인 정치시스템은 구성원들의 생활욕구의 다양성을 충족시키는 것을 중요한 목표로 삼는다. 기계적이고 외형적인 통계중심의 양적인 성과보다 개별화된 욕구의 충족을 중요시하는 질적인 만족을 요구한다. 이 점에서 분권화는 구체적인 생활의 정치질서와 더 부합한다고 볼 수 있다. 분권화의 논리는 증대된 국가기능을 여러 정치단위에 분산시킴으로써 분업을 통한 효율성을 증가시키고 다양한 정치실험을 통해 구성원에게 학습기회를 제공하며 더 나은 해결책을 모색해 나가는 정치과정이다.

중앙집권적인 권력시스템은 전국적으로 획일적인 목표를 추구해도 무리가 없고 중앙에서 보유하고 있는 정보능력이 전국적, 공통적으로 적용될 수 있는 단순한 사회를 전제로 적용할 수 있는 정치시스템이다. 이에 대하여 구성원들의 욕구와 요구가 다양하고 경우에 따라서는 상호 대립되는 도시사회에서는 중앙집권적인 권력시스템을 적용하기가 어렵다.

또한 개인 생활의 필요를 각자가 해결하기 어렵게 되고 공동체가 공적인 차원에서 대응해야 하는 급부국가의 등장은 국가의 기능을 급속하게 증대시켜 중앙정부가 모든 문제를 해결하기에 역부족인 현상을 초래하게 되었다. 중앙정부가 모든 생활의 문제를 해결하기에는 정보력, 기획력, 관리력에 한계가 있고 과부하현상을 초래하여 어느 하나의 문제도 제대로 해결할 수 없는 결과를 초래하게 된다.

따라서 오늘날 도시화된 현대국가에서 중앙집권적인 권력구조는 어른에게 어린아이의 옷을 입혀 놓은 것과 같다. 이에 중앙정부는 공동체 전체의 문제 즉, 개별적인 정치단위가 해결할 수 없는 생활의 큰 문제에 집중하고 하위정치단위는 그들이 처리할 수 있는 작은 생활의 문제를 스스로 해결하는 분권석인 권력시스템을 추구하는 경향을 갖는 것이 바람직하다.

고도의 중앙집권적인 권력구조를 가졌던 프랑스가 오늘날 분권화를 추구하는 것이나, 중앙의 집행기관으로서 역할을 하던 지방자치단체에게 정치적인 기능을 부여하여 분권화를 추구하려는 일본의 추세는 국가의 발전단계에 부합하는 정치시스템을 구축하려는 시도로 볼 수 있다.


## 자치원리로서 자기책임성의 원리

### 1. 민주주의, 자치 및 자기책임성

민주주의는 자기지배의 원리이다. 자신의 문제를 스스로 결정하는 자치의 원리가 민주주의의 본질적인 요소를 이룬다. 민주적인 정당성의 원리는 자치의 실현을 위한 수단이다. 개인적인 차원에서 자기지배의 원리를 사적 자치(私的自治)라고 한다면 공동체 차원의 자기지배의 원리가 민주주의라고 볼 수 있다. 그런 점에서 민주주의는 곧 자치의 원리이다. 자치는 자기결정에 내한 책임성을 본질적인 요소로 한다. 자신의 문제를 자신의 책임하에 결정하는 자기책임성의 원리가 자치의 개념적인 징표를 이룬다. 자신의 결정에 대하여 타자가 책임을 진다면 이는 자신을 위한 자기결정이 아니라 타인을 위한 결정이기 때문에 타치(他治)를 의미하며 자신을 위한 자신의 결정인 자치라고 볼 수 없다.

공동체의 구성원들이 직접 의사결정을 하든, 그 대표자를 통하여 간접적으로 의사결정을 하든 공동체의 의사결정이 궁극적으로 그 구성원에게 귀속되는 경우에 민주적인 정당성이 있는 것이고 자치라고 볼 수 있다. 이러한 자치의 원리는 중앙집권적인 국가에서나 지방분권적인 국가에 있어서나 형식적으로 그 권력에 민주적 정당성이 있는 한 보장된다.

그러나 자치의 질이나 양에 있어서 현저한 차이가 있다. 구성원에 의한 직접적인 결정은 그 대표자에 의한 결정보다 참여의 양적인 면에서나 질적인 측면에서나 고양된 정당성을 갖는다. 또한 분권적인 정치질서는 중앙집권적인 국가에 비해 치자와 피치자, 의사 결정자와 그 수범자 간의 거리를 훨씬 가깝게 하기 때문에 자치의 질과 양, 자기책임성의 정도를 현저히 증대시킨다. 이 점에서 분권의 원리는 구성원과의 근거리 결정을 가능하게 하는 정치원리라고 할 수 있고 구성원의 공동체문제 결정에 있어서 영향력의 내지 자기책임성을 증대하는 원리라고 할 수 있다.

수억, 수천만을 구성원으로 하는 국가공동체에 비하여 수십만, 수만, 수천을 구성원으로 하는 지방공동체에서 개인의 정치적인 의미는 증대되는 것이며 개인의 책임성 또한 증대되므로 자치의 정도와 질이 확대된다고 할 수 있다.

## 2. 권한의 배분과 자치

국가가 개인의 문제를 결정하는 경우를 우리는 사적 자치라고 부를 수 없다. 다시 말하면, 사생활에 관련된 것 즉, 개인이 무엇을 입을 것인지, 주거를 어떻게 할 것인지, 무엇을 먹을 것인지, 누구와 가정을 이룰 것인지를 국가가 결정한다고 한다면 우리는 개인의 사적 자치가 이루어진다고 볼 수 없다. 자신의 문제를 자신이 결정하지 못하고 타인의 결정에 운명을 맡기는 경우를 소외라고 부른다면, 사적 자치는 자신의 운명을 자신의 의사로 결정하고 책임지기 위한 원리이다. 이 점에서 사적 자치는 개인의 주체성과 정체성을 보장하기 위한 전제조건이 된다고 볼 수 있다.

마찬가지로 공동체의 의사결정도 문제의 성질에 따라 결정주체가 일치하는 경우에만 자치라고 부를 수 있다. 예컨대 한 지방에만 이해관계가 있는 문제를 그 지방 사람이 아닌 국가공동체 전체가 결정하는 경우에 그 지역주민은 타인의 결정에 자신의 운명을 맡겨야 하는 소외를 경험하는 것이고 따라서 자치가 아니게 된다.

이와 같이 자치가 이루어지기 위해서는 문제의 성질에 따라 여러 단계의 공동체간에 권한의 배분이 올바르게 이루어져야 함을 전제로 한다. 즉, 지역적인 문제를 국가가 결정한다든지, 국가적인 문제를 한 지방에서 결정하는 경우 모두 자치가 이루어진다고 볼 수 없다.

이 점에서 자치란 자신의 이익과 관계된 문제를 자기 책임하에서 결정하는 정치원리라고 볼 수 있다. 자신의 문제를 타인이 결정하는 것은 자기책임성과 양립하지 않으므로 자치라고 부를 수 없고 타치(他治)에 속한다고 할 것이다. 우리의 문제를 우리가 결정하지 못하고 그들에 의하여 결정되어질 때 우리는 소외를 경험하게 되고 자치는 파괴된다. 여기서 중요한 것은 "우리"의 범위를 어떻게 설정할 것인지의 문제이다. 여기서 우리의 범위는 관련된 문제의 성질에 따라 달라진다.

우리의 범위를 정함에 있어서는 문제해결이 미치는 이해관계의 범위와 그 문제해결을 위한 공동체의 능력을 동시에 고려해야 한다. 전자의 의미에서 자치는 이해관계를 가진 자들의 자기결정을 의미하며, 후자의 의미에서 자치는 자신의 문제를 스스로 해결할 수 있는 능력을 가진 자들의 자기결성이나(보충성의 원칙).

한국 지방자치의 현주소

## 1. 한국 지방자치제 부활의 정치·사회적 배경

한국은 제헌헌법에서 지방자치를 보장했고 1949년 7월 4일에 지방자치법을 제정했다. 정부는 치안의 유지를 이유로 지방자치의 실시를 연기해 오다 오히려 치안이 더욱 불안했던 전쟁중인 1952년에야 지방자치를 실시하게 되었다. 당시 집권당은 중앙정치권에서 취약해진 정치적 지지기반을 지방자치를 실시함으로써 확보하려고 하였다. 당시 집권당인 자유당은 실제로 이들 지방정치세력을 집권당의 정권연장을 위한 개헌의 추진세력으로 이용하였다.

중앙정치권의 논리에 의하여 도입되었던 지방자치제는 중앙정치권의 논리에 의하여 부침을 거듭하긴 했지만 나름대로 정착되어 5·16 쿠데타에 의하여 중단될 때까지 명맥을 유지하였다. 쿠데타로 집권한 박정희 정권은 지방자치단체를 중앙정부의 시책을 구현하는 일선행정기관으로 전환하고 획일적인 국정 수행을 위해 1961년 9월 '지방자치에 관한 임시조치법'을 공포하여 지방자치를 잠정적으로 정지시켰다. 이 임시조치법은 1991년 4월 15일 기초지방의회가 구성되고 동년 7월 8일에 광역의회가 구성될 때까지 지속되었다. 또한 정부는 지방자치단체의 장을 1992년 6월 30일까지 선출하도록 하였으나 위법적으로 선거를 하지 않고 있다가 1995년 6월 27일 4대 지방선거를 실시함으로써 지방자치를 부활시켰다. 이처럼 지방자치의 부활이 1987년 6월 항쟁의 결과로 나타난 민주화조치의 일환으로 이루어졌음에도 불구하고 그 부활과정에서 중앙정치권의 이해관계는 위법적으로 선거를 연기했고 집권세력과 야당의 정치적인 계산은 지방자치의 실시여부 및 지방자치제도의 방향을 좌우했다.

## 2. 지방자치단체장 임명제 법안으로 상징되는 지방자치의 현주소

2000년 11월 일부 국회의원들이 시장, 군수, 구청장을 임명제로 전환할 것을 골자로 하는 지방자치법 개정법률안을 발의하여 국회에 제출하였다. 이들은 지방자치의 부활 후에 증가한 선심행정, 전시행정과 난개발, 재정운영의 방만 등을 그 이유로 내세우고 있다. 일부의원들이 우발적으로 발의한 법률개정안이 아니고 나름대로 치밀한 논의를 거쳐 여야의원이 합동으로 발의하였다는 점은 문제의 심각성을 더해 준다.

지방자치단체장이 지역주민의 지지 속에 정치적인 기반을 넓혀감에 따라 국회의원들은 지방에서 영향력이 감소되고 있다. 지방정치세력의 성장으로 정치기반의 상실을 우려한 국회의원들은 독재정권의 비호하에서 누리던 지역영주로서의 지위를 회복하고 차기 선거에서 유리한 고지를 차지하려는 정치적 계산에서 시대 역행적인 지방자치법 개정안을 내놓은 것이다. 이것은 민주주의 국가의 국회의원으로서 결코 넘지 말아야 할 한계를 넘어서 이 나라의 국헌질서를 국민대표자의 이름으로 유린하는 행위이다.

또한 지방자치에 대한 입법권이 국회의원들에게 주어져 있기 때문에, 지방정치인의 정치적 성장을 가져오는 자치와 분권의 확장에 대해 국회가 적극적으로 반대하면서 지방정치의 발목을 잡는 일에 앞장서고 있는 것이 지금의 정치현실이다. 지방자치제도는 지방의 논리보다 중앙정치인의 정치논리에 의하여 좌우되고 있다.

현재의 집권당은 정당의 지방자치단체 진출을 적극적으로 주장하여 관철시켰고, 지방자치의 실시를 통하여 집권기반을 마련했고 정권교체의 디딤돌로 이용했다. 정권 교체 후 집권당은 중앙행정 권한의 지방이양 촉진 등에 관한 법률을 제정하고 지방이양위원회를 구성하였으며, 지방자치경찰제도, 지방교육자치제도의 지방행정 통합 등을 추진하는 등 적극적인 분권의지를 보이는듯 했으나 중앙정치인의 이해관계, 중앙행정관료들의 권력욕 등에 굴복하여 기대된 성과를 거두는 데 실패했다.

그리고 지방정치의 활성화로 보급망의 축소와 이로 인한 광고 수입의 감소를 우려한 중앙언론기관은 앞을 다투어 지방자치의 약점을 왜곡하고 과장하여 전파함으로써 지방자치무용론을 확대 재생산하는 데 앞장서고 있다. 또한 기득권의 상실을 우려한 중앙 행정부서의 관료들도 지방분권적인 추세의 강화를 저지시키고 자리를 보전하며 영향력의 유지를 위해 반(反)지방자치적인 연대를 구성하고 있다.

그러나 기실 지방정치는 제도적인 열악함에도 불구하고 중앙정치인의 우려와는 반대로 소수의 예외를 제외하고는 기대 이상의 빠른 정착을 보이고 있다. 대부분의 지방자치단체장은 법규를 기대 이상으로 잘 준수하고 주민의 시각에서 지방문제를 풀어 나가려고 노력하고 있다. 중앙집권적인 제도 속에서 가려졌던 많은 지방문제가 다양한 아이디어에 의해서 해결되어 가고 있으며 심지어는 정보공개조례 등과 같이 지방의 정책이 국가의 정책을 수립하는 데 영향을 미치는 사례까지 나타나고 있다.


## 지방자치의 진로

### 1. 분권화의 강화

오늘날 국가가 상당할 정도로 도시화되었고 국가의 규모가 거대해졌으며 국가의 기능이 폭발적으로 증대되었다는 점을 감안할 때, 중앙정부가 이 모든 문제를 독점적으로 해결하려고 하는 국가 권력시스템은 과부하로 인한 기능마비현상을 초래하고 있다. 역대 정권이 행정개혁의 방향으로 모두 작은 정부를 표방했지만 구호에 그칠 뿐 한걸음도 진전시키지 못하고 있는 것은 여전히 중앙집권적인 논리를 벗어나지 못하고 있기 때문이다. 국가의 기능을 회복하기 위해서도 중앙정부와 지방정부 간의 역할분담은 피할 수 없는 시대적인 요청이 되었다. 중앙정부는 생활의 큰 문제에 전념하고 지방정부는 생활의 작은 문제에 책임을 짐으로써 중앙정부와 지방정부가 공생 협력의 관계를 형성하도록 해야 한다.

과거 지방정부를 중앙정부의 현장사무소 정도로 파악했던 시스템은 현재도 크게 다르지 않다. 이에 중요한 모든 정책, 지방자치단체의 사무에 대해서조차 거의 중앙정부가 결정하고 있다. 즉 지방자치단체가 어떤 사무를 어떻게 수행할 것인지에 대한 핵심적인 사항을 모두 중앙정부가 법률, 명령, 계획 등의 형식으로 정하고 중앙정부가 정한 프로그램을 중앙정부의 지침에 따라 집행하는 역할로 지방정부를 제한하는 경우가 대부분이다.

이러한 중앙집권적인 지방 식민지화는 기업과 결탁한 근대화, 산업화 과정에서는 상당한 효과를 거둘 수 있었지만 지금의 발전단계에서는 더 이상 적합한 권력시스템이 될 수 없다. 진전된 민주주의와 생활수요의 다원화는 중앙집권적 문제해결 방식으로는 충족할 수 없는 단계에 이르렀다.

지방정부는 중앙정부의 출장소적 성격을 과감히 탈피해야 하며 이제 지방의 문제를 지방의 논리와 시각에서 기획하고 실현하는 지방정부, 지방정치권력의 주체로서 거듭 태어나야 한다. 이를 위하여 지시에 익숙한 공무원은 정책기획에 적합하도록 거듭나야 하며 지방재정은 지방정책을 담보할 수 있도록 자율성을 보장받아야 한다.

## 2. 정부재창조는 시민재창조로부터 출발해야

독일 지방자치의 아버지라고 불리는 폰 쉬타인은 지방자치를 궁극적으로 시민의 덕성을 함양하고 독일의 국가정신을 배양하는 수단으로 보았다. 19세기초(1806년) 독일은 나폴레옹 군대에게 패배하여 국가적인 위기를 맞이하였다. 당시의 재상이었던 쉬타인은 전쟁의 패인을 향락주의와 이기주의에 물들어 있는 독일 국민들의 공동체정신의 타락에서 찾았다. 쉬타인은 보신주의와 향락주의로 피폐된 독일국민이 공동체 정신을 함양하고 나아가 조국애를 기르기 위한 개혁정치의 일환으로 지방공동체의 문제를 풀어 가는 과정에 시민을 참여시키는 지방자치제도를 도입하게 되었다. 참여를 통하여 공동체에 대한 책임감과 애정을 길러내는 시민의 재창조의 학교로서 지방자치의 원리는 현

시점의 한국에도 그대로 타당하다.

그러나 그 동안 우리 국민은 지방자치가 실현되면 저절로 주민의 복리가 향상되리라 기대해 왔다. 그러나 지방자치의 자기 책임성의 원리는 지방자치를 통한 복리 향상의 가능성을 보장해 주지만 다른 한편으로 잘못될 경우 주민복리의 감퇴를 초래할 수도 있다. 지방정치가 어떤 결과를 가져올 것인지는 궁극적으로 주민이 지방정치에서 어떤 역할을 하는지에 달렸다.

이제 주민은 훌륭한 정치인을 뽑아 놓고 잘해 주기만 기다리는 소극적이고 피동적인 역할만으로 지방정치의 성과를 담보할 수 없게 되었다. 훌륭한 지방정치인을 선출하는 것도 중요하지만 그들이 잘 할 수 있도록 협력하고 그들의 잘못을 통제하며, 주민이 원하는 정책결정의 방향을 제시하고 스스로 실현하는 적극적 시민성을 갖추어 나가야 한다.

이러한 적극적인 시민성은 일방적인 주입식 교육을 통해서 함양되는 것이 아니라, 주민들이 지역문제에 관심을 가지고 이를 스스로 해결하기 위하여 정보를 수집하고 학습하며 토론을 통해 의사를 결정하고 이를 실현하기 위해 노력하는 참여과정을 통하여 성장하게 된다. 이 점에서 지방자치는 단순히 중앙정부가 하던 일을 지방정부가 대신하는 지배자의 교체를 의미하는 것이 아니라 주민이 시민으로 거듭나는 시민재창조의 산실이라고 할 수 있다. 어느 누구도 시민으로 태어나는 것이 아니라 교육을 통해 시민으로 만들어진다. 지방자치는 바로 시민을 만드는 학교라고 할 수 있다.

2000년 총선에서 시민 운동은 "바꿔, 바꿔"라는 정치권 물갈이를 목적으로 하는 위로부터의 정치개혁을 시도했고 상당한 물갈이에 성공했지만 그것만으로 기대한 성과를 거둘 수 없다는 것을 현재 확인하고 있다. 여전히 국민의 역할은 자신들이 선출한 정치인들이 잘해 주기를 기다리는 소극적인 역할을 벗어나지 못하고 있는 반면, 정치인들은 국민의 논리가 아니라 권력의 논리, 이익집단의 논리에 의하여 국가권력을 흥정하고 거래하고 있다. 이제 위로부터의 개혁에 대해서는 희망을 걸 수 없게 되었다.

지방자치가 실시된 후 나타난 한가지 뚜렷한 지역흐름의 변화는 주민들이 지역의 문제를 자신의 문제로 인식하고 조직화하기 시작했다는 점이다. 아직 소수이긴 하지만 주민들이 지역문제를 자신의 문제로 인식하고 이를 해결하기 위하여 학습하고 이를 관철하기 위해 노력하기 시작했다는 점은 획기적인 변화의 조짐으로 볼 수 있다.

이제 정치개혁은 위로부터의 물갈이에 그치는 것이 아니라 풀뿌리 주민이 공동체의 문제를 스스로 해결하기 위해 적극적으로 나서는 주인자리찾기운동에서 물꼬가 열리고 있다. 이것은 정부재창조를 넘어서 시민재창조를 이루어내려는 발상의 전환이라고 할 수 있다. 이는 공동체문제에 무관심한 방관자로서의 주민이 공동체문제에 직접 관여하고 그것을 챙기는 '시민으로 거듭나기운동'이라고 볼 수 있다. 정치개혁을 위한 희망의 메시지는 위로부터가 아니라 아래로부터 들려온다.

## 3. 시민정치의 활성화

정치를 의미하는 politics는 어원적으로 도시를 의미하는 polis에서 유래한다. 정치는 도시의 공동생활을 보장하기 위하여 필요한 활동을 의미했다. 그렇다면 공동의 문제를 해결하고 공동의 복리를 향상하기 위한 정형적, 비정형적인 광범한 활동은 정치에 포함된다고 볼 수 있다. 예컨대 환경의 개선을 위하여 노력하는 시민단체의 활동, 학부모들이 참여해 학교운영 문제를 논의하는 학교운영위원회의 활동, 수재민을 구호하기 위한 민간단체의 활동 등도 공동체의 복리나 문제를 해결하기 위한 공동의 노력이라는 측면에서 정치에 포함된다고 볼 수 있다. 정부의 활동이 정치의 한 측면을 이루는 것은 사실이지만 정부의 활동만이 정치라고 보는 것은 정치의 의미를 지나치게 축소해서 보는 것이다. 만약 정치를 정부활동에 한정한다면 시민의 정치활동은 투표하고 법률이나 정부의 명령을 따르는 것으로 제한된다. 이는 정치인의 정치이지 국민의,

국민에 의한 정치라고 볼 수 없다. 정치에 의해서 정부가 태어난 것이지 정부가 정치를 존재하게 하는 것은 아니다. 정부가 없는 경우에도 정치는 존재할 수 있다. 사람이 정치적인 동물이라고 할 때 정치의 의미는 정부의 활동만을 의미하는 것이 아니라 공동체문제를 해결하기 위한 구성원들의 크고 작은 공동체 활동을 의미한다.

공동체의 문제해결을 위한 구성원들 공동의 노력을 정치라고 본다면 현실정치에는 두 가지의 정치가 존재한다. 정부정치와 시민정치가 이에 속한다. 정치인, 관료, 이익단체의 로비스트들이 정부정치를 지배한다면, 시민정치는 각종 공동체 문제를 해결하기 위한 각종 시민단체나 시민들의 활동에서 찾아볼 수 있다. 다만 후자는 지금까지 정치라는 이름으로 불리지 않았고 활동가들이 그들의 활동을 정치라고 부르는 것을 좋아하지도 않았을 따름이다.

정부정치의 내용과 절차가 법률에 의하여 광범하게 규제되고 형식화되어 있어서 일반인의 접근은 차단되어 있거나 쉽지 않다. 이에 비하여 시민정치는 조직과 활동이 비정형적이며 어느 누구에게나 개방되어 있다. 정부정치가 권력 지향적이라면 시민정치는 이슈 지향적이다.

유권자로서 혹은 소비자로서 정부정치의 변화가능성이 없다고 등을 돌렸던 적지 않은 시민들은 시민정치를 통해 헌신적으로 변화를 추구한다. 나 혼자서는 무력하지만 우리가 함께라면 우리의 목소리를 찾을 수 있고 우리의 문제를 해결할 수 있다는 희망은 시민을 시민정치의 광장으로 불러낸다. 이런 의미에서 시민정치는 희망에 의해서 시작되는 '희망의 정치'라고 볼 수 있다.

시민정치의 개념은 정치영역을 의미하는 공적생활의 개념을 확대한다. 정부정치만을 의미하는 전통적인 정치개념이 시민의 공적생활을 투표행위에 한정하는 것과는 달리, 시민정치는 직장, 학교, 각종 공동체에서 시민의 역할을 공적 생활에 포함시킴으로써 정치영역을 확대한다. 전통적인 정치개념에서 결정권한은 전문적인 정치계층에 주어져 있지만 시민정치에서 사회의 기본 진로를 정하는 것은 일반시민이다. 전통적 정치개념은 시민의 역할을 최선의 지도자를 뽑는 데 초점을 두고 있지만 시민정치는 공동체의 문제를 시민들이 더불어 해결할 것을 요구한다. 시민정치는 정부정치를 존중하지만 그것만으로 우리의 문제를 해결할 수 없다고 본다.

지방자치는 시민정치 개념에 의해서 뒷받침될 때 비로소 주민이 책임을 지는 자기책임적인 자치로 다가올 수 있다. 시민정치를 활성화하기 위하여 어떻게 지역의 문제를 발견하고 이슈화할 것인지, 어떻게 주민을 시민으로 조직화하여 동원하며, 정치적인 능력과 의지, 기술을 갖추게 할 것인지, 이를 위하여 필요한 재원을 어떻게 마련할 것인지 등에 대하여 진지한 논의가 필요하다.


## 결론

우리의 지방자치는 역사가 일천하고 중앙정치권의 논리에 의하여 곳곳에 족쇄가 채워져 있음에도 불구하고 빠른 속도로 정착되어 가고 있다. 그럼에도 불구하고 중앙정치권과 중앙부서의 관료, 중앙의 언론들은 기회가 있을 때마다 지방자치를 비난하며 중앙집권적인 역사로의 역류를 시도하고 있다.

이제 정치의 목적을 정치권력의 연장이나 이익집단의 이익실현에 두지 않고 국민 각자의 생활상의 욕구를 다양하게 실현하는 생활정치에 두게 되는 경우 정치권력 구조의 변화는 불가피하다. 더 이상 시민은 권력자의 목적을 실현하기 위한 도구가 아니다. 민주주의 본연의 정신에 따라 국민은 주권자로서의 자리를 회복하여야 한다. 이를 위하여 시민을 정치권력의 객체로 전락시키고 개인의 운명을 타자가 결정하는 소외의 원리에서 국민이 각자의 문제를 스스로 결정하는 자치의 원리, 새로운 정치의 원리로의 전환이 요구된다.

이제 시민은 방관자적인 관객이나 단순한 정치소비자로서의 지위를 벗어나 공동체의 문제를 해결하기 위해 적극적인 관심을 가지고 참여하며, 이를 통하여 공동체의 문제를 학습하고 그 해결책을 모색하며, 이를 실현하기 위해 활동함으로써 시민정치의 주체로 거듭나야 한다. 지방자치는 이와 같은 시민정치의 장으로서 아래로부터 국가를 변혁하는 새로운 권력패러다임으로 재인식되어야 한다. 18세기나 19세기에 전제군주제에 대한 문제해결을 시장메커니즘에 의해서 해결하려고 했다면, 20세기에는 시장의 실패를 정부의 개입으로 해결하려 하였으나 거대 경제집단과 결탁해서 공권력을 거래함으로써 실패했다. 21세기에는 실패한 정부의 빈자리를 시민정치가 채워가야 한다. 지방자치를 통한 시민정치의 활성화는 공동체 문제해결의 새로운 패러다임으로 부각되고 있다. 지방자치는 주민을 편안하게 하기 위한 원리가 아니라, 주민이 귀찮더라도 주인으로서 제자리를 찾도록 요구한다.

# 3장
# 주민자치·주민자치운동의 현황과 과제

이　호

## 주민자치를 어떻게 바라볼 것인가?

사전적으로 '주민'은 '특정한 지역에 거주하는 사람'을 말하고, '자치'는 '제일을 스스로 다스려 감'이라는 의미를 갖고 있다. 따라서 주민자치는 사전적으로 '주민들 스스로가 자신들이 살아가고 있는 지역을 다스림'이라 정의할 수 있다. 이는 주민들이 지역의 운영에 직접 참여하고 모든 것을 결정하는 직접민주주의의 원칙과 일맥상통한다.

그렇다면, 오늘날 주민자치라는 가치를 내세우는 제반 입장들은 원론적인 직접 민주주의의 부활을 주장하는 것인가? 얼핏 생각해 봐도 현대 사회와 같이 복잡하고 매우 다양한 이해를 갖고 살아가는 사람들 사이에서 직접민주주의, 주민자치는 가능해 보이지도 않고 긍정적인 결과를 낳을 것이라고 생각되지도 않는다.

전통적인 촌락공동체와 달리 현대 사회에서는 같은 지역에서 살아가는 이들 사이에도 매우 다양한 이해관계가 존재한다. 즉, 직장과 주거의 분리와 생활 패턴의 변화 등으로 인해 이제 지역은 더 이상 동일한 이해를 지닌 사람들의 생활공간이 아니다. 이런 상태에서 이들의 직접적인 참여에 의해 지역의 모든 의사를 결정하는 것은 현실적으로 가능하지 않으며, 또한 바람직하지도 않다. 그것은 매우 다양한 개별 주민들의 이해를 하나로 모으는 것이 불가능하기 때문이고, 또 그러한 개별 이해가 공공의 이해와 마찰을 일으킬 가능성이 크기 때문이다.

또한 지역사회의 제반 행정을 주민들이 스스로 운영해 나간다는 의미에서의 주민자치 역시 현재로서는 거론할 만한 상황이 아니다. 주민들의 자발성에 기인한 행정의 운영은 오늘날과 같이 복잡한 행정 시스템을 충족시킬 수 없을 뿐만 아니라, 자칫하면 기본적인 정부의 역할마저 부인하는 우를 범할 수도 있다.

그렇다면, 오늘날 주민자치를 실현한다고 하는 것은 구체적인 모습을 결여한 '지향점' 또는 '이념'으로만 존재하는 것인가? 우리 사회에서는 이러한 주민자치의 이념을 현실적으로 실현하기 위한 최소한의 장치들을 만들어 놓고 있다. 직접 민주주의의 비효율성을 극복하기 위한 대의제 민주주의의 제 장치들이 그 대표적인 제도적 장치들이라 할 수 있다. 지방의원 및 자치단체장을 주민들이 직접 선거를 통해 선출하는 지방자치제의 실시가 바로 그것이다. 그 외에도 지역의 각종 주요한 의사결정에 주민들을 참여시키고 그 의사를 반영하기 위한 반상회, 공청회 및 각종 위원회의 전문가 참여 등을 실시하고 있다. 그러나 선거는 아주 짧은 기간 동안만 주민들을 주인으로 대접할 뿐이다. 따라서 오늘날의 선거는 선거 이후에 주민들을 지역의 행정 및 정치에서 소외시키는 역할 이상이 아니라는 비판을 면치 못하고 있다. 그리고 이는 주민발안, 주민소환, 주민투표 등의 제도적 참여 방안이 제대로 갖추어지지 않았기 때문이라는 지적도 있다.

또한 지방자치제도가 실시되기 이전부터 존재하던 반상회는 정부의 시책을 일방적으로 홍보하는 수단이라는 한계를 크게 벗어나지 못하였으며, 이 때문에 최근에는 제대로 열리지 않는 경우가 많다. 공청회 역시 주민들을 소외시키기는 마찬가지이다. 주민들에 대한 홍보도 미흡하고 그 개최 시간 역시 일반 주민들이 참여하기 어려운 낮시간에 주로 열리고 있다. 또한 성의를 갖고 공청회에 참석한다 하여도 전문가들이 뿜어대는 전문용어들을 일반 주민들이 이해하기는 어려운 현실이다. 그리고 공청회를 통해 일반 주민들의 의사가 실질적으로 수렴되었는지 확인하기도 어렵다. 각종 위원회에 전문가가 참여하는 것 역시 주민들의 직접적 참여라는 범주에 포함시키기가 어렵다. 전문가들은 자신의 분야에 대해 전문적 지식을 가지고 있을 뿐 지역 주민들의 삶과 정서, 입장 등과 무관하기 때문이다.

따라서 현행 제도로서의 주민자치는 그 의의를 충족시키지 못하고 있다. 또한 이러한 제도를 일부 개선한다고 해서 주민자치의 의의를 충족시킬 수 있을 것이라 기대하기도 어렵다. 또한 주민자치가 함의하는 '주민들에 의한 주민들의 직접 통치'라는 개념도 현대사회, 특히 도시사회에서는 그리 현실성이 없어 보인다. 따라서 이 글에서는 주민자치의 구체적 상(像)을 설명하는 것을 포기하고자 한다. 그것은 현대사회를 살아가는 시민들이 한번도 경험해 본 적이 없기 때문에 그 구체적 상을 상상하기 어렵기 때문이다. 또한 어쩌면 완벽한 주민자치라는 것을 현대 사회에 그대로 적용하는 것이 불가능할 것이라고 믿기 때문이기도 하다. 대신에 주민자치는 구체적이고 완벽한 모습을 나타내 주는 것이라기보다는 지향으로서의 가치를 가지는 것으로 전제하고자 한다. 주민자치를 정태적인 개념보다는 현실의 조건들을 주민자치라는 이념에 맞추어 끊임없이 변화시켜 나가려는 '운동(運動)', 동태적인 개념으로 받아들이고자 한다. 즉, 주민자치는 우리 사회의 구성원들이 부단한 노력을 통해 조금씩 이루어 가는 동태적인 사회운동의 과정으로 받아들여야 보다 실천적인 의미를 지닐 수 있다.

따라서 주민자치의 내용과 그 의의를 찾아가는 방법으로, 이 글에서는 주민자치를 지향하는 현실사회의 구체적 노력이 어떠한 것인가를 살펴보고자 한다. 이를 통해 현재의 우리 사회에서 가능한 주민자치의 구체적 내용들을 파악할 수 있을 것이며, 또한 그 정당한 의의 역시 확인할 수 있을 것이라 본다. 그런 점에서 주민자치는 그 자체로서보다는 주민자치'운동'으로서 더 실천적인 의의를 가질 수 있을 것이다.


## 주민자치'운동'의 현황

1990년대 이후 지역을 활동의 근거지로 삼는 지역운동은 그 양과 질에 있어서 급격한 성장을 보였는데, 그러한 성장의 이념적 근거로 '주민자치'가 무엇보다도 중요하게 강조되고 있다. 따라서 일반적인 지역사회운동의 활동전략들을 주민자치를 지향하는 운동의 전략으로 설정하는 것도 그리 무리는 아닐 것이다.

현재 주민자치를 지향하는 지역사회운동의 활동 전략은 크게 두 가지 양태로 나타나고 있다. 첫째는 주민들을 대변하는 활동 전략이고, 두 번째는 주민들을 직접 조직하여 그들이 활동의 주체로 나서도록 하는 주민 주체형 전략이다. 전자의 가장 대표적인 활동은 지역사회에서 행정이나 의회의 각종 비리와 주민들의 이해에 반하는 잘못된 정책 등을 들추어내어 이를 지역사회에 여론화시키고 압력을 행사함으로써 그러한 문제들을 하나씩 해결해 가는 방식이다. 그리고 주민들의 입장을 대변하는 후보를 선거에 출마시켜 이들을 통해 지역사회의 각종 의사결정을 주민들의 입장에서 수행하려는 방식도 이에 해당한다. 반면에 후자의 활동 방식은 매우 다양해서 단순히 몇 가지로 범주화하기 어렵다. 그럼에도 크게 세 가지로 범주화하면 다음과 같이 나눌 수 있다.

① 주민들의 생활권에 피해를 입히는 사안에 대해 주민들이 조직을 구성하여 압력을 행사하고 이를 관철시키는 활동방식(쓰레기 소각장 반대투쟁, 철거반대 투쟁 등)

② 주민들에게 일상적으로 혜택을 줄 수 있는 프로그램을 운영하면서 주민
   들을 조직하여 이들이 지역사회의 여러 활동에 참여토록 하는 방식(시민
   학교, 녹색가게, 주민도서실, 공부방 등)
③ 주민들이 자발적으로 지역의 제반 생활환경 등을 개선하는 방식(다양한
   마을만들기 사례 등)

이러한 활동 형태들을 주민자치와 관련해 그 주체와 활동 내용으로 나누어
살펴보면서, 현 주민사치운동의 현황을 살펴보자.

## 1. 주민자치의 주체

주민자치를 지향하느냐의 여부와 관련해서 가장 중요한 기준은 그 주체에
관한 것이다. 주민자치의 주체는 당연히 주민이다. 그렇다면 주민자치운동의
주체에 대한 답도 역시 주민이다. 주민이 주체로 나서지 않는 운동을 통해 주
민들이 지역사회의 주인·주체로 될 수 없음은 당연하다. 그런 점에서 앞에서
언급한 두 가지 활동 형태 중 전자, 즉 주민들을 대변하는 활동전략은 직접적
으로 주민자치를 이루어 나가는 활동이라기보다 주민자치의 환경을 사회적으
로 조성하는 간접적 활동방식이라 할 수 있겠다. 또한 이러한 방식은 자치의
주체인 주민들의 힘보다 효율적인 권력통제를 통한 방식을 선호하고 있다.

주민들은 권력을 지닌 자나 전문가들로부터 대변(代辯)을 받아야 하는 대상
이 아니라, 스스로 자기 문제를 해결하고 이끌어 가야 할 주체들이다. 그러나
전자의 활동은 대부분 소수 전문가나 전문화된 활동가들에 의한 권력통제를
통해 수행되고 있다. 즉, 전문가 중심의 선도적 활동과 이를 통한 권력의 내용
변화가 주를 이루고 있어, 역시 주민들은 지역사회 활동 등에 있어 대상화되는
위험성을 내포하고 있다. 물론, 서명운동, 주민들에 대한 홍보 등을 통해 주민
들과 함께 하려는 노력이 전혀 없는 바는 아니지만, 이는 주민들을 단순한 홍

보 및 동원의 대상으로 여긴다는 점에서 자치의 주체로서 대접한다고 보기 어렵다. 물론, 주민들의 상태에 따라 이와 같은 낮은 수준의 참여를 촉구한다는 것이 항상 문제가 되는 것은 아니다. 그러나 이러한 활동 속에서 그러한 수준을 높이기 위한 의도적인 노력이 별로 보이지 않는다는 것은 짚어 볼 만한 문제라 할 수 있다.

지방의원이나 단체장 선거에 출마하여 제도권 내에서 일정한 정치권력을 획득하려는 움직임도 이와 크게 다르지 않다. 따라서 이러한 활동은 주민자치라는 목적보다는 우리 사회의 의사결정 과정을 보다 민주적이고 시민의 이익을 위하도록 만들려는 목적을 지향한다고 볼 수 있다. 물론, 우리 사회가 아직 시민사회의 공공성에 따른 합리적인 정치적 의사결정을 이루지 못하는 정치후진사회라는 점을 감안한다면 이러한 활동의 필요성을 전면적으로 부인하기는 어렵다. 또한 이러한 과정 자체도 주민자치를 향해 나아가는 과정에서 긍정적인 영향을 미친다는 점을 부인할 수 없다.

반면, 후자의 활동은 직접 주민들을 통해 직접적인 의사결정 과정을 주도한다는 점에서 주민자치의 활동취지와 더 잘 맞는다. 그러나 후자의 각 유형들은 나름대로 문제점들을 갖고 있다. 그 중에서도 주체의 문제와 관련하여 많은 문제점을 드러내는 사례로는 ②의 경우를 들 수 있다. ②와 같은 유형은 혜택을 베풀어주는 사람과 혜택을 받는 사람이 명확히 갈라진다. 따라서 이 관계를 변화시키지 않는 한, 전자의 활동처럼 주민들을 단순한 대상으로 전락시키고 말 위험성이 매우 높다.

## 2. 활동의 내용

주민자치운동의 구체적 실천은 주민들이 주체가 되는 자치를 향상시키는 방향으로 이루어지는 것이 당연하다. 따라서 활동의 내용은 주민들 스스로가 자발적으로 무엇을 행하고 성과를 획득해 가는 것이어야 한다.

이와 관련해서 먼저 전자의 주민대변형 전략을 살펴보자. 주민대변형 전략은 주민주체형 전략과 달리, 다수 주민들을 잠재적인 지원세력으로만 상정한다. 즉, 일반 주민들을 가능한 많이 참여시키고자 하는 구체적인 전략을 설정하지 못하고 있다. 후자의 활동 역시 주민들을 직접 만나고, 이들이 주도적으로 활동하도록 하는 내용을 갖고 있다 하더라도 현실적으로 극복해야 할 많은 과제들을 가지고 있다.

①의 경우, 대체로 주민들이 결집하는 사안이 매우 즉자적이고 한시적이라는 것이다. 즉, 외부에서 신가한 자극을 주어야만 주민들이 스스로를 조직하고 동원한다는 것이다. 그리고 주민들이 스스로를 동원한 사안이 해소되고 나면, 주민들의 영향력이 지속되지 못하고 소멸되고 만다. 이는 주민들이 스스로의 계획과 프로그램을 가지고 지역사회의 주인으로 등장하는 데에 많은 한계를 노정한다.

②의 경우는 주민들에게 필요한 것을 적절하게 제공해 주고 있다는 자족감이 가장 큰 내부의 적이다. 주민들이 무엇인가를 필요로 할 때, 그것을 제공해 주는 이들의 지역 내 위상은 보다 명확해지고 빛나게 마련이다. 이러한 주도적 입장을 주민들에게 넘겨주려는 구체적인 실천계획을 가지지 못한다면, 이는 분명 문제이다.

③의 경우에는 주민들의 자발성과 자치의 원형을 보여줄 수 있다. 뜻이 맞는 주민들이 자발적으로 모인 소규모의 모임을 공동체적으로 운영하며, 자신들이 살아가는 지역을 자발적으로 조금씩 개선해 가는 방식은 주민들이 자치를 실질적으로 훈련하는 좋은 방안이다. 그러나 이러한 모임은 자칫하면, 그 활동내용이 모임 내부에 머무는 폐쇄성의 위험성을 안고 있다.


## 문제를 극복하기 위한 노력

주민자치의 모습과 의의를 살펴보기 위해서는 각각의 활동전략에서 드러나는 문제점보다 이러한 문제점을 극복하려는 실천적 노력들이 중요하다. 이러한 노력들은 점차 구체적인 성과들을 하나씩 내오고 있다는 점에서 매우 고무적이라 하겠다.

먼저 주민대변형 전략으로 분류된 제도정치에의 참여는, 아직 대세를 이루고 있지는 못한 듯 하지만, 단순히 의회 내에서 주민들을 대변하겠다는 취지보다 지역주민들의 조직과 긴밀한 관계설정을 통해 주민주체의 여러 활동들을 추동·지지할 수 있는 역할을 중요하게 설정하고 실천하는 사례들이 나타나고 있다. 즉, 좋은 의정활동 및 행정가의 자질을 발휘하는 것만이 아니라, 지역주민의 신용을 바탕으로 주민들이 스스로를 조직하고 목소리를 낼 수 있도록 촉진하는 조직가의 역할을 중요하게 고려하고 있다는 것이다.

후자의 주민주체형 활동전략들 중 ① 유형의 경우도 즉자적이고 한시적인 활동을 넘어서기 위해 다양한 시도들을 진행해 왔다. 산본의 쓰레기 소각장 건설반대운동은 <군포환경자치시민회> 및 <수리산 자연학교> 등의 건설로 이어져 지속적인 주민자치운동으로 발전하여 왔다. 또한 목동의 쓰레기 소각장 건설반대운동의 경우에도, 주민들이 쓰레기 소각장 운영에 대한 감시권을 확보해 지속적인 감시 활동에 나서고 있다. 그밖에 철거 투쟁을 수행했던 주민들은 철거 후 임대주택에 들어가 임대주택자치회를 통한 지역활동을 모색하고 있기도 하다. 아직 이러한 활동들이 일반화되지는 않았지만, 이러한 움직임이 계속 나오고 있는 것은 희망적이라 할 수 있다.

또한 일시적인 투쟁의 한계를 극복하기 위하여 주민들이 요구사항을 조례 제·개정 및 폐지라는 지속성 있는 정치적 의사결정 과정으로 표출하는 사례들이 늘고 있는 것도 바람직하다 하겠다. 물론, 이러한 경우라도 그 주체가 된 주민들이 지속적으로 지역사회에 개입·활동할 수 있기 위한 고려와 고민이 있어야 할 것이다.

또한 ② 유형의 프로그램을 통한 지역사업을 수행하는 곳에서도 혜택을 제공하는 사람과 그 혜택을 받는 사람이라는 이분법적 구도가 조금씩 없어지는

　　군포시에 위치한 산본 신도시에는 1993년부터 1997년까지 쓰레기 소각장 건립 반대를 위한 대규모 저항이 일어났다. 초기에는 신도시 주민들과 구도시 주민들 간의 소각장 부지 떠넘기기가 핑퐁게임처럼 이루어지고 있었다. 그러나 이러한 집단이기주의적인 공방전은 얼마 안가 방향이 바뀌기 시작했다. 그것은 해결이 나지 않는 떠넘기기식 저항이 아무런 해결책을 제공하지 못한다는 인식 이외에도 핵심적인 주민들이 이 저항을 통해 친환경적인 마인드(mind)을 가지고 이러한 문제가 단순한 쓰레기 소각장 문제에만 머무는 것이 아니라는 것을 깨닫는 과정을 통해서 이기도 했다.

　　주민들의 반발이 거세어 지자 군포시에서는 환경영향평가를 다시 하겠다고 발표하였고, 그 이후 주민들의 동원력이 떨어지기 시작했다. 이에 이 투쟁에 결합했던 교수 등 전문가들의 제안으로 수리산보호운동이 시작되었는데, 주민들에게는 수리산에 쓰레기소각장이 들어설 수 없는 명분을 만들기 위함이라는 명목을 주었다. L목사를 비롯한 몇몇 사람들은 수리산보호운동의 일환으로 자연학교를 개최해 수리산 생태기행을 진행하였다. 물론, 일반 주민들이 쉽게 이해하고 부담없이 참여할 수 있도록 재미있게 진행하였다. 이 생태기행을 직접 진행한 Y씨의 경우, 참여자들을 조교로 활용하는 방식을 사용함으로써 참여자들을 교사로 배출하기 위해 힘썼다. 이런 노력의 결과 현재 자연학교는 수료생들에 의해 자율적으로 운영되고 있으며, 교사 역시 자연학교의 수료생들에 의해 충원되고 있다. 이러한 활동을 통해 자연학교에 참여한 주민들은 단순히 자신들이 사는 지역에 쓰레기 소각장을 짓느냐 마느냐 하는 문제를 넘어서 친환경적인 지역환경과 그러한 일상 삶에 대한 깨달음을 얻게 되었다. 이러한 깨달음과 자신들의 주체적인 활동을 통한 자부심의 향상으로 인해, 이들은 현재에도 '군포환경자치시민회'를 형성하여 지역에서 힘차게 주민자치운동을 전개하고 있다. 특히, 수리산 자연학교는 꾸준한 활동으로 인해 지역사회의 신뢰를 얻게 되었으며, 최근에는 학교에서 교사와 학생들에 대한 환경교육 활동도 하고 있다. 특히, 이들은 각자가 학부모이고 어머니이며, 지역에서 가장 많은 시간을 보내는 주민들이기 때문에, 이 프로그램에 참여하는 이들의 정서를 잘 알고 있어, 매우 유능한 환경교사로 활동하고 있다.

사례들이 생겨나고 있다. 예를 들면, 성인들에게 한글 등을 가르치는 학교에서 그 졸업생이 학교의 선생님으로 자원봉사를 하도록 유도하는 사례 등이 그것이다. 이를 통해 주민들은 지역사회를 변화시키는 주체로 조금씩 변화하는 것

이다. 특히, 녹색가게와 같은 경우는 처음부터 주민들을 자원봉사자로 참여시
켜 활동한다는 특징을 지니고 있다. 공부방의 경우, 어린 학생들을 주로 만나
는 사업이라는 한계에도 불구하고, 공부방 활동을 통해 얻은 주민들의 신뢰를
기반으로 지역에서 다양한 사업들을 주민들과 함께 벌이는 등의 사례가 나타
나고 있다.

　　안양시민대학은 기초문해과정(한글, 수학)과 생활문해(영어, 한자), 영역별 문해
(상식, 컴퓨터) 등의 과목을 가르치는 곳이다. 따라서 이러한 교육에 갈증을 느끼는
학생들이 참여해 공부를 하는 곳이다. 그래서 이 곳을 처음 오는 사람들은 '학원'이
라 칭하기도 한다. 그러나 이 곳에서 공동체 식사를 하고 각종 문화행사에 참여하며
봉사활동 등을 하면서 스스로 '학교'라 정정해 부르곤 한다. 이 곳은 또한 '수강료'
대신, '회비'를 내고 있는데, 이는 시민대학의 주인이 학생이라는 의식을 심어주고,
교육을 가르치는 자와 배우는 자로 가르는 기존 상식을 깨뜨리기 위함이다.
　　이러한 교육철학은 단순한 철학으로 그치지 않는다. 지역의 다양한 문화행사 및
자원봉사 활동 등을 통해 학생들이 지역사회 활동에 주체적으로 나설 수 있도록 함
으로써, 단순히 지식만을 배우는데 그치지 않고 지역사회의 다양한 활동에 참여함으
로써 느끼는 보람과 기쁨도 동시에 맛보고 있다. 또한 시민대학의 운영에 있어서도
학생회를 구성토록 해 이들이 시민대학 운영에 가장 큰 영향력을 미치도록 한 것도
이들의 주인의식을 심어주는데 큰 역할을 하고 있다. 특히, 안양시민대학을 통해 커
다란 의식의 변화를 겪는 이들은 이 곳에서 일정한 교과과정을 수료한 후 다시 시민
대학의 교사로 일하는 이들이다. 즉, 배움에 한 맺힌 이들이 이곳을 통해 그 한을 풀
고, 더 나아가 이 곳의 교사로 일하도록 유도하는 과정을 통해 이들의 의식은 급격
한 발전을 이루곤 한다. 이러한 의식의 변화는 안양시민대학이 지역에서 벌이는 다
양한 활동들과 함께 공동체적인 성격을 갖는다는 점, 그리고 그 안에서 스스로 시민
대학을 운영하는 경험을 한다는 점에서 매우 많은 시사점을 준다.

　　③ 유형의 경우에도, 지역주민들이 실질적인 활동의 주체로 부상하는
사례들이 조금씩 생겨나고 있다. 또한 이러한 소규모 주민공동체가 단지 폐
쇄적인 모임 및 활동에서 벗어나 자신들의 모임을 외부화해 지역사회로 개

방하려는 움직임들이 많이 발견되고 있다. 예를 들면, <녹색삶을 위한 여성들의 모임>이 하나의 아파트 단지에 거주하는 부녀자들의 이해를 충족하기 위한 모임에서 벗어나 녹색가게 및 지역의 저소득 아이들을 위한 공부방 등을 운영하는 모임으로 변한 것이 좋은 예이다. 또한 <광명 YMCA>의 생활협동조합 회원들이 자신들의 모임을 '아름다운 마을만들기 주민모임'으로 개칭하여 아파트 단지에서의 각종 공동체 활동을 주도하고 있는 모습에서도 그러한 전형을 볼 수 있다.

그러나 아쉽게도 전문가와 전문적 활동가들을 중심으로 펼치는 이슈 중심의 활동들은 아직 주민자치의 수체인 수민늘과 많이 유리되어 있는 편이다. 앞에서도 언급한 바와 같이, 이는 아직 우리 사회가 제도나 관행에서 바꾸어야 할 것이 많으며, 이를 효과적으로 해결하기 위해서는 권력 통제적인 접근이 유효하기 때문이다. 이러한 활동 방식은 주민자치를 위한 지역사회의 환경과 조건을 제공한다는 차원에서 긍정적이라 볼 수 있다. 그러나 보다 바람직하기는 주민대변형 활동에서도 주민들이 스스로를 대변할 수 있게 하는 주민 조직화가 수반되어야 할 것이다.

안성천 살리기 시민모임의 회원인 J씨와 K씨 부부는 자신들이 살고 있는 1, 2라인 아파트 주민들만큼이라도 이웃간의 정을 나누어야겠다고 생각하여 어느 토요일 저녁에 자신들의 집('열린 집'으로 칭함)으로 차 한 잔 마시자고 주민들을 초대하였고, 몇 차례의 모임을 통해 주민단합대회를 갖기에 이르렀다. 어른들은 어른들대로 삼겹살에 소주잔을 기울이는 재미로, 아이들은 아이들끼리 신나게 어울리는 자리가 되었고, 급기야 J씨는 동대표로 추천되기도 하였다.

동대표를 맡고 나서 '꼬마 대장'이 되기로 마음먹은 J씨는 만만치 않은 시간투자가 필요했지만, 아이들과 주민들 사이에서 즐겁게 일을 해나갔다. '열린 집'이라는 이름에 걸맞게 주민들에게 책을 대여해 주는 '마을 도서관' 일도 하고, 이이들을 위한 도서기증도 받고 있다. 환경을 주제로 아이들 그림그리기 대회도 하고, 안성천살리기 시민모임의 현장 학습에 아이들과 함께 가기도 하며, 안성 남사당패 공연도 계획하고, 호박을 심어 아파트 베란다에 덩굴을 드리울 생각도 하고 있다.

## 주민자치'운동'의 내용

위에서 살펴본 주민자치를 지향하는 움직임들을 통해 현 단계 주민자치'운동'의 특징을 몇 가지로 파악할 수 있다.

첫째, 주민들이 활동의 주체로 지역사회 활동에 활발히 참여하는 것이다.

주민자치는 다른 사람들이 가져다주는 것이 아니라, 스스로의 노력과 시간을 투자해서 지역사회의 제반 활동에 개입해 들어가는 과정을 통해 가능하다. 따라서 지역사회를 개별적으로 거주하는 공간으로만 여기지 않고, 주민들이 그 사회를 변화·발전시키기 위한 다양한 활동에 적극적으로 참여하도록 촉진하는 활동은 주민자치를 이루어 나가는 활동에 있어서 가장 기본적인 것이다.

이를 통해 주민들은 지역사회와 긴밀하게 연결되고, 이는 주민자치가 당위적이고 이상적인 개념이 아닌, 주민들의 생활과 직접적인 관련성을 갖도록 만드는 과정이기도 하다. 이러한 참여는 특정한 이슈에서만 발휘되지 아니하고, 지속성을 가질 수 있어야 한다.

그런데, 주민들이 지역사회의 다양한 활동에 참여하는 것에는 여러 층위가 있을 수 있다. 아래의 그림에서 볼 수 있는 바와 같이 주민들의 참여는 단순히

| 참여의 정도 | 참여자의 위상 | 주민조직과의 관계 |
|---|---|---|
| 높음 | 기획과 집행에서의 책임과 권한부여 | 지역문제의 분석, 활동계획의 수립 과정뿐만이 아니라 그 계획의 실행에 있어서도 명확한 책임과 권한을 위임받아 수행 |
| | 의사결정권을 지님 | 문제의 분석과 활동계획 등을 수립하는 과정에서부터 참여하여 그 구체적인 계획을 함께 마련 |
| | 계획단계에의 참가 | 활동계획을 수립할 때부터 참여하여 그 내용을 검토하는 등의 역할을 부여 |
| | 자문 담당자 | 주민운동조직에서 분석한 문제나 활동계획 등에 대해 단순히 그 의사를 문의하고 참고하는 정도의 관계 |
| | 조직대상자 | 주민운동조직에서 계획한 활동에 이해관계나 욕구를 갖고 있는 사람들로, 일차적인 동원의 대상 |
| 낮음 | 단순정보수혜자 | 주민운동 조직에서 계획한 지역활동 계획이나 지역의 문제점 등에 대해 단순히 홍보 등을 통해 소식을 접하는 정도의 관계 |

* 한국도시연구소, 『현장에서 배우는 주민조직 방법론』, 2000, 23쪽에서 인용.

지역의 정보를 접하는 수준에서부터 기획과 집행에서 책임과 권한을 가지는 단계까지 다양하다. 그런데 지역활동에서 오해하기 쉬운 현상이 바로 가장 낮은 단계인 '조직대상자로서의 참여'를 설정하는 경우가 많다는 것이다. 이는 지금까지 대중(주민)들이 조직운영의 주체로 나서지 못했기 때문이다. 그러나 주민들의 참여는 지역사회 전반의 각종 의사결정 과정에까지 확대되어야 한다.

물론, 아무런 조건 없이 모든 주민들에게 가장 높은 단계의 참여를 요구하는 것이 항상 바람직한 것은 아니다. 주민들의 여러 가지 사정 및 여건 등을 감안해야 하기 때문이다. 그러나 그러한 판단이 활동가의 독단적인 것이 되어서는 안 되고, 주민들의 제반 사정에 대한 배려 차원에서 이루어져야 한다. 자칫 잘못하다가는 주민들의 역량이나 조건에 맞지 않는 역할분담으로 주민들이 오히려 지역사회 활동에서 떨어져 나갈 수도 있기 때문이다.

둘째, 지역사회에서 조직화된 주민들이 정치적 영향력을 확보하는 것이다.

주민들의 참여는 단순히 주민들에게 자족감을 주기 위한 것이 아니라, 지역사회에서 영향력을 획득해 가는 과정이어야 한다. 즉, 지역의 제반 의사결정에서 주민들이 적극적으로 자신의 의사를 표현하고, 최소한 주민의 이해에 반하는 의사결정이 이루어지지 않도록 하는 역할이 중요하다. 이를 위해서는 주민들이 자신의 입장을 관철시킬 수 있는 힘을 가져야 하며, 더 나아가 일상적으로 지역의 제반 의사결정에 영향을 미칠 수 있는 조직된 세력으로 존재해야 한다. 또한 이러한 영향력의 강화를 통해 주민자치의 공간을 지역사회의 모든 영역으로 확대할 수 있다.

셋째, 주민들이 자신의 개별 이해를 공공의 이해와 일치시키도록 공동체 정신을 강화하는 것이다.

주민자치는 주민들 집단의 자치를 의미한다. 그런 점에서 각기 차별적인 이해를 가진 주민들이 모두 자신의 입장만을 주장한다면, 이는 주민 스스로 자치 역량을 갖추었다고 볼 수 없다. 주민자치 제도 및 프로그램의 실천을 주저하는 이들이 가장 쉽게 내놓는 근거가 바로 '주민들의 자치 역량 부족'이다. 그런 점에서 다양한 프로그램과 실천활동을 통해 주민들이 자신의 배타적인 개별 이해를 극복하고, 이를 공공의 이해로 전환시키려는 여러 노력이 필요하다. 이를 위해서는 아주 낮은 수준에서나마 주민들이 이웃들과 긴밀한 관계를 맺으며 살아갈 수 있도록 다양한 공동체적 소모임을 활성화시켜야 한다. 그 속에서 주민들은 '더불어 살아가는' 체험을 할 수 있기 때문이다. 이 체험이야말로 주민자치의 가장 핵심적인 내용이라 할 수 있다.

넷째, 주민들의 참여가 지역사회에서 영향력을 미칠 수 있도록 제도 등의 제반 환경을 만들어 가는 것이다.

예를 들면, 주민들이 주민자치센터에 적극적으로 개입하여 올바른 위상을 세워 가는 것도 중요하지만, 주민자치센터를 운영하는 지침 및 조례 등을 주민들이 보다 원활하게 참여하도록 바꾸려는 노력도 중요하다. 그렇듯이 주민들의 참여를 활성화하고, 그러한 활동을 통해 주민들의 영향력을 강화해 가는 과정에는 이를 보다 잘 용인할 수 있는 사회적 문화 및 제도 등을 만들어 가는 과정이 필요하다. 이러한 과정 역시 주민들의 참여와 영향력 확보라는 내용과 무관하지 않다. 그러나 이러한 내용을 만들어 가는 과정에서도 가능하면, 주민들이 그 주체가 될 수 있도록 고려하여야 할 것이다.

이러한 네 가지의 내용은 각각이 독립된 것이 아니라, 하나의 일관된 흐름을 세분하여 설명한 것이다. 이를 그림으로 나타내면 다음과 같다.

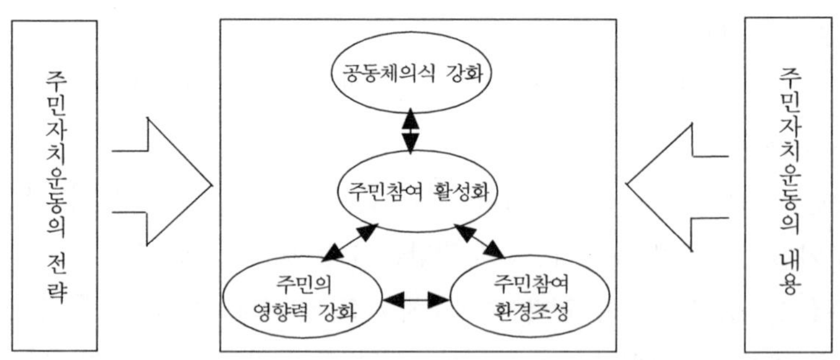

## 몇 가지 강조점

앞에서 언급한 주민자치운동의 내용을 보다 발전적으로 이어나가기 위해서 강조하고자 하는 두 가지는 다음과 같다. 첫째, 구체적으로 주민들과 접촉하며 활동하는 양식을 취해야 한다. 둘째, 사업의 방식 등에 있어서 활동가 및 전문가 주도가 아닌 주민 주도의 활동 양식을 끊임없이 개발하고 실천해야 한다.

주민자치를 지향하는 많은 지역사회운동 단체들은 아직도 구체적으로 주민들과 함께 활동하는 방식에 어려움을 겪고 있다. 그러나 주민자치는 바로 주민들과 일상적으로 교감하고, 이를 바탕으로 주민들을 지역사회의 주체로 만들어 가는 활동을 통해서만 발전할 수 있다. 구체적인 주민들의 삶과 생활 속에서 이들과 함께 부대끼는 과정을 통해서만 근본적인 변화가 발생하는 것이다. 주민들이 움직이지 않는데, 계속해서 무엇을 주려고 노력하는 것은 오히려 이들에게 무임승차 의식만 키워줄 뿐이다.

그리고 주민들과 함께 활동하는 데에도 전문적인 활동 방법을 고안하고 실천해야 한다. 아무리 주민들과 밀착된 활동을 전개한다고 하여도, 주민들이 스스로 주체로 나설 수 있도록 그 활동을 의도적으로 계획하기 위해서는 나름의 전문성이 필요하다. 이는 바로 조직가로서의 전문성을 갖추어야 함을 의미한다. 조직가는 사회운동의 주체가 아니라, 대중이 그 주체가 되도록 이들을 촉진하고 활성화시키며, 지원하고 매개하는 이들이다.

마지막으로, 주민자치운동은 특정한 이슈를 얼마나 효율적으로 해결하느냐를 통해 평가될 수 없다. 더욱 중요한 기준은 그 문제를 해결하는 과정에 주민들이 얼마나 주체적으로 참여했는가, 그 과정을 통해 주민들이 어떠한 변화를 겪었는가 하는 것이다. 그런 점에서 주민자치를 과정으로서 개념지웠듯이, 주민자치운동 역시 그 과정을 중요시하는 운동이라 할 수 있다.

제II부

## 삶의 현장 곳곳에 자치의 숨결을

# 4장
# 일상적인 삶의 정치화와 소통공간의 활성화

하승우

## 자치는 일상적인 삶에서 시작된다

한국의 중앙정치는 썩을 대로 썩어서 자생적인 변화의 가능성을 상실한 듯이 보인다. 한국의 중앙정치는 끊이지 않는 야합과 결탁, 힘의 논리로 특징지을 수 있다. 그 시궁창에서는 어떠한 민주주의의 싹도 버티지 못할 것처럼 보인다. 공식적인 제도를 통해서, 권력의 변화를 통해서 사회를 바꾼다는 것은 80년대 식의 감상적인 변혁운동의 관점을 취한다 해도 불가능해 보인다(소련의 붕괴는 그것을 경험적으로 보여주었다).

이런 상황에서 정치에 대해 얘기하는 것은 왠지 공허하고 부정적인 느낌을 준다. 서구에서도 정치에 대한 무관심이나 반(反)정치 경향이 나타나고 있지만, 그나마 의지할 만한 대안적 정당이 존재한다는 점에서 한국처럼 그 공허함이 깊지는 않다. 그렇다면 변화를 포기하고 이 사회 속으로 무기력하게 빠져들어 갈 것인가? 다행히도 아직 낙담하기는 이른 것 같다. 변화의 가능성은 분명히 존재한다. 더러운 시궁창 속에서 연꽃이 피어나듯, 그 썩은 중앙정치 속에서 그 더러움을 처절하게 경험하며 자치라는 연꽃은 개화하기 시작했다. 이 새로운 민주주의의 싹은 공식적인 제도가 아니라 일상적인 삶 속에서 새롭게 피어난다. 부패한 제도를 외부에서 해체해 들어갈 수 있는 일상 속의 민주주의가 바로 자치이다.

예전에 <반칙왕>이라는 영화를 본 적이 있다. 주인공은 냉혹한 생존의 원리가 지배하는 동물의 세계 같은 직장에서 왜소하고 억눌린 채 살아가지만 반칙왕의 가면을 쓴 링 위에서는 날라 다닌다. 하지만 그의 일상이 극단적으로 구분되기 때문에 주인공은 가면이 찢어지는 순간 힘을 잃어버리게 된다. 이처럼 단절된 삶 속에서는 근본적인 변화가 나타날 수 없다.

'일상적인 삶(everyday life)'이라는 표현을 쓴 이유도 그런 의미에서다. 정치를 바라보는 관점에는 권력적인 시각만이 아니라 인간적인 시각도 존재할 수 있다. 이것은 권력정치라는 현실에서 도피하거나 그것을 무조건 부정하는 것이 아니라 인간을 통한, 일상적인 삶에 기반한 정치의 가능성을 연다. 그런 점에서 일상적인 삶의 정치는 정치라는 것을 먼 곳에서 찾지 않는다. 어찌 보면 정치를 먼 곳에서 찾고 내 통제가 미치지 않는 영역만을 정치의 장으로 보기 때문에 무기력해지는 것이다. 결정권을 가진 사람은 문제에서 멀리 떨어져 있고 실제로 문제를 경험하는 사람들은 자신들이 개입할 수 없다고 여기기 때문에 위기가 발생한다. 하물며 운동을 하는 활동가들조차도 정치를 제도화된 것, 권력적인 것, 그렇기에 절차적인 것, 쟁취해야 하는 것으로만 바라보는 경우가 있어 아쉬움을 남긴다. 일상적인 것들, 삶을 살아가는 동안 주변에서 벌어질 수밖에 없는 크고 작은 결정들에 끊임없이 참여하는 과정이 바로 '정치화'다.[1]

---

[1] 독일 프라이부르크의 보봉(Vauban)에서 진행되는 포럼은 이런 정치화의 가능성을 보여준다. 매주 월요일 저녁 자발적으로 광장에 모인 주부와 직장인, 공무원, 전문가는 토론을 통해 주민들의 이상적인 도시계획과 현실을 조화시켜 나가고 있다(최경송 2001).

　　그런 점에서 '정치화'라는 말은 기존의 제도권 정치(politics)가 아닌 '정치적인 것(the political)'을 가리킨다. 사소하고 작은 문제들도 정치적인 이슈가 될 수 있다. 쳇바퀴 돌듯 맞물려 돌아가는 세상이기 때문에 조그만 부분의 장애도 전체 체계에 영향을 미칠 수 있다. 그런 점에서 정치화는 사소한 것에서 큰 의미를 찾으려는 노력이다. 또한 정치적인 것이란 원리적으로 갈등할 수밖에 없는 시민적 측면과 행정적 측면 의 균형을 유지하려는 것이고 시민적인 측면에 우선성을 보장하려는 것이다(O'Sullivan 1997). 즉 정치화는 정치를 공식화된 제도로만 파악하지 않고 잠어직이고 유동적인 것으로 파악한다. 정치화는 정치를 폐쇄적이고 절차적인 장이 아니라 공개적이고 실질적인 장으로 전화시키는 것, 부정적인 것들을 끊임없이 긍정적인 것으로 전환시키는 과정으로 바라본다.

　　이런 점에서 일상적인 삶의 정치화는 삶에 대한 태도변화, 자기 자신의 삶에 영향을 미치는 중요한 문제들에 대한 결정권을 끊임없이 추구하는 것이다. 그리고 이것은 일시적인 노력이 아니라 살아 있는 동안, 생명을 유지하는 동안 계속되어야 한다는 것을 의미한다.

　　또한 삶의 정치화는 전통적인 공·사 영역의 구분을 넘어서 무엇이 공적인 것이고 사적인 것인지를 규정하는 능력을 기르는 것이다. 이런 점에서 삶의 정치화는 개인의 정치적 행동만이 아니라 주변 사람들과의 소통 속에서 이루어진다. 예전에는 이렇게 소통을 나눌 수 있는 공간이 여러 곳 있었다. 사랑방, 마을광장 등은 시민들이 참여하고 소통을 나누는 공간이었고, 5일장이나 시장 또한 단순히 물건을 사고 파는 곳이 아니라 지역의 소식을 나누는 공간이었다. 하지만 시간적인 효율성만을 추구하는 근대적인 사유와 관료제, 자본주의의 발달은 그런 소통의 장을 파괴하고 시민을 개인으로 만들었다. 시민들의 공간이었던 시청은 공무원이나 관료가 상주하는 공간으로, 시장은 개별적인 소비가 이루어지는 백화점이나 대형할인마트로 변신했다. 하버마스(J. Habermas)가 얘기하는 '생활세계의 식민화(colonization of life world)'는 어려운 말이 아니라 바로 이런 현상을 가리키는 것이다. 즉 시민들의 자율적인 소통을 통해 사회적 규범과 관계를 형성해 온 공간이 국가와 자본에 의해 침범당하는 현실을 묘사하는 말이다.

그렇기에 공론장(public sphere)은 따로 만들어야 하는 공간이 아니라 식민화되고 있는 공간을 지키는 것, 식민화된 공간의 의미를 바꾸는 것에서부터 시작한다(뒤에서 자세히 설명하겠다). 따라서 공론장에서 진행되는 삶의 정치화, '정치적인 것'의 의미는 '사회적인 것', 특히 근대사회에서 배제되었던 연대, 소통, 참여, 배려 같은 개념을 활성화하는 것과 맥을 같이 한다.

물론 공론장이라고 해서 공적인 문제만 논의하는 것은 아니다. 무엇보다도 현대사회에서 공적인 것은 고정되지 않는다. 예를 들어, 영화에 대한 개인의 취향은 사적인 것으로 보호되어야 한다. 그러나 그 사람이 영화산업의 방향을 정하는 중요한 정책을 결정하게 된다면 그 개인의 취향은 공개되고 공적으로 논의되어야 한다. 이런 점에서 하버마스는 무엇이 공적인 것이고 사적인 것이지를 다시 구별할 것을 제안한다(Habermas 1996). 개인의 사생활에 대해 얘기하는 것이 반드시 타인의 삶을 침해하는 것은 아니다. 분명히 개인의 내면적인 영역은 외부의 힘으로부터 보호되어야 하지만, 사적인 결정으로 유보된 모든 것이 비판으로부터 면제되는 것은 아니다.

이처럼 일상적인 삶의 정치화는 사적인 것과 공적인 것을 재규정하는 과정을 통해 자치로 발전한다. 자치는 단순히 정책을 감시하는 것이 아니라 스스로 정책을 구성하고 결정하는 것이기 때문이다. 그리고 이런 자치의 방식은 앞서 얘기한 소통만을 중요하게 고려하지 않는다. 정치적 행위의 방식은 매우 다양하고[2] 구체적인 시민과 그들을 둘러싼 사회적 환경에 따라 달라질 수 있다.

---

2) 왈쩌(M. Walzer)는 토론 이외의 다양한 정치적 행동방식을 열거한다. ①정치교육, ②조직하는 것, ③동원(mobilization), ④시위, ⑤성명서, ⑥논쟁, ⑦협상, ⑧로비활동, ⑨캠페인(선거운동), ⑩투표, ⑪모금활동, ⑫부패척결, ⑬사소한 일(scut work, 우편작업이나 플랭카드를 달거나 전단을

일본은 우리보다 더 빨리 이런 원리를 깨우쳤다. 그들은 60년대 말 혁신자
치체 운동을 경험하면서 생활에서, 지역에서, 자치에서 출발하지 않은 운동이
한계를 가질 수밖에 없다는 점을 깨달았다. 따라서 이들은 코뮤니티 형성과 지
역의 재생, 주민조직과 자치체의 분권·지치형으로의 개혁, 자치체 수준에서
의 주민참가 제도화, 주민과 행정의 민주적인 파트너쉽의 제도화 등의 과제에
주목했다(김기성 1999).

지역정당(local party)을 표방하는 일본 <가나가와 네트워크>의 요코다 씨
는 이것을 '국가본위제세'에서 '사람본위체제'로의 전환이라고 표현한다(요코
다 2001). 산업발전을 지향하는 정책이 대다수 사람들의 생활을 압박하고 파괴
하기 때문에, 사람들은 사회의 존재방식을 산업 우선에서 생활 우선으로 전환
시킬 필요성을 느끼게 된다. 또한 국가에게 의존하는 것이 사람들의 문제해결
능력을 잃어버리게 만들기 때문에, 문제해결의 틀은 시민 한 사람 한 사람의
주권에 뿌리내려야 한다.

이런 생활적인 면에서 분명히 일본은 한국보다 앞서 나가고 있다. 하지만
실망할 필요는 없다. 한국은 그 동안 진행된 민중운동, 노동운동의 경험을 통
해 중앙권력에 대한 저항시스템을 갖추고 있다. 물론 이런 현상을 무조건 긍정
적으로만 평가할 수 없지만, 제대로 시민들 속에 뿌리를 내린다면 더욱 발전될
수 있을 것이다. 일본의 시민운동이 생활적인 면에 더 중점을 둔다면, 한국의
시민운동은 정치적인 면에 더 중점을 두기 때문에 서로 장단점을 가지고 있다
(그런 점에서 일본은 <총선시민연대>와 같은 한국의 시민운동에, 한국은 생
협과 주민소송, 조례개정 같은 일본식의 생활자운동에 관심을 가지고 있다).
어느 것이 더 우월하다는 평가를 내릴 수는 없다.

하지만 한국사회의 시민운동은 너무 제도회된 정치영역으로 치우쳐 있다.

---

나눠주는 일), ⑭통치(왈쩌 1999).

시민운동은 자치를 일구어 낼 시민들을 만들어 내지 못하고 있다. 장기적인 비전을 가지고 사람들과 함께 사업을 진행하지 않고 단기적인 사고와 시민을 지도하려는 입장에서 벗어나지 않고 있다. 어찌 보면 시민운동에 관여하는 사람들조차 대중을 믿지 않는지 모른다. 그래서 자기가 없으면 그 사람들이 스스로 문제를 해결하지 못할 것이라고 오해하는지도 모른다. 하지만 자치운동은 이 사회를 움직이고 물질을 생산하는 대중들에 대한 신뢰에서 시작한다.


## 대중의 복원과 욕구의 부활

민주주의는 민중에, 대중에 기반한 정치다. 그렇기에 민주주의라는 개념이 보편적으로 사용되고 있지만 그 내부에는 불안이 잠재해 있다. 흔히 학자들은 폭민정치(mob rule)라는 개념으로 대중이 폭도화될 수 있다는 우려를 표명해 왔다. 이것은 현대 민주주의의 초석을 쌓아올렸다고 평가되는 또끄빌(Alexis De Tocqueville)의 경우도 마찬가지다. 또끄빌은 미국의 배심원제를 찬양하고 시민 결사체를 지지했다는 점에서 민주주의자로 평가되지만 법조인을 대중과 분리시키면서 배심원으로 참여하는 것이 뛰어난 상류계층의 구성원과 일상적으로 접촉하게 되기 때문에 바람직하다고 본 점에서 민주주의자로 평가하기 어렵다(Sanders 1997). 하물며 또끄빌은 자국의 식민지 지배를 정당화한 글을 남기기도 했다.[3]

과연 대중은 민주주의라는 제도에 적합하지 않은 것일까? 그들은 군중심리

---

3) 또끄빌은 미국의 민주주의에 대한 찬양과 달리 프랑스의 제국주의 정책을 열렬히 옹호했다. 물론 이런 사실만 가지고 또끄빌을 반(反)민주주의자라고 평가할 수는 없지만 적어도 또끄빌은 서구중심주의에 사로잡힌 식민지 근대화론자라는 낙인을 피할 수 없다. 이와 관련해서는 또끄빌의 서신을 편집하고 번역한 제니퍼 핏츠(Jennifer Pitts)의 *Writings on Empire and Slavery*(Johns Hopkins Univ Press, 2001)를 참조하시길.

에 휩쓸려 정확한 판단을 내리지 못하는 모래알처럼 분리된 존재들일까? 그렇다면 자치라는 것은 애초부터 불가능할 것이다. 하지만 최근 대중(multitude)이라는 개념을 복원하려는 움직임이 나타나고 있다. 들뢰즈(G. Deleuze)와 가따리(F. Guattari), 네그리(A. Negri) 같은 학자들은 스피노자(B. Spinoza) 철학을 재해석하면서 대중을 복원시키고 있다(네그리 · 가따리 2000; 네그리 1997). 당위적으로 들리긴 하지만 역사의 주인은 일반대중이다. 대중은 창조적 활동을 통해 역사를 발전시켜 왔고 개별적인 코나투스(conatus)에서 출발하여 '대중의 역량(puissance de la multitude)'4)이라고 부르는 집단적 코나투스를 구성한다. 대중은 자신들의 코나투스를 통해 끊임없이 생산력을 발전시켜 왔고 정치적인 면에서도 마찬가지이다. 대중의 역량은 정염(passion)과 지성을 통해 새로운 사회적 관계를 끊임없이 창조한다. 그 과정은 직접적이고 집단적인, 그리고 연합적인 관계들의 논리를 통해 사회의 토대로부터 사회적 규범 및 권리가 구성되는 과정이다. 스피노자는 대중의 역량이 모든 권력의 기초를 이루기 때문에 민주주의를 절대적이고 제한이 없는 정부형태라고 보았다. 이 스피노자적 정치의 구축은 근대사상에서 근본적인 전환의 계기를 구성한다.

대중에게 희망을 건 것은 스피노자만이 아니었다. 근대사상의 이단아 아나키즘(Anarchism)도 대중의 자생력에 희망을 걸었다. 아나키스트들은 사회적인 구속이 없어지면 사람들이 자율적으로 자신들의 사회원리를 구성할 것이라고 믿었다. 이들은 단순히 정부를 없애자는 과격한 주장을 되풀이한 것이 아니라 대중이 자율적인 사회를 구성할 것이라는 신뢰 또한 가지고 있었다. 그래서 아나키스트들은 고독한 개인이 아니라 공동체 속의 개인이라는 개념을 중시했다.

---

4) 라틴어 potentia(puissance)는 역량으로, potestas(pouvoir)는 권력으로 번역될 수 있다. 전자는 능동적인 힘으로 역능, 능력, 힘 등으로 번역가능하다. 역량은 권력과 달리 하나의 가능성을 가리킨다. 이 가능성이란 그 자체로는 비실재적이지만 어떤 원인을 통해 실재하게 된다(진태원 2001). 이런 점에서 역량은 실재하지 않는 것을 가능하게 하는 힘이고 자치운동과 잘 맞아떨어질 수 있다.

특히 아나키즘은 역사에서 배제되어 온 사회적 원리를 부활시킨다. 크로포트킨(P. Kropotkin)은 경쟁의 논리로만 해석되어 온 다윈의 진화론을 뒤집어 '상호부조(mutual aid)'의 논리로 발전시켰다(크로포트킨 1993). 즉 사회의 기본 원리를 이기적인 욕망의 추구, 이기적인 합리성이 아니라 진화의 과정에서 발전되어 온 상호부조라는 본능적인 연대에서 찾았다. 크로포트킨은 상호부조를 인간의 태생적인 본능과 교육의 산물로 보고 교육이 때때로 발생할 수 있는 경쟁과 과시를 막고 조화와 상호연민을 향한 욕망을 권장할 것이라고 보았다. 상호부조의 본능과 그것을 권장하도록 교육받은 대중들은 자신들의 사회원리를 스스로 형성해 나갈 것이다.

이런 대중의 복원은 자치운동의 형성에 중요한 역할을 한다. 왜냐하면 자치를 훌륭하게 수행해 낼 수 있는 것은 잘 만들어진 제도가 아니라 그 제도를 운용할 대중들이기 때문이다. 이제까지의 운동은 대중들을 불신하고, 인간에 대해 회의를 가졌기 때문에 제도와 권력에 의지했고 그렇기에 실패하고 있는 것인지도 모른다. 하지만 자치운동은 바로 이 대중과 함께 나아가고자 하는 운동이다.

대중의 복원과 함께 자치에 중요한 또 한가지 계기가 있다. 그것은 소위 전문가주의의 붕괴이다. 근대세계의 형성과 함께 전문가들은 독점적인 지식을 바탕으로 권위를 내세우며 지배체계를 확립시켰다(관료제의 형성도 바로 이런 권위에 기반을 두었다. 따라서 전문가주의의 타파는 전문지식에 근거한 지배, 관료제를 약화시키는 데도 필수적이다). 하지만 전문가들의 권위만으로는 안전을 보장할 수 없다는 점이 드러났다(9·11 미국테러는 현대세계에서 절대적인 안전이 불가능하다는 점을 대표적으로 보여준다). 더구나 인터넷 등을 통해 정보의 흐름이 빨라지면서 일반인들도 전문가에 버금가는 지식을 습득할 수 있게 되었다(TV의 퀴즈 프로그램을 보라. 일반인의 엄청난 지식에 혀를 내두를 때가 많다). 전문가와 비전문가를 구분할 수 있는 기준은 갈수록 희미해지고 있다.

어찌 보면 전문가주의라는 발상 자체가 잘못된 것이다. 좋은 집을 판단할 수 있는 기준은 전문가들의 것일까? 아니면 그 집에서 살고 생활할 사람들의 것일까? 맛있는 음식을 판단하는 기준은 전문기술을 가진 요리사들의 것일까? 아니면 그 음식을 직접 맛보는 사람들의 것일까? 아무리 좋은 집, 맛있는 음식이라고 평가받아도 직접 그 속에서 생활하고 맛을 볼 사람들을 불편하게 한다면 결코 좋은 것이 아니다.

따라서 시민들을 무시하고 가르치는 자세로 임하는 운동은 자치운동이 될 수 없다. 자치운동은 일반인의 천박한 의견과 전문가들의 고귀한 지식이라는 전통적인 이분법을 뛰어넘어야 한다. 르페브르(H. Lefebvre)의 얘기처럼, 우리에게 열려 있는 길은 일상의 이중성, 즉 저급성과 다산성, 빈약함과 풍요로움을 보여주기 위해 철학에서부터 출발하여 일상을 분석하고 묘사하는 일이다(르페브르 1992). 소크라테스(Socrates)가 시장에서 대화를 즐긴 것은 시장 사람들하고 친해서가 아니라 일상에서부터 사회를 변화시키려고 했기 때문이다.

구체적인 예를 들어 보자. 자치운동이 시도할 수 있는 사업 중에서 가장 손쉽고 성과를 남길 수 있는 사업은 한글교육이다.5) 사회가 발달했다고 하지만 아직 우리 사회에는 문자를 해독하지 못하는 비문해자(非文解者)가 있다. 따라서 많은 지역에서 주민들을 대상으로, 특히 주부들을 대상으로 한글교육을 실시하고 있다. 하지만 교육은 일방적으로 진행되지 않는다. 주로 자원봉사자로 구성된 교사들은 학생들에게 문해교육을 펼치지만 수업을 통해 학생들에게서 삶의 지혜를 배우는 경우가 많다. 주부들이 글을 어느 정도 깨쳐서 스스로 써

---

5) 실제로 지역의 활동가들은 한글교실 사업을 주력사업으로 많이 활용한다. "한글교실사업은 타 지역에서 성공적으로 진행된 사업이었고 시작하기가 쉬운 사업이었다. 주부 한글교실이 진행되면서 노하우가 쌓였고 98년 외국인 노동자 문제가 사회적인 이슈로 되면서 현수막 광고를 통해 외국인 학생을 모집했다. 한글교실을 통해 궁극적으로 추구하는 바는 각자가 자신의 정당한 권리를 되찾도록 지원하는 것이다"(인터뷰 3). 특히 외국인을 대상으로 하는 한글교실은 인권을 강화시킨다는 직접적인 정치적 의미도 가진다.

놓은 글을 보면 살아 있는 감동을 받게 된다. 즉 처음에는 가르치러 왔다가 점차 배우는 입장이 된다고 자원봉사 교사들은 말한다(임재연 1999).

이처럼 대중은 결코 능력이 떨어지지 않는다. 다만 자신들을 내세울 수 있는 자긍심과 그런 방법을 모를 뿐이다. 그리고 복잡한 현대사회에서 모든 분야의 전문가, 전지전능한 전문가는 존재하지 않는다. 서로가 서로를 인정하고 배우는 자세, 존중하는 자세를 가질 때 자치는 시작된다.

대중 혹은 주민이 민주주의의 가장 기본적인 주체로 인정될 수 있다면, 그들의 욕구 또한 소중하게 다뤄져야 한다. 대중과 주민이 지역의 주체로 인정되면서 자신들의 욕구를 되찾으려는 움직임은 조금씩 터져 나오고 있다. 중앙에 의해 조작되어 온 개인의 욕구, 지역의 욕구를 되찾는 것은 매우 중요한 과정이다.

흔히 중앙의 시민운동은 '시민없는 시민운동', '백화점식 운동'이라는 비판을 받는다. 하지만 자치운동은 그런 비판을 두려워할 필요가 없다. 이 운동은 시민 스스로를 주체로 내세우는 과정이자 주민의 욕구에 기반하기 때문에 백화점식 운동이 될 수밖에 없다. 시민의 욕구는 결코 획일화될 수 없고 다양하기 때문이다.[6]

어찌 보면 되찾아야 하는 욕구는 이미 알고 있는 것인지도 모른다. 울타리와 높은 담으로 둘러싸인 채 혼자만 잘 사는 것이 아니라 함께 잘 사는 것, 맹

---

[6] "시민운동의 한계로 백화점식 활동을 얘기하는 경우가 많은데 지역운동에서는 그렇게 될 수밖에 없다. 주민들이 전문화되어 있지 않기 때문에 지역에 밀착되어 있을수록 다양한 욕구를 반영할 수밖에 없다. 특히 지역주민 스스로가 자신의 욕구를 정확히 알지 못하는 경우도 많기 때문에 접촉창구를 다양화하는 것이 필수적이다. 그 과정에서 실행되는 자원봉사 프로그램은 주민 스스로의 발전과 그 활동의 사회적 의미를 깨닫게 해주기 때문에 주민활동가를 만드는 중요한 과정이다"(인터뷰 2). 하지만 이런 식의 사업의 문제점도 드러난다. "솔직히 지역운동은 백화점식 운동이 될 수밖에 없다. 왜냐하면 주민들의 다양한 욕구를 반영해야 하기 때문이다. 하지만 실무자 한 사람 한 사람이 맡는 역할이 크기 때문에 그 사람이 이탈할 경우 사업 자체가 흔들거리는 경우가 많다."(인터뷰 1)

목적인 집단주의가 아니라 개인의 자율적인 공간 또한 보장받는 것, 원치 않는 통제된 노동이 아니라 자율적으로 수행하는 노동 등은 그런 욕구일 것이다.

하지만 그 동안 억압되어 왔기 때문에 왜곡된 현상들도 존재한다. 자치운동을 지향한다면 그런 왜곡을 바로잡기 위해 노력해야 한다. 그래서 자치운동은 주민들이 스스로 문제를 해결하는 주체로 되고 그런 과정이 민주적으로 운영될 수 있도록 교육을 실시한다. 바로 그 교육과정을 통해서 전위조직이 아니라 주민 스스로의 주민조직이 형성되는 것이다(토착 지도력(local leadership)의 형성과 지역의 역량강화(empowerment). 그렇기 때문에 이것은 단기적인 혁명이 아니라 아주 서서히 조금씩 세상을 바꾸어 나가는 운동이다.


## 뽀빠이는 없다!

자치운동은 시민을 '올리브'로 만들려 하지 않는다. 무슨 어려움이 생길 때마다 "도와줘요, 뽀빠이!"를 외치는 올리브는 시민이 될 수 없다. 왜냐하면 올리브는 결코 문제해결의 주체가 될 수 없기 때문이다(이런 점에서 올리브를 여성으로 설정한 것은 다분히 남성적인 의도를 반영한다). 문제를 해결해 줄 초인을 기다리는 것이 아니라 스스로 해결책을 모색하는 것, 그것이 바로 자치운동이다.

자치운동의 특징은 사회적인 변화가 서서히 이루어지는 반면 자치운동에 관여하는 개인의 일상이 아주 혁명적으로 변한다는 점에서 드러난다. 일상적인 주민이 활동가로 변신하게 되는 계기는 아주 사소한 문제들이다. 왜 우리 동네에는 보도블럭덕이 높아서 유모차를 몰고 다니기 힘든지, 왜 아이들이 통학하는 통학로가 위험한지, 왜 우리 아이들은 길거리에 방치되어야 하는지, 이런 일상적인 고민에서 자치운동은 시작된다. 선거 때만 반짝하는 '투표기계'로서의 시민이 아니라 일상적인 운동의 주체로 변신하게 되는 것이다.

외국의 한 주부가 대통령의 표창을 받는 시민활동가로 변신하게 되는 사례를 봐도 아주 일상적이다(이기우 2001). 버지니아(Virginia Ramirez)는 평범한 가정주부였다가 복지혜택을 받지 못한 이웃집 할머니의 죽음을 통해 COPS (Communities Organized for Public Service)라는 단체와 관련을 맺게 된다. 이 단체에서의 활동을 통해 버지니아는 누구의 딸, 누구의 아내, 누구의 엄마가 아니라 그녀 자신에게 자부심을 느끼게 되고 이후 자신과 같은 여성들을 격려하면서 희망의 불꽃을 만들어 가고 있다.

이처럼 자치운동의 강점은 주변을 밝힐 수 있는 희망의 불꽃을 만들어 간다는 점에 있다. 그런 점에서 막강한 힘을 가진 '액션가면'(<짱구>라는 만화에서 멋있게 등장하는)의 환상에서도 벗어나야 한다. 눈앞의 적들을 싸그리 쓸어버리는 통쾌함보다는 주변에 대한 따스한 시선이 더 필요하다. 자치운동이 일구어 내는 변화는 대립과 파괴만이 아니라 때론 협력과 창조를 필요로 한다. 관변단체의 여성들이 열심히 자원봉사하는 것을 보고 그런 사람들을 배제했던 자신에게 부끄러움을 느꼈다는 활동가의 말은 이런 요소를 잘 보여 준다.

이런 점에서 일상적인 삶의 정치화, 자치운동의 활성화는 단순히 지역의 헤게모니, 권력을 장악하기 위한 것이 아니다. 그것은 이웃의 주민들과 함께 자기가 살고 있는 지역을 재구성하는 것을 의미한다. 배타적인 적을 상정하고 권력을 놓고 치열히 경쟁하는 것이 아니라 미래를 위해 서로 협력할 수 있는 부분에서 협력하며 신뢰를 쌓아가는 것이다. 그래서 지역 내의 사람과 함께 공동체를 형성할 수 있다면, 협력하는 것이 중요하다(혁명론에서 얘기했던 '내부의 적'은 실제로 사람이 살아가는 데 그렇게 중요하지 않다. 자치운동은 적을 동지로 만드는 과정이다).

하지만 자치운동이 그 공동체 내의 문제에만 머물러서는 사회를 변화시킬 수 없다. 즉 자기들만 잘 먹고 잘 살려는 운동은 자치운동이 아니다. 그리고 그런 방식으로는 문제를 해결할 수 없는 경우가 많다. 합성세제가 환경을 파괴시킨다고 몇몇 시민이 아무리 항의를 해도 생산은 중단되지 않는다. 그것의 생산을 막으려면 사회 전체로 시민의 힘이 확산되는 것, 그것을 가능하게 하는 네트워크가 필요하다.

이 시점에서 자치운동에 대한 오해를 풀 필요가 있다. 중앙언론들은 지역운동에 대해 지역 이기주의나 님비(NIMBY)라는 딱지를 곧잘 붙인다. 지역 이기주의로 매도당하는 대부분의 경우는 쓰레기 소각장이나 화장터 같은 소위 '기피시설'들이다. 하지만 매스컴을 통해서가 아니라 실제로 그 내부를 들여다보면 지역 이기주의로 몰아붙일 수 없는 경우가 제법 있다(하지만 지역 이기주의적 발상에서 시작하는 운동도 분명 있다).

예를 들어, 군포지역에서 진행되었던 쓰레기 소각장 반대운동을 살펴보자. 수도권의 쓰레기 문제는 주변 환경과 규모를 고려하지 않고 무분별하게 개발을 진행시킨 결과다. 사람이 살다 보면 쓰레기가 나올 수밖에 없지만 수도권은 인구가 너무 집중되어서 처리의 한도를 넘은 것이다(2000년 인구센서스 결과에 따르면, 수도권의 인구비중은 46.3%로 95년 조사 때보다 1.0%가 상승했다). 따라서 쓰레기 문제의 주범은 소각장을 반대하는 지역주민이 아니라 그런 결과를 가져오게 만든 중앙정부라고 할 수 있다. 즉 지역 이기주의의 주범은 개발의 논리를 앞세워 일방적으로 진행되어 온 '중앙 이기주의'라고 할 수 있다.

지역이기주의로 매도된 것과 달리, 중앙과 대립한 지역은 합리적인 방식을 선택해 나간다. 쓰레기소각장 건설이 확정되면서 군포에서는 1993년 대책위가 조직되었고 1995년 군포의 쓰레기를 다른 처리장에서 수거하지 않는 쓰레기 대란을 겪게 된다. 이 단계에 머물렀다면 군포는 지역 이기주의라는 의심을 피할 수 없었을 것이다. 하지만 1995년 서울의 강동, 목동, 상계, 일원동, 경기도의 군포, 고양 등 지역의 주민대책위와 지역환경단체, 중앙 환경단체가 합류하여 1996년 1월 <수도권 쓰레기문제 해결을 위한 시민연대회의>를 창립한다. 그리고 1996년 10월 시민단체, 노동조합, 아파트 부녀회가 연합하여 <군포 쓰레기문제 해결을 위한 시민연대회의>로 전환하게 되고 97년 11월 <군포환경자치시민회>를 창설한다(이대수 2000a).

이제는 단순히 쓰레기 소각장을 반대하는 인근 아파트 주민들의 모임이 아니라 환경보전과 주민자치, 수리산 지키기, 아름다운 생활공동체를 만드는 것을 목표로 하는 자치운동단체로 변화된 것이다. <군포환경자치시민회>는 아파트 단지의 음식물 찌꺼기를 농장으로 보내 재활용하는 사업 등 환경사업을 진행해서 쓰레기 자체의 양을 줄이고 수리산자연학교, 주민자치연구모임, 환경자치학교, 생활협동조합, 동호회 활동 등 다양한 활동을 전개해서 시민들의 관심과 참여를 이끌어 내고 있다.

지역의 자생적인 욕구에 기초하면서도 지역 이기주의에 빠지지 않았고 무조건적인 반대에서 벗어나 대안을 모색했다는 점에서 군포환경자치시민회의 성과는 자치운동의 모범으로 볼 수 있다. 그리고 소각장이라는 단일 이슈에서 다양한 이슈로, 지역 내에서 지도자를 발굴, 육성하는 활동을 진행함으로써 자치운동의 성과를 조금씩 도출하고 있다.


## 일상공간을 공론장으로

삶의 정치화, 욕구의 정치화는 그것을 실현하기 위한 場, 즉 공간을 요구한다. 자치란 자기결정권을 의미하고 그것은 이기주의가 아니라 지역 공동체의 사람들과 교류하고 상호의존하는 것을 의미하기 때문이다. 따라서 적극적으로 소통의 공간을 구성하는 것, 닫힌 공간을 열고 그 열린 공간 속에 다양한 차이를 수용할 수 있는 네트워크를 만드는 것은 매우 중요한 과정이다.

공간은 단순히 물리적이고 객관적인 것으로 존재하지 않고 사회적인 의미로 채워진다. 마을 주민이 모이는 반상회는 국가의 정책을 홍보하는 지루한 자리가 될 수도 있고 주민의 힘으로 마을을 꾸미기 위한 소통의 공간이 될 수도 있다.[7] 이처럼 동일한 공간이라 하더라도 어떠한 사회적 의미를 부여하는가에 따라 공간은 다른 의미를 부여받는다. 일상적인 공간을 활성화하자는 것도 새로운 공간을 만드는 것만이 아니라 기존의 공간을 새롭게 재활용하는 것이기도 하다(딱딱한 이미지의 동사무소를 주민자치센터로 바꾸거나 허울뿐이던 아파트 관리회를 실질적인 주민자치회로 만드는 것.8))

그런데 일상적 소통공간을 중시하면 남성보다 여성이 더 중요해진다. 남성은 직장과 주거가 분리되어 일상공간보다 직장에서 더 많은 시간을 보내다 보니 일상적인 문제와 거리가 멀다. 남성들은 높은 보도블록 때문에 유모차가 다니기 힘든지, 아동들의 통학로를 가로질러 도로가 뚫리는지에 관심이 없다. 남성들의 관심사는 국가경제나 중앙정치 같은 거대 담론으로 치우친다. 반면 주부들은 일상적인 문제의 전문가다. 이런 점에서 요코다씨는 지역에서 생활할 수밖에 없는 전업주부인 여성을 '전일시민(全日市民)'으로, 낮 시간을 지역사회 밖에서 보내야 하는 남성들을 '반일시민(半日市民)'으로 표현한다(김현 2001). 이 관점에 따르면 여성만이 온전한 시민으로 될 수 있다(여성민우회는 주부의 사회참여를 활성화시키기 위해 의식적으로 '사회주부'라는 용어를 사용한다).

하지만 여성들은 공적인 영역으로의 참여를 배제당해 왔다(서구에서도 여성들이 투표권을 획득한 것은 최근의 일이다. 여성참정권은 한국이 미국보다 먼저 획득했다). 여성이 공적인 영역에서 배제된 것은 우연이 아니라 체계적으로 의도된 것이다. '암닭이 울면 재수없다'는 말처럼 여성의 사회참여에 대한

---

7) 소각장 반대운동 과정을 통해 전통적으로 주민관리와 통제·계도를 위해 존재했던 반상회가 주민간의 의사소통과 교류 그리고 지역문제를 공론화하는 장으로 기능하게 되었다. 소각장 반대운동에 열심히 참여했던 수리동, 궁내동, 광정동 일부 아파트단지에서는 기존의 반상회를 주민의 공론장으로 활용하였다. 소각장 반대라는 공동의 목표와 그 과정에서 고양된 주민자치의식이 그러한 변화를 가능하게 만들었다(이대수 2000b). 특히 군포에서는 조례를 통해 통장 직선제가 이루어져서 반상회가 실질적인 소통의 장으로 기능하고 있다.

8) 아파트 입주자대표회의 역할은 지방자치단체의 의결기관인 지방의회의 역할과 비슷하다. 입주자대표회의 관리사무소 관리비 예산의 심의와 집행, 감독은 지방의회가 하는 지방자치단체 예산 심의와 결산 검사, 행정사무 감사와 규모만 다를 뿐 대동소이하다(김남근 2001).

부정적인 시각은 '현모양처'라는 이데올로기와 결합하여 여성의 영역을 사적인 영역으로 제한시켰다.[9] 그와 동시에 여성들이 주도적인 역할을 행사하는 사적 영역을 중요하지 않은 공간으로 평가절하하고 일상적인 경험의 가치를 떨어뜨린다. 따라서 일상적인 소통공간의 중요성을 복원시키는 것은 참여를 배제하는 것만이 아니라 여성들의 경험을 무시하는 데 대한 저항이다.

따라서 일상공간을 살피는 것은 왜곡된 사회적 관계를 바로잡고 소통을 복원시키기 위해 매우 중요한 과정이다. 공간은 그냥 그렇게 존재하는 것이 아니라 신중한 의도하에 만들어지는 것이다.[10] 의도적으로 만들어진 공간이기 때문에 그것을 바로잡기 위한 노력도 의도적으로, 즉 목적을 가지고 진행되어야 한다. 그리고 그 공간의 재구성 작업은 지역의 구체적인 상황에 따라 다르게 진행되어야 한다.

여기서는 공간의 지킴과 의미의 전환, 생성이라는 세 가지 차원을 사례를 중심으로 살펴보려 한다.

공간을 지키려는 노력은 다양하게 진행되어 왔다. 보통 생태운동에서 진행하는 '~ 지키기'는 대표적인 예이다. 그래서 여기서는 잘 거론되지 않는 사례를 다루려 한다. 보통 주부들은 양육과 교육의 문제에 많은 관심을 가지고 있고 그런 점에서 통학로라는 공간은 매우 중요한 의미를 가진다. 통학로는 학교

---

9) 여성성의 축출과 공공영역에서의 여성의 축출은 계몽주의 도시가 표방했던 정화의 개념을 반영하며 실제로 두가지 축출을 통해 구체화된다. 하나는 여성이 직업과 도시의 공공 구역에서 주변화되는 것이며, 다른 하나는 도시의 지배적인 개념이 일상 경험과 관련된 서술적인 공간들을 주변화하는 것이다(마일스 2000, 88).

10) '파리 꼼뮨'은 파리의 꼬불꼬불한 도로망 때문에 가능했다. 이 도로는 시민들이 적은 병력으로 많은 군대를 상대할 수 있게 했고 바리케이트를 효과적으로 쌓을 수 있도록 해주었다. 그래서 나폴레옹 3세는 즉위하자마자 파리 중심부의 꼬불꼬불한 도로망을 해체하고 大路를 뚫었다. 이 대로를 통해 군대와 대포는 신속하게 이동할 수 있게 되었다(버만 1994).; 다리도 통제와 차별을 낳을 수 있다. 예를 들어, 로버트 모제스(Robert Moses)는 주로 공공 교통기관에 의존하는 흑인들이 해변을 이용할 수 없도록 롱아일랜드에 버스가 출입할 수 없는 다리를 건설했다(레식 2001).

까지 안전하게 도착하기 위한 거리이자 그 거리 속에서 다른 사람들을 만나고 서로 교감을 나눌 수 있는 장소이다(애초에 거리는 위험한 장소가 아니라 소통의 공간이었다).[11] 따라서 행정편의적으로 만들어진 자동차 도로를 반대하며 통학로를 지켜 낸 <구로 초등학교 학부모회>의 노력은 공간을 지키려는 시도로 볼 수 있다. 단, 공간을 지키는 활동은 쉽게 나타나지만 사안이 해결되면 쉽게 사그라드는 단점을 가진다.

설사 동일한 공간이라 하더라도 그것을 인식하는 수단을 통해 의미를 전환시킬 수 있다. 흥미롭게도 그 의미를 전환시키는 작업은 기존의 것을 이용할 수도 있다. 원래 지도라는 것은 중앙정부가 효율적으로 지방을 지배하기 위해 고안한 것이었다.[12] 하지만 이런 지도도 다른 의미를 부여받을 수 있다. <사단법인 관악사회복지>가 제작한 주민생활기본선확보를 위한 '복지지도'가 그런 것이다. 관악의 주민들은 이 복지지도를 통해 어디에 보육시설이 있는지, 사회복지시설이 있는지, 놀이터가 있는지를 쉽게 알 수 있다. 이런 지역복지지도 제작 활동은 일상공간의 의미를 전환시키는 중요한 운동 중 하나로 볼 수 있다. 이것은 주민욕구에 기반한 지역조사활동일 뿐 아니라 지역의 복지현황을 전체적으로 파악하게 해줌으로써 지자체의 복지정책을 주민 스스로 평가하고 그런 복지정책의 운영에 주민이 참여할 수 있는 계기를 마련해 주기 때문

---

11) 빠른 속도로 움직이는 현대사회에서 거리는 단순히 통과공간의 의미만을 부여받지만 원래는 자유로운 공간이었다. 아이들은 거리에서 뛰어놀았고 사람들은 서로 대화를 나누었다. 자유로운 거리에서는 잘 알지 못하는 사람들과 대화를 나누며 서로 소통할 수 있었다. 하지만 '빠름'에 대한 강조, 속도에 대한 강조는 (흐름을 원활하게 하기위해) 거리에서 사람들을 몰아냈고 소통을 단절시켰다. 이와 관련해서는 쉬벨부쉬의 『철도여행의 역사』(궁리출판사, 1999)나 이진경의 『근대적 주거공간의 탄생』(소명출판, 2000)을 참조하시길.

12) 지도는 단순히 물리적 공간을 지표화한 것으로 생각될 수 있지만 매우 큰 사회적 함의를 가지고 있다. 프랑스의 콜레르(Colbert) 수상은 중앙집권화된 국가를 건설하기 위해 지도를 이용했다. 지도를 통해 어느 곳에 몇 명의 관리가 필요하고 어느 관리가 파견되었는지를 확인할 수 있게 된다.

이다. 이처럼 발상의 전환은 공간에 대한 의미를 전환시키려는 노력에서 중요한 계기를 형성한다.

마지막으로 가장 중요한 것이고 궁극적으로 나가야 할 방향은 공간의 생성이다. 현재 생성되고 있고 더 활발히 생성될 공간의 대표적인 사례로 공부방을 들 수 있다. 전통적으로 한국에서는 교육에 대한 관심이 높기 때문에 아이들의 공부방을 만드는 것을 통해 주민들을 모을 수 있다. 물론 단순히 공부만 가르친다면 학원과 차별성이 없지만 자치운동으로서의 공부방은 민주적인 시스템을 가지고 있어서 학생자치회를 통해 일상 속에서 민주적인 운영 절차를 스스로 터득하고 토론문화도 익힐 수 있다. 특히 아이들을 돌보지 못하는 저소득층이 많은 지역에서 실시될 경우 효과는 더욱 커진다.

강북의 <녹색삶을 위한 여성들의 모임>에서 진행하고 있는 '열린 숙제방' 프로그램은 그 성과를 잘 보여준다(정외영 1999). 갈 곳이 없어 오락실을 전전하던 어려운 가정의 아이들, 늘 준비물도 제대로 챙기지 못하고 숙제도 못해서 질책당하고 자신감을 상실해 가던 아이들이 공부방을 통해 삶에 대한 자신감을 회복한다. 단순히 아이들을 돌본다는 차원이 아니라 학교와 지역사회, 가정을 네트워크화시켜 지역의 공동책임하에 아이들이 성장하도록 만들었다.[13] 또 이런 네트워크를 통해 청소년들은 지금 자신이 생활하는 곳에서 더 적극적인 역할을 수행하는 주체로서의 소중한 경험을 갖게 된다. 이 아이들이 자라면 자치운동의 일꾼이 될 것이다.

---

[13] "저소득층에는 편부나 편모가정이 많고, 특히 편부가정은 양육과 관련된 지식이나 정보가 결여되어 있다. 이런 상황에서 아이들은 학교나 지역사회와 단절되어 있었다. 그래서 먼저 정보를 연결하고 제공하는 작업에 중점을 뒀다. 실태조사를 해서 그 결과를 구청과 학교에 보냈고 직접 담임선생님을 방문해서 아이에 대한 정보를 공유했다. 그 결과 반응이 매우 좋아서 구청과 학교가 숙제방을 신뢰하게 되었다. 현재 공간의 부족으로 22명을 수용하고 있지만 대기자로 26명이 더 있을 정도이다. 이 사업에서는 가정과 官, 학교를 연결하는 네트워크를 형성시키는 것이 중요하다고 본다…모든 문제를 제도적으로 풀어가기보다는 돌봄과 관심이 필요하다고 본다"(인터뷰 2).

이런 사례는 <녹색삶을 위한 여성들의 모임>에서만 찾아볼 수 있는 것이 아니다. 그리고 공부방만이 아니라 청소년 자원봉사활동을 통해 다양한 청소년모임들이 만들어지고 이 아이들이 대학생이 되면 다시 청소년 활동의 간사로 되는 자치운동의 재생산구조가 만들어지고 있다. 지역을 기초로 한 자치적인 주민이 만들어지는 것이다.

직접 주민운동을 하면서 지역 청소년 모임을 대상으로 분석을 시도한 논문 (한재랑 2000)을 보면, <관악사회복지>의 '햇살'이라는 청소년 모임은 문제해결과 조직형성이라는 단기적인 목표민이 아니리 개인역량 강화와 지역사회역량 강화라는 장기적인 목표를 충족시켜 가고 있다. 즉 자기 삶을 스스로 결정할 뿐 아니라 자신의 욕구와 지역의 욕구를 결합시키는 방법을 스스로 터득해 나가고 있다.14)


## 공간의 확보만이 아니라 그것을 무엇으로 채울 것인가

소통을 위해 확보된 공간을 채우는 것은 공공예술(public art)이다. 뜬금 없이 왠 예술이냐고 반문할 지 모르지만 일상적인 삶의 정치화가 가능하듯 예술도 일상화될 필요가 있다. 이미 예술은 일상화되어 있다. 누구나 단순히 편안한 공간만이 아니라 아름다운 공간을 꾸미고 싶어하기 때문이다. 현대사회에 들

---

14) 참여자들은 이런 실제적인 변화를 얘기하고 있다. "마음이 편해 졌어요...전에는 살기 싫다고 생각했는데요 그게 없어졌어요 자폐증 같이 좀 심각했어요...사람생각 방식이 달라진다고 하나요 세상을 보는 거나 그런 게 달라진 거 같아요...내가 할 수 있는 소신껏 하자". "지역사회 한 사람이니까 참여해야겠나는 책임감을 느끼죠...시람들을 변화시킨다는 것, 변화시킨다기보다 알리는 것, 한 역할을 한다는 게 좋죠...동네에서 복지 활동이나 능력이 있다면 공부방이나 야학 같은 활동도 하고 싶어요 그리고 장애인이 편하게 다닐 수 있도록....그런 뜻이 있는 사람들과 뭉쳐서 같이 했으면 좋겠어요 개인적으로는 제가 불충분하니까 사람들이 모이면 힘이 있으니까...직업으로 사회복지하고 싶고, 사회운동 환경운동을 하고 싶어요...사회적 약자에 대해서 도와 주고 싶고...장기기증 약속했어요"(한재랑 2000).

어와서 아름다움은 상품을 구매함으로써 얻어지는 것으로 왜곡되었지만 아름
다움 그 자체를 포기할 수 없다. 그리고 아름다움이란 단순히 미(美)만을 의미
하지 않고 진리와 선을 포함하고 있다(정의(正義)는 아름다운 것이지 않은가?)

특히 예술은 변화에 대한 욕망을 간직하고 있어서 끊임없이 삶을 자극한다.
예술가가 사회 속에서 생활하듯이 예술도 그 시대를 반영하는 산물이지만, 예
술은 현실에 기초해 있으면서도 잃어버린 과거, 미래의 유토피아에 대한 지향
을 담고 있다.15)

최근 공간을 만들려는 시도는 늘어나고 있지만 정작 그렇게 확보된 공간을
무엇으로 채울 것인가라는 부분에서 고민을 멈추는 경우가 많다. 공간을 확보
하는 것도 중요하지만 그 공간을 시민들의 참여로 채워가는 것 역시 중요하다.
특히 공공예술은 개인의 소장품이 아니라 전체 시민을 대상으로 이루어진다는
점에서 중요하다. 공공예술은 근대가 중요시하는 '자율성(autonomy)'의 성과
위에 공공성, 소통성, 참여 등의 사회적 가치를 추가함으로써 민주주의를 문화
적으로 실천하는 것이다(마일스 2000). 공공예술은 노숙자, 가정폭력, 에이즈
와 같은 사회적 이슈와 관련해서 대중을 각성시킬 수 있고 획일화된 가능성이
아니라 다양한 가능성을 제시할 수 있다. 정치가 전문가들의 것이 아니듯 예술
역시 전문가들만의 것이 아니다.

물론 참여하고 싶어도 '내가 예술에 대해서 뭘 아는가'라고 생각할 수 있다.
하지만 개인의 느낌을 표현한 예술이 아니라 공공예술임을 생각한다면 주민의
참여는 필수적이다. 왜냐하면 지역 주민들은 자신들이 살고 있는 지역에 대해

---

15) 우리는 가능한 것, 가시적인 것을 상상하는 데 익숙해 있다. 그런 것이 아니라 현재 없는 것,
    불가능한 것(이기적인 계산과 경쟁, 억압된 노동과 낭비적인 소비에 의존하지 않는 물질적 풍
    요와 민주주의, 개인과 공동체의 조화, 공동체간의 네트워크)을 상상하는 것이 필요하다. 예술
    은 현실에 없는 그런 세계를 담고 있다. 하지만 예술에서 지나치게 공공성을 강조하는 것은
    예술을 동원(mobilization)의 도구로 만들 위험이 있다. 예술에는 개인을 위한 자리도 마련되어
    야 한다. 다만 이 글에서는 공공예술에 초점을 맞춰서 논의하려 한다.

서 전문가이고 실제로 그것을 보며 생활할 주체이기 때문이다. 아이들의 그림, 마을벽화, 주민들의 손으로 만든 조각, 이 모든 것은 공공예술을 채우는 작품들이 될 수 있다. 그리고 예술가들은 주민들의 이런 욕구를 반영하는 도우미 역할을 할 수 있다. 간혹 마을벽화 같은 것을 볼 수 있지만 그런 노력은 더 늘어나고 더 다양한 이슈를 반영해야 한다.

공공 교통수단에서의 예술 역시 중요하다. 버스와 지하철은 엄연히 공적인 공간이다. 그런데도 그 공간은 공적인 내용이 아니라 사기업의 광고로 가득 차 있다. 그런 공간은 사기업의 광고로 채워질 것이 아니라 시민들의 참여를 유도할 수 있는 조형과 예술들로 채워져야 한다. 시민을 소비자로 만드는 예술이 아니라 공동체와 관련해서 사회참여를 유도할 수 있는 예술이 필요하다.

꼭 조형이나 미술만이 아니라 지역축제나 마을축제도 하나의 공공예술로 볼 수 있다. 지역축제나 마을축제는 지역과 마을주민에게 하나의 공동체라는 경험을 주기 때문에 매우 중요하다. 특히 공동체가 폐쇄적으로 변하지 않으려면 지역의 축제는 사회적 약자(어린이나 노인들)나 이방인을 포용하고 이들의 자유로운 참여를 보장해서 그들의 목소리에 귀를 기울여야 한다.16) 이것은 공공예술이 공공영역을 열린 공간으로 개방하는 것을 의미한다.

이처럼 공공장소를 디자인하는 것은 내가 살고 있는 공간을 살 만한 공간으로 변화시키는 과정이다. 이런 공공장소 디자인은 실제로 행해지고 있다. 서두에서 얘기했던 독일의 보봉마을은 주민의 참여하에 도시를 계획하고 건설하고 있다. 또한 일본에서는 마치즈쿠리(まちづくり)로 불리는 마을만들기가 활발하게 행해지고 있다.17) 그중 교토시 '유코트'라는 마을에서 만든 '첼리스트 고

---

16) 힘(power)을 일관되게 표현한 계몽주의 도시는 일상생활의 '먼지', 즉 부랑자와 정신이상자, 병자 등을 배제하였지만, 자족적인 도시는 세넷이 혼란(disorder)이라고 표현한 모든 것들을 포용한다는 점에서 크게 구별된다(마일스 2000, 305).

17) 이런 평가에 대해서 회의적인 시각을 보내는 사람도 있다. 마치즈쿠리형 주민운동은 경기후퇴와 더불어 재개발계획이 지지부진해지면서 쇠퇴해 버렸다는 평가이다. 오히려 관의 도시계획

슈들이 사는 집'이라는 형태가 흥미를 끈다. 유코트에서는 돈을 내고 음악을 듣는 소비자에서 음악의 즐거움을 스스로 체험하고 연주하는 '창조자'로 이행하려는 움직임이 나타났다. 단순히 음악을 연주한다 못한다의 차원이 아니라 공동체를 통해 연주하는 사람과 듣는 사람의 직접적인 관계가 되살아나고 공동생활의 즐거움을 고양시켜 가는 것이다(엔도 1997, 258~9).

한국에서도 주민의 참여로 공원이 만들어진 사례가 있다. 동작구는 자투리 공간에 주차장을 설치하려다 주민들의 반대에 부딪치자 마을마당인 양지공원을 조성했다. 이 양지공원은 공공시설 설계에서 시공까지 건축 전과정에 걸쳐 주민참여가 이루어졌다는 점에서 독특함을 가진다. 공무원과 전문가가 주민참여형 마을마당 조성 계획을 세웠고, 주차장 설치 백지화를 이끌어 낸 주민들로 구성된 '공원 자율관리위원회'를 비롯한 주민대표 12명이 참여하여 본격적인 주민 참여형 공원 조성 사업이 시작되었다. 그리고 일부 시설에는 주민들이 마을마당에 애착을 갖도록 하기 위해 점토에 어린이를 포함한 지역 주민 30여 명의 손바닥을 찍은 뒤 배드민턴장 스탠드 바닥재로 활용했다. 결국 양지공원은 형식적인 공원이 아니라 청소년들의 쉼터, 노인들의 사랑방으로 변신했다(김미영 1999). 이런 마을공원만이 아니라 광명, 군포 등지에서도 아름다운 공간, 살 만한 공간을 만들기 위한 마을만들기가 활발히 전개되고 있다.

주민참여로 확보된 공간이 다시 주민의 참여를 통해 채워질 때, 그것을 보며 자라나는 아이들은 현재와는 다른 삶을 살아가게 될 것이다. 공간은 지나간 시간에 대한 기억을 담고 있다. 아이들은 그 공간에서 뛰어 놀며 그 공원이 만들어진 역사를 보고 느끼게 될 것이다. 그리고 자연스럽게 그런 참여적인 분위기에 동화될 것이다. 그런 의미에서 공공예술은 지나간 과거만이 아니라 현재,

---

에 들러리를 서거나 형식적인 혹은 고도로 조작된 시민참여로 변질되어 버렸고, 결국 풀뿌리 주민자치에 기초한 마을만들기의 사례는 그것을 연구하는 사람들에 의해서만 일부 부각되는 데 그치고 있는 형편이다(구자인 1999).

나가고자 하는 미래까지 담아 내고 표현한다.


## 바람은 자신이 어느 항구로 갈 것인지 알지 못하는 사람을 돕지 못한다

이것은 몽테뉴(Michel Eyquem de Montaigne)의 말이다. 자신이 추구하는 미래의 상을 가지지 않은 사람은 그 미래를 실현할 수 없다는 얘기이다. 그렇듯 미래는 결정된 것이 아니고 공상처럼 보이는 생각일지라도 그것을 실현할 수 있는 방법을 찾을 수 있다. "되지 않을 꺼야", "불가능해"라는 말보다 "될지도 몰라", "가능해"라는 말을 써 보자. 어떤 마음가짐을 갖는가에 따라 세상이 다르게 보인다.

나 자신, 나의 일상을 변화시키는 것과 세상을 변화시키는 것은 분리된 것도 '닭이 먼저냐, 달걀이 먼저냐'와 같은 공허한 논쟁도 아니다. 그것은 연결되어 함께 변화되는 것이다. 물론 한 개인의 힘으로 사회를 완전히 변화시킬 수는 없다. 자신과 같은 생각을 하는 사람들과 함께 한걸음씩 장기적으로 미래를 보면서 걸어가는 것이 필요하다. 때론 좌절하겠지만 그 좌절은 뒤에서 걸어오는 사람들이 똑같은 좌절을 겪지 않게 해주는 디딤돌이 될 것이다.[18] 길은 이미 열려 있다.

흔히들 NGO의 시대가 왔다고 말한다. 하지만 시대적인 분위기가 형성된다

---

18) 소개하고 싶은 말이 있다. 이 말은 1968년 소련이 체코를 침공했을 때 붉은 광장에서 몇 명의 동료시민과 함께 시위를 벌이다 체포된 블라디미르 드렘류가라는 사람의 법정 최후진술이다. "내 의식 생활 전체에 걸쳐서 나는 한 사람의 시민, 즉 자신의 마음을 자부심을 갖고 침착하게 이야기하는 한 사람의 인간이고 싶었다. 시위가 진행되는 10분 동안 나는 시민이었다. 내가 알기로 내 목소리는 '당과 정부의 정책에 대한 만장일치된 지원'이란 이름으로 진행되는 보편적인 침묵에 불협화음을 내게 될 것이다. 나와 함께 자신의 항의를 표현하려고 한 다른 사람들이 있다는 것이 증명되어 기쁘다. 그들이 없었더라면 붉은 광장에 혼자 들어갔을 것이다"(버만 1994). 소련의 변화는 1987년이 아니라 이때부터 시작되었을 것이다.

고 저절로 그런 시대가 만들어지는 것은 아니다. 운동의 주체가 필요하고 그 주체는 바로 시민들 자신이어야 한다. 자기 삶의 중요성을 느끼고 스스로 판단하고 결정하는 시민들, 그리고 그런 주체들간의 소통의 장이 되어 주는 일상적인 공간들, 시민의 참여로 꾸며지고 채워지는 공간들, 자치운동이 도달하고자 하는 항구는 바로 그곳일 것이다.


## □ 참고문헌


Habermas, Jürgen. Rehg, William. Tr. 1996. *Between Facts and Norms: Contributions to a Discourse Theory of Law and Democracy*. The MIT Press.

O'Sullivan, Noël. 1997. "Difference and the Concept of the Political in Contemporary Political Philosophy". *Political Studies*, XLV.

Sanders, Lynn. 1997. "Against deliberation". *Political Theory* (June)

구자인. 1999. 「일본의 공공개발사업과 주민운동」. 한국도시연구소 발행. 『도시와 빈곤』 제41호

김기성. 1999. 「시민자치와 '정치적인 것'의 변화: 일본사회의 실험을 중심으로」. 『한국정치학회보』. 제33집 2호

김남근. 2001. 「아파트와 주민자치활동」. 시민자치정책센터 월례포럼 발표자료. 서울. 9월.

김미영. 1999. 「주차장 터가 예쁜 공원으로 바뀐 사연: 사당동 양지공원의 사례」. 『도시와 빈곤』 제 41호

김현. 2001. 「시민되기」. 『시민자치뉴스레터』 준비 15호

네그리, 안또니오·가따리, 펠릭스 조정환 편역. 2000. 『미래로 돌아가다』. 갈무리.

네그리, 안토니오 윤수종 옮김. 1997. 『야만적 별종 : 스피노자에 있어서 권력과 역능에 관한 연구』. 푸른숲.

로렌스 레식. 2001. 「무엇이 네트를 규제하는가?」. 홍성욱·백욱인 엮음. 『2001 싸이버스페이스 오디쎄이』. 창작과 비평사.

르페브르, 앙리. 박정자 옮김. 1992. 『현대세계의 일상성』. 세계일보

마샬 버만. 윤호병·이만식 옮김. 1994. 『현대성의 경험』. 현대미학사.

마일스, 맬컴. 박삼철 옮김. 2000.『미술, 공간, 도시』. 학고재.

엔도 야스히로. 김찬호 옮김. 1997.『이런 마을에서 살고 싶다 : 주민들이 직접 나서는 마을 만들기』. 황금가지.

왈쩌, 마이클. 1999.「토론 정치와 그 한계」. 다산기념 철학강좌.

요코다 카쯔기. 나일경 번역. 2001.「사회적 권력의 기반으로서의 시민섹터」.『시민자치 뉴스레터』준비 11호, 12호

이기우. 2001.「시민자치운동을 통한 '나'와 '우리'의 재창조 : Virginia Ramirez의 사례 소개」.『시민자치뉴스레터』준비 15호

이대수. 2000a.「지역 주민환경운동 활성화와 뿌리내리기」.『21세기 대안적 지역주민운 동 모색』.

이대수. 2000b.「군포 통장 직선제 실시 및 주민자치센터 운영사례」. 전국 주민자치 사 례 발표회 자료 모음집. 과천. 11~12월.

임재연. 1999.「안양시민대학의 지역교육운동」.『도시와 빈곤』제41호

정외영. 1999.「'녹색삶을 위한 여성들의 모임'의 지역조직활동」.『도시와 빈곤』제41호

진태원. 2001.「스피노자의 현재성 : 하나의 소개」. 학문후속세대의 새로운 전망을 꿈꾸 는『모색』2호

최경송. 2001.「시민이 꿈꾸고 시민이 직접 건설하는 보봉마을」.『시민자치뉴스레터』 준비 4호

크로포트킨. 하기락 옮김. 1993.『상호부조론』. 형설출판사.

한재랑. 2000.「지역사회조직화(Community Organizing)의 실천사례에 관한 연구 : 관악 사회복지의 네트웍과 소집단 활동을 중심으로」. 서강대학교 공공정책대학원 사회정책학과 석사학위논문.


□ **인터뷰**

인터뷰 1. 한재랑. 사단법인 관악사회복지 사무국장. 녹취일 2001. 7. 9.

인터뷰 2. 정외영. 녹색삶을 위한 여성들의 모임 공동대표 녹취일 2001. 7. 25.

인터뷰 3. 서화진. 푸른시민연대 사무국장. 녹취일 2001. 8. 7.

# 5장
# 시민의 힘으로 녹색도시 비전 만들기

하승수

## 글을 시작하며

사회운동의 목적이 무엇인지를 말할 때, 흔히 사회를 근본적으로 변화시키는 것, 인간을 변화시키는 것이라고 한다. 그래서 대안(alternative) 사회의 모습을 고민하기도 하고, 대안적 인간형은 무엇인지를 생각하기도 했다. 그러나 지금 한국사회의 시민운동이 과연 그런 방향으로 나아가고 있는 지에 대해서는 많은 의문이 제기되고 있다.

어떤 면에서는 대안에 대한 고민이 상실되고 있는 것 같기도 하다. 당장 눈에 보이는 이슈에 매달릴수록 숲보다는 나무에 매몰되기 쉽다. 더구나 그 이슈들 중 상당수는 운동을 하는 사람 스스로가 만들어 내기보다 외부로부터 던져진 것이기에 더욱 그렇다. 이 점에 있어서는 전국적 이슈를 다루는 단체든 지역 이슈를 다루는 단체든 마찬가지이다. 전국적 이슈를 다루는 단체들은 대형 부패, 비리 사건이나 대형 개발 이슈가 발생하면 거기에 개입하고 있다. 그리고 지역의 시민단체들도 지역에서 발생하는 부패, 비리, 개발 이슈들에 개입하고 있다. 이처럼 현재 문제가 되고 있는 이슈에 대응하고 개입하는 것은 어쩔 수 없는 일이다. 그러나 이슈에 대한 대응과 개입에만 매달리다 보면 넓게 보고 멀리 보기가 점점 어려워진다. 그래서 이슈나 구체적인 제도에 대한 관심과는 다른 차원에서 대안을 그려보고, 그 실현을 위한 방법을 찾아볼 필요가 있다. 그래야만 숲 속에서 나무 한 그루, 한 그루가 존재하는 의미를 깨달을 수 있다.

그리고 시민운동과 매스컴 간의 관계는 점점 뜨거운 화두가 되고 있다. 매스컴은 시민운동을 하는 사람의 입장에서 보면 달콤한 유혹이다. 그러나 사람을 움직이기보다는 매스컴을 움직이는 데에 주력하다 보니 '인간을 변화시킨다'는 전망, 그리고 '사회를 근본적으로 변화시킨다'는 꿈은 어디론가 사라진 듯하다.

'사회를 근본적으로 변화시킨다'는 말은 결국 '인간을 변화시킨다'는 말로 통한다. 사회를 구성하는 사람이 변하지 않았는데, 사회가 근본적으로 변화했다고 말할 수 없다. 다만 인간을 변화시키기 위해 제도를 먼저 바꿀 필요가 있을 수는 있다. 외부적 조건의 변화는 인간의 행동과 의식을 변화시킬 수 있기 때문이다. 그러나 제도의 변화는 항상 가능성이나 조건을 제시하는 것에 그친다. 제도가 바뀐다고 해서 저절로 인간이 바뀌는 것은 아니기 때문이다. 예를 들어 정보공개라는 제도는 공무원, 시민 모두의 의식과 행동을 크게 변화시킬 수 있는 가능성을 가지고 있는 제도이다. 그러나 단지 제도만 도입한다고 해서 공무원, 시민의 의식과 행동이 변화하는 것은 아니다. 따라서 정보공개제도가 도입되어도, 그 제도가 '투명한 정부', '투명한 사회'를 만드는 데 크게 기여하지 못할 수 있다. 결국 사람의 변화와 제도의 변화가 함께 추구되고 함께 이루어지지 않으면 사회가 변화했다고 할 수 없게 된다. 그런 점에서 '제도 결정론'의 함정에 빠지지 않는 것이 중요하다. 제도란 틀을 제공해 줄 수 있지만, 그 틀이 어떻게 채워질 것인가는 결국 사람의 몫이다. 어떤 제도가 도입되더라도 실제로 어떻게 작동하는 지가 중요하고, 그 제도를 제대로 활용할 수 있는 시민들이 존재하는 지가 중요하다. 제도를 활용하는 사람이 없다면, 아무리 좋은 제도가 도입되어도 그것은 인간을 변화시키고 사회를 근본적으로 변화시키는 데에 큰 역할을 하지 못한다.

그래서 구체적인 이슈나 제도에 매몰되지 않고, 우리가 살고 싶은 사회의 상을 그려보는 것이 필요하다. 상상력도 동원하고, 우리의 경험, 외국의 경험을 되짚어 보고, 우리의 생활도 되새겨 보면서 우리가 살고자 하는 사회의 모습을 그려봐야 한다. 운동이 방향성을 상실하지 않으려면 이러한 대안적 사회로의 모색은 꼭 필요하다.

이러한 대안의 모색은 지역에서부터 이루어질 수 있을 것이다. 시민 스스로 자기 도시의 바람직한 모습을 그려보고, 그것을 구체화하는 과정이 필요하다. 국가 차원에서 시민적 대안이 필요하듯이, 지역에서도 시민운동이 지역에 대해 가질 수 있는 대안이 존재해야 한다. 또한 현실적으로 국가 차원에서 시민적 대안을 만드는 것은 앞으로도 상당히 오랜 시간이 걸리는 일이라고 할 때, 지역에서부터 시민들이 '우리 지역이 나아가야 할 방향'에 대해 논의하고 그 대안을 제시하는 것은 꼭 필요하다고 할 수 있다.[1]

---

1) 이런 생각이 새로운 것은 아니다. 아래의 글을 보시길.
  "지역의 특성을 반영하여 지역의 산업, 정치, 사회 도시계획 등에서 뿐만 아니라 인간상호관계와 인간-자연관계 등도 충분히 통합하여 공동체적 이념형을 만들어 가자는 것이다. 그것의 형식은 어쩌면 정부가 과거에 '지역장기종합발전계획'형태로 많이 시도해 온 것과 유사할 수있다. 하지만 누구라도 인정하듯이 이것은 관주도적이었을 뿐만 아니라, 형식적이고 민중들의 공동체적 이상이 전혀 반영되어 있지 않았다. 이제는 지역단위의 공동체 운동에서도 기존의 관행적인 발전계획 틀을 극복하고 민중들의 장기적인 전망을 담은 적극적이고 창조적인 지역발전구상을 모색할 때가 되었다. 그것은 필요성을 깨달은 사람(단체)에 의해 먼저 제기될 수 있다. 이러한 공동구상을 모색하기 위해 상호토론하고, 수정·발전시키면서 서로의 차이를 창조적으로 극복하여 지역공동체 운동의 장기적 이상을 구체화시켜 나갈 수 있을 것이다. 이 과정이 결국은 지역 단위의 포괄적 연대틀을 모색하는 네트웍방식의 운동을 자리잡게 해 줄 것이다"(구자인 1996, 238~9)

## 시민주도의 대안 만들기의 필요성

지금껏 지역이든 국가든 간에 나가야 할 방향을 만들어 온 사람들은 관료와 직업정치인들이었다.[2] 지방자치제 실시 이후에도 그것은 마찬가지였다. 지역의 발전방향은 관료주도로 정해지고 있다. 그리고 그 과정에서 주로 반영되는 것은 기존 지역기득권층의 이해관계, 개발세력의 이해관계이다. 아래의 글도 그러한 측면을 지적하고 있다.

> '통합진주시 장기종합발전계획구상'에서 발전방향 혹은 미래상은 추상적 이념으로 나열되고, 발전계획의 내용에 대해서는 도시지배집단(대토지 소유자들)의 관심사항(토지개발)을 반영하고 있다. 따라서 진주시 장기발전구상의 대부분 내용은 도시공간구조 계획 → 도시권역별 개발 → 도시시설 재배치(공공기관·공단 등 집합적 생산시설 등)로 토지개발 중심으로 구성되어 있다(김덕현 1996, 63~4)

지역에서 생활을 하는 것은 주민이지만, 주민의 관심과 이익은 반영되지 못하고, 개발 우선의 논리가 지배해 온 것이 그 동안의 현실이다.

한편 여러 지역에서 '지방의제 21'사업이 민·관 파트너쉽 형태로 진행되었다. 그러나 많은 지역에서 '지방의제 21' 사업은 그것이 표방하는 것과는 달리, 시민참여가 부진하고, 시민이 주도권을 행사하지 못했다. 또한 통합적인 지역비전을 제시하지 못하고, 환경영역에 국한되어 있다는 문제도 있다. 궁극적으로 '지방의제 21'사업은 아래로부터 자발적으로 추진되었다기보다는, 정부 사업의 하나로 추진되고 있다는 한계를 가지고 있다.

사실 대안을 만드는 주체가 시민이어야 하는 것은 당위론적인 이야기이다. 문제는 그것을 어떻게 만들어 나가는가의 문제이다. 그리고 현장에서 지역사

---

2) 물론 그 현상의 배후에는 자본의 힘, 각종 이익집단의 힘이 작용하고 있다.

회를 바꾸기 위해 노력을 하고 있는 사람들이 어떻게 해야 하는가의 문제이기도 하다.

지방자치 부활 이후 지역에서의 시민운동은 지방권력에 대한 감시와 비판, 그리고 환경문제 등에 대한 현안대응에 힘을 쏟아 왔다. 그러나 대안적 운동을 모색하려면 지역운동의 인식능력이 한 단계 높아져야 한다. 감시나 비판은 문제를 부분적이고 좁게 파악하고 있어도 가능하지만, 대안제시는 종합적인 인식 없이는 불가능하다. 그리고 지방자치단체 단위를 현실적인 대안모색 단위로 생각할 수밖에 없다면, 대안은 그 지방자치단체 전체를 대상으로 하고 설정되어야 한다. 따라서 지역 내에서의 특정 현안을 중심으로 한 운동(소각장 반대운동, 송전탑 반대운동, 러브호텔 반대운동 등)이 존재했다면, 그 운동도 한 단계 넘어서야 하는 부분들이 존재하게 된다.[3] 그것은 해당 현안과 생활상의 밀접한 관련이 있는 주민들뿐만 아니라, 지역 전체의 주민들에게 제시하고 공유할 수 있는 대안을 모색해야 한다는 것이다. 예를 들어 러브호텔이나 소각장은 특정 동의 주민들에게만 직접적인 영향을 미치는 것이지만, 그 문제를 해결하기 위해 예산을 투입하거나 행정지원을 하는 것은 전체 도시 차원에서 의사결정이 이루어질 수밖에 없는 문제이다.

따라서 특정 현안을 실제로 해결하기 위해서도, 지역전체 차원에서 그 현안에 대한 대안을 모색하는 것이 필요하다. 많은 경우에 현안의 해결은 예산상의 문제나 전체 지역의 정책결정 문제로 귀결될 수밖에 없기 때문이다. 그리고 지

---

3) 이러한 현안대응형 운동은 직접적인 목적이 달성되거나 목적달성을 하지 못하고 좌절되거나 하면, 급격히 소멸해버릴 위험을 안고 있다. 1970년대에 혁신사치제의 움직임이 활발했던 일본에서도 이런 지적이 있었다. 즉, "주민운동측에서도 진정이나 요구형 운동, 행정(정부)의존형 운동이 많아서 혁신자치체가 공해대책이나 복지대책에 예산을 과감하게 배분하면 거기서 운동이 정체되어 버리는 약점이 있었다. 이런 '수익자 민주주의'를 넘어서서 지구환경문제에 대응하기 위해 스스로 삶의 자세를 변혁시키고 자치체를 시민참가형, 시민주도형으로 개혁해 가는 '참가형 민주주의'의 지도력과 에너지가 결여되어 있었다."(구보 다카오 1996, 16)

방자치단체의 예산이나 전체 정책결정 문제는 결국 전체 주민들이 '지역이 나아가야 할 방향'에 대해 얼마나 공감하고 있는가에 의해 좌우될 수밖에 없기 때문이다.

또한 대안 만들기는 가치 지향적일 수밖에 없다. 감시나 비판, 특히 행정에 대한 사후적인 감시나 비판은 가치 지향을 밝히지 않고도 할 수 있는 경우가 많다. 지방자치단체의 경상적 경비(판공비, 해외여행 경비 등)지출에 대한 감시나 비판 같은 것이 전형적인 예이다. 그러나 예산을 어디에 쓰지 말라로 그치는 것이 아니라, 그런 곳에는 쓰지 말고 이런 곳에 쓰라고 하는 운동은 가치 지향성 없이 논의하기 어렵다. 예를 들어 큰 규모의 전시성 문화행사를 하지 말고, 지역주민들이 실제로 참여할 수 있는 소규모의 자치적 문화행사를 유도하고 지원하라고 요구할 때에는 어떤 '문화'가 바람직한 것인가에 대한 가치판단이 들어가 있는 것이다. 또한 지역경제 활성화를 추구하더라도, 어떤 산업에 중점을 둘 것인지, 어떤 기업에 혜택을 줄 것인지는 가치판단에 따라 달라지는 것이다. 토목·건설 분야 예산을 줄이고, 그 부분을 복지나 환경 분야로 돌리려고 한다든지 할 때에는 더욱 그러할 것이다.

한편 지역운동이 지방정치 진출을 모색해야 한다는 입장에서도 '자신들이 시민들에게 제시할 수 있는 대안'은 무엇인지에 대해 깊이 고민해 보아야 한다. 대안모색을 위한 노력 없이 '인적 물갈이'론을 펴는 것은 시민운동 내부에서나 외부의 시민들에 대해서나 설득력을 가지기 어렵다.


## 시민적 대안의 표현으로서의 '녹색도시'

녹색이라는 말은 요즘 남발되고 있다고 할 정도로 많이 사용되고 있다. 보수정당에 소속된 지방자치단체장이 있는 어느 도시를 지나가는데 '녹색00시'라고 쓰여진 플랭카드를 걸어 놓은 것을 보고 놀란 것도 옛일이다. '지방의제

21'사업을 하면서 '녹색00 의제21'이라고 쓰기도 한다. 그러나 이렇게 녹색이라는 단어를 사용하면서도 정작 녹색의 핵심인 '풀뿌리 민주주의', '시민참가'를 실현하고 있지 못하는 것을 보면, 지금의 한국사회에서 '녹색'은 남용 또는 오용되고 있음이 분명하다. 이렇게 녹색을 남용 또는 오용하고 있는 사람들은 '녹색'이라는 단어를 그럴싸한 '장식물'로 생각하고 있을 것이다.

그럼에도 불구하고 '녹색'이라는 단어를 폐기할 수는 없다. 다양성을 존중하면서 생태, 사회적 정의, 풀뿌리 민주주의를 지향하는 것은 우리가 지향하는 지역사회의 바람직한 모습이라고 볼 수 있고, 이러한 대안적인 가치는 '녹색'이라는 단어로 가장 집약적으로 표현될 수 있기 때문이다.

지금 우리 사회에서는 '녹색'이라는 개념을 단지 환경이라는 영역으로 한정시키는 경우가 많은데,4) 이념적으로 보면 '녹색'은 매우 포괄적이면서도 근본적인 개념이다. 참고로 녹색당이 내세우는 10개의 핵심 가치들(ten key values)을 보면, 녹색의 의미가 분명해진다(http://www.greenparty.org/values.html). 미국 녹색당에 의하면, 녹색당이 지향하는 것은 'Grassroots Democracy(풀뿌리 민주주의)', 'Ecological Wisdom(생태적 지혜)', 'Social Justice and Equal Opportunity (사회적 정의와 균등한 기회)', 'Nonviolence(비폭력)', 'Decentralization(분권)', 'Community Based Economics(지역사회 기반 경제)', 'Feminism(페미니즘)', 'Respect for Diversity(다양성의 존중)', 'Personal and Global responsibility(개인적이고 전지구적인 책임)', 'Future Focus and Sustainability(미래지향성과 지속가능성)'의 10가지 핵심가치이다.5)

---

4) 녹색이 남용 또는 오용되는 경우들은 대부분 이런 경우들이다. 요즘 반환경을 표방하는 사람은 없고, 자신이 친환경이라는 것을 내세우는 단어로 '녹색'만큼 그럴 듯한 단어도 별로 없기 때문이다.

5) 미국녹색당은 10개의 핵심가치중에서 특히 4개를 들어 녹색정치의 4가지 支柱(four pillars)라고 한다. 그것은 Ecology, Social Justice, Grassroots Democracy, and Nonviolence이다. 생태(ecology)는 자연과 균형을 이루는 방식으로 물질적 수요를 충족하는 사회를 의미한다. '사회적 정의(social

여기서 우리가 특히 주목할 만한 것은 '풀뿌리 민주주의(Grassroots Democracy)'이다. 풀뿌리 민주주의는 "풀뿌리 민주주의적 정치란 지방분권적이고 직접민주주의가 더 강력하게 실현되는 정치를 의미한다. 우리는 대중의 결정이 우선되어야 한다는 인식을 갖고 있다"는 독일녹색당의 강령에서 단적으로 드러난다(유지훈 1993, 30~1). 한편 미국 녹색당도 "모든 인간은 그들의 삶에 영향을 미치는 의사결정에 대해 발언할 기회를 가진다. 어느 누구도 타인의 의지에 복종할 필요는 없다. 따라서 우리는 정부의 모든 단위(level)에서 시민참여를 활성화하고, 우리의 대표자가 자신을 선출해 준 대중들에게 책임성을 가질 수 있도록 노력할 것이다. 또한 우리는 의사결정 과정에 시민들을 직접 참여시킴으로써 참여민주주의를 확장시킬 수 있는 새로운 형태의 정치적 조직을 창조하기 위해 노력할 것이다" 이러한 풀뿌리 민주주의의 원칙은 1970년대에 서독의 시민운동에 의해 고취되었다가 미국의 민권운동, 생태주의 운동, 소비자 운동 및 기타 운동들의 영향을 받은 것이다(스프레트낙·카프라 1990, 75).

따라서 '녹색도시'는 단지 "자연과 조화를 이루는 쾌적한 도시"를 의미하는 것이 아니다. '녹색도시'는 시민들이 주체가 되는 시민자치의 원리하에서, 시민 스스로 만들어 나가는 생태지향적이고 지속가능하며 사회적 정의가 실현되고 시민의 생활상 요구6)가 충족되는 도시를 의미한다. 그런 점에서 시민참여

---

justice)'는 모든 사람들이 기본적인 생활상의 수요를 충족시킬 수 있고 성, 인종, 성적 취향, 직업, 계급에 기반한 특권이 제거된 평등한 사회를 의미한다. '풀뿌리 민주주의(Grassroots Democracy)'는 시민들의 생활에 영향을 미치는 문제들을 결정하는 데 시민들의 참여를 보장함으로써 진정한 정치적 자유를 실현하는 사회를 의미한다. 비폭력(Nonviolence)은 '개인적인 폭력'과 '구조적인 폭력' —— 즉 국가와 제도에 의해 가해지는 폭력과 억압 모두의 종식을 의미한다. 즉 가족, 거리, 국가, 세계 등의 모든 차원에서 폭력적인 패턴들(patterns)에 대한 효과적인 대안을 찾는 것을 의미한다.

6) 주민들의 생활상 요구도 여러 수준이 있을 수 있다. 우리나라에서도 도로, 상하수도와 같은 최소한의 도시기반시설이 마련되고 있는 상황에서 문화, 복지, 환경과 같은 "생활의 질"과 관련된 요구가 증가하고 있다.

를 실현하기 위한 의지와 시민들을 주체로 세우기 위한 계획과 실천이 없다면, 아무리 환경친화적인 도시를 만든다고 해서 그 도시가 '녹색도시'일 수 없을 것이다. 그렇게 보면, '녹색'을 오용 또는 남용하고 있는 측과 진정한 녹색세력 간의 일차적인 경계선은 바로 풀뿌리 민주주의 또는 시민참여가 될 것이다.

유사한 개념으로, 최근 많이 논의되고 있는 '생태도시'가 있다. 생태도시는 "도시를 하나의 유기적 복합체로 보아 다양한 도시활동과 공간구조가 생태계의 속성인 다양성, 자립성, 순환성, 안전성 등을 띠도록 함으로써, 인간과 자연이 공존할 수 있는 환경친화적인 도시"라고 정의된다(김일태 2001, 38). 그리고 생태도시의 내용 구상에서도 "사회부문 계획"과 "공간·환경계획"이라는 두 가지 측면이 공존하고 있으며, "사회부문 계획은 생태도시 건설을 위한 정치적 조건 및 경제, 사회, 문화, 각 측면에서의 구체적 계획을 포괄하며, 공간·환경 계획은 도시관리와 토지이용, 에너지, 교통 및 환경보전·관리 계획을 포함한다"(최병두 외 1996, 232~3)라는 설정을 하고 있다.

그러나 기존의 생태도시에 관한 논의, 특히 정치·경제·사회·문화 부문에 관한 논의는 추상적인 수준을 뛰어넘지 못했다. 또한 기존의 "생태도시" 전략에서 제시하는 민·관의 파트너쉽이란 것은 우리의 지방자치 현실을 생각할 때, 지나치게 낙관적인 면이 있다.

필자가 생각하기에, '녹색'에 방점을 찍는 '녹색도시'의 개념은 우리가 지향하는 도시의 상(象)못지 않게, 그것을 이루어 나가는 과정에 의미를 부여하는 것이어야 한다. 즉 진정한 "생태도시"가 되기 위해서는 시민이 주체로서 참여하고 주도하는 과정이 존재해야 하는데, 그러한 풀뿌리 민주주의적인 과정까지 포함한다면, '녹색도시'라는 단어가 더 적절하다고 본다.


## '녹색도시'의 비전은 무엇인가

녹색도시의 비전에는 정보공개, 시민참가처럼 모든 지역을 통틀어서 공통적으로 실현해야 할 내용들이 있다. 반면, 대도시냐 중소도시냐, 대도시의 자치구냐 아니면 서울 인근의 신도시냐, 그 지역에서 주민들 사이에 구체적으로 현안이 되고 있는 것이 무엇이냐 등에 따라 지역의 특수성을 반영해서 만들어져야 할 내용들도 있다.

녹색도시의 비전은 앞으로 만들어져야 하는 것이기에, 여기에서 아주 구체화된 내용을 제시할 수 없다. 그러나 녹색도시에 있어서 매우 중요한 측면인 정보공개·시민참가를 중심으로 녹색도시의 비전이 어떤 것인지를 살펴보려 한다. 그러나 각론적 분야에 대해서는 워낙 문외한이라 짧은 코멘트만 할 수밖에 없을 것이다.

## 1. 투명한 도시 : 더 많은 정보공개

### (1) 정보 없이는 참여 없다

대리인운동으로 알려진 일본의 <가나가와 네트워크 운동>이 참여민주주의의 전제조건으로 내세우는 것은 네 가지이다. "시민에 친밀한 정책(Policies more familiar to citizens)", "더 많은 정보공개(Greater disclosure of information)", "시민과 밀착한 대리인(Representatives closer to citizens)", "시민이 발언권을 가질 수 있는 더 많은 기회(More opportunities for citizens to have a voice)"이다. 이중에서 첫 번째로 전제가 되어야 하는 것은 바로 "더 많은 정보공개"이다.

"정보 없이는 참여 없다"라는 격언이 있는 것처럼, 정보공개는 '시민이 참여하는 도시'를 실현하기 위한 가장 기본적인 전제조건이다. 따라서 정보공개는 '녹색도시'의 핵심적 내용이다. 정보공개 없이는 풀뿌리 민주주의의 실현이 공염불에 그칠 수 있다. 그리고 시민이 참여하지 못하는 도시는 그 도시가 아무리 환경친화적이라고 할지라도, 관료적 또는 엘리트적 도시이지 녹색도시일 수 없다.

현재 한국에서는 1998년부터 정보공개법이 시행되고 있지만, 지방자치단체의 정보공개 수준은 형편없다. 특히 '시민참여'를 위해 가장 중요하다고 할 수 있는 "정책결정 과정"과 "예산집행"에 대한 정보공개가 제대로 이루어지지 않고 있다. 물론 시민운동이 정보공개를 제대로 활용하지 못하는 측면도 있지만, 지방자치단체들의 폐쇄성이 더 큰 원인이라고 할 수 있다. 그러나 앞으로 우리가 지향해야 할 도시의 첫 번째 모습은 "모든 정책결정 과정과 행정과정이 시민들에게 공개"되는 도시이다. 이렇게 정보가 적시에 공개될 때에만, 합리적인 토론이 가능하고 시민들이 참여할 수 있는 가능성을 열게 된다.

### (2) 실현방향

정보공개를 제대로 실행하려면 정보공개제도, 정보공개행정, 정보공개를 요구하는 시민운동의 3가지 요소가 모두 필요하다. 지역 차원에서의 정보공개제도는 정보공개에 관한 조례라고 할 수 있다. 물론 중앙정부가 제정한 정보공개법(정식 명칭은 "공공기관의 정보공개에 관한 법률"이다)이 지방자치단체에도 적용되고 있지만, 중앙정부의 정보공개법만으로는 미흡한 점이 많다. 따라서 중앙정부가 만든 제도보다 훨씬 진일보한 제도를 지역에서부터 만들어 나갈 필요가 있다. 한편 현재 각 지방자치단체의 실태를 보면, 정보공개조례가 제정되어 있는 곳도 있고, 그렇지 않은 곳도 있다. 따라서 정보공개조례가 제정되어 있는 경우에는 조례 개정을 추진하고, 조례가 제정되어 있지 않은 경우에는 정보공개조례의 제정을 추진하면 될 것이다.

정보공개조례에서는 정보공개가 제대로 이루어질 수 있도록 시민의 입장에서 정보공개제도를 디자인한다는 마음으로 필요한 내용들을 생각해 볼 수 있다. 몇 가지 언급을 해 보면, 첫째, 정보공개 수수료를 합리적으로 조정할 필요가 있다. 현재 중앙정부의 경우에는 장당 50원의 복사 수수료를 받고 있는데, 지방자치단체의 경우에는 장당 100원의 복사 수수료를 받는 곳이 많다. 따라서 복사수수료를 실제 정보공개에 소요되는 비용의 수준으로 조정할 필요가 있다. "실제 정보공개에 소요되는 비용"이 되려면, 열람 수수료는 면제되어야 할 것이고,7) 복사 수수료도 50원 이하로 정해져야 할 것이다. 수수료 문제가 이렇게 중요한 것은 실제로 수수료 때문에 정보공개 청구를 포기할 수밖에 없는 경우도 발생하기 때문이다. 만약에 수천 페이지에 달하는 공공서류를 자신의 비용으로 복사해야 한다면, 공익을 위해 정보공개청구권을 행사할 시민은 별로 없을 것이기 때문이다. 따라서 정보공개청구 중에서도 공익적인 목적의 정보공개청구에 대해서는 청구한 시민에게 아무런 개인적 이득이 돌아가지 않는 만큼, 수수료를 전액 감면하도록 조례에서 명시할 필요가 있다.

둘째는 정보비공개결정이 남발되지 않도록 하는 제도적 장치를 마련하는 것이다. 정보공개제도가 있지만, 행정기관이 비공개결정을 남발하기 때문에 제도는 효과를 보지 못하고 있다. 따라서 지방자치단체장의 정보비공개 결정에 대한 시민의 이의신청을 심사하는 기관인 정보공개심의회의 구성을 혁신할 필요가 있다. 정보공개심의회가 잘 구성되어 실질적으로 운영된다면, 지방자치단체의 무분별한 정보비공개결정을 막을 수 있고, 시민의 알 권리를 신속하게 실현할 수 있다. 그리고 정보공개 문제는 시민의 입장과 관료의 입장이 대립하는 지점인 만큼, 정보공개심의회의 구성에서 관료의 비중을 최소화시켜야만 실질적인 심의를 할 수 있다. 따라서 정보공개심의회의 구성에서 관료의 비중을 1/3수준으로 줄이고, 민간 전문가와 시민단체 추천인사의 비율을 높일 필요가 있다.

셋째는, 적극적 정보공개제도(정보공표제도)의 도입이다. 지금 중앙정부가 마련한 정보공개제도는 정보공개 청구가 있으면 행정기관이 공개 여부를 심사해서 시민에게 통보하는 방식을 취하고 있다. 제도가 이렇게만 되어 있으면, 시민의 청구 없이 정보가 공개될 여지는 없다. 그러나 중요한 정보는 시민의 청구가 없더라도 주기적으로 공개되도록 만들어야 한다. 그래야만 시민들이

---

7) 현재는 중앙정부든 지방자치단체든간에 "눈으로 보기만 하는" 열람에도 수수료를 부과하고 있다.

정보를 신속하고 간편하게 입수할 수 있기 때문이다. 따라서 지방자치단체의 중요한 정책결정 과정이나 예산집행과 관련된 정보를 정기적으로 인터넷과 시보를 통해 공개(특히 정책결정 과정과 관련해서는 원칙적으로 각종 검토자료, 용역보고서, 간담회, 공청회 자료, 설계서, 평가서 등의 목록을 인터넷에 공개하고 다운로드받거나 수시 열람할 수 있도록 함)하도록 할 필요가 있다.

이와 같은 제도만 정비된다고 해서, 정보공개가 제대로 이루어진다는 보장은 없다. 물론 지방자치단체장의 의지가 있다면, 어렵지 않을 것이다. 그러나 무엇보다도 정보를 획득하려는 시민들이 존재하지 않는다면, 어떤 제도도 실효성을 가지기 어렵다. 그러나 '정보공개' 문제 자체에 관심을 가진 시민들은 생겨나기 어렵다. 대부분의 시민들은 자신들의 생활상 문제들에 대해 관심을 가지게 되면서, 그 문제들을 이해하고 해결책을 모색하기 위해 정보를 필요로 하게 된다. 예를 들어 환경문제에 대해 관심이 있는 시민이 시청의 환경위생과에 소각장 운영과 관련된 정보를 청구하게 되는 식으로 접근할 수밖에 없다. 따라서 시민생활상의 문제들을 다루는 모든 지역시민운동의 영역에서 정보공개제도를 활발하게 활용할 때에만 '투명한 도시'를 만들 수 있을 것이다.

## 2. 시민참가의 보장

### (1) 시민참가의 필요성

루소는 『사회계약론』에서 대의제 민주주의를 아래와 같이 비판했다.

"영국국민들은 자신들이 자유롭다고 생각함으로써 스스로를 기만하고 있다. 사실 국회의원 선거기간 동안에만 그들은 자유로울 뿐이다. 왜냐하면 새로운 의원이 선출되자마자 그들은 다시 옥에 갇히는 신세가 되어 아무런 의미도 없기 때문이다. 이처럼 아주 짧은 기간동안만 자유를 누리기에 그들이 자유를 잃는 것은 어쩌면 당연하다"(볼프 2001, 76).

지금도 이러한 루소의 지적은 타당하다. 지금의 시민들은 '정치의 소비자', '행정의 객체'일 뿐이다. 따라서 시민이 발언권을 가질 수 있는 더 많은 기회 (More opportunities for citizens to have a voice)를 보장해야 한다. 시민참가의 기회는 여러 가지 형태로 보장될 수 있다. 그 중에 중요한 부분은 각종 정책결정 사항이나 행정사항들을 심의하는 위원회에 시민들의 참여권을 보장하는 것이다. 현재 지방자치단체가 설치한 각종 위원회는 관료위주로 구성되어 있고, 위원회 운영 자체도 형식적으로 이루어지고 있다. 따라서 위원회의 전면적인 개혁이 필요하고, 그 방법은 바로 시민참가의 보장이다.

또한 시민생활상의 문제에 대해 잘 이해하고 있는 사람들은 여성이기 때문에 여성의 참가를 확대할 필요가 있다. 따라서 시민참가 기본조례는 각종 위원회 등에 대한 여성의 참가비율이 1/2 이상 될 수 있도록 의무화해야 한다.

(2) 실현방향

전문성이 필요한 위원회는 민간전문가 중에서 위촉해야 하겠지만, 자원봉사의 개념이 강하고 특별한 전문성이 필요하지는 않은 위원회(예를 들면, 주민자치위원회)에는 일반 주민들 중에서 참가 의욕이 있는 주민들을 참가시킬 수 있어야 한다.

위원회를 개혁하려면 개별 위원회의 근거 조례들을 다 바꿀 필요가 있지만, 기본적인 정신과 절차에 대해 시민참가 기본조례를 제정하는 것도 하나의 방법이다. 이것과 관련해서 일본 오오사카부(府)의 미노(箕面)시의 사례는 좋은 참고가 될 수 있다. 미노시는 시민참가조례를 제정하여 운영하고 있다. 이 조례는 지방자치단체에 있어서 시민참가의 개념, 기본이념 등에 관한 기본적인 사항을 정해 놓은 '시민참가'에 관한 기본조례라고 할 수 있다. 이 조례는 '시민참가'란 "시의 의사형성 단계부터 시민의 의사를 반영하는 것과 시가 사무를 실시하는 단계까지 시와 시민이 협동하는 것을 의미한다"라고 하여 시민참가가 무엇을 의미하는지에 대해 정의를 내리고 있다. 또한 시와 시민이 협동한다는 것에 대해 "협동이란 시와 시민 각자가 수행해야 할 책임과 역할을 자각해서 상호보완하고 협력하는 것을 말한다"라고 정의한다. 이러한 정의는 시민참가의 본질을 정확하게 꿰뚫고 있는 것이다. 또한 이 조례에서는 시민참가 추진의 기본이념이 "시민의 풍부한 사회경험과 창조적 활동을 통해 시와 시민이 협동하여 시민복지의 향상"을 꾀하는 데에 있음을 표방하고 있다.

구체적으로 이 조례에서는 시민참가의 확대를 위해 '정보공개'와 '시민참가의 기회보장', '시민의 자기결정권의 존중'이 중요하다고 보고, 이 두 가지에 관하여 더 구체적인 내용을 담고 있다. 첫 번째는 회의공개의 원칙으로 "회의는 규칙으로 정한 경우를 제외하고 모두 공개하도록 노력해야 한다"라고 규정하고 있다. 이를 통해 시민들의 삶에 영향을 미치는 중요한 문제들이 밀실에서 결정되지 않도록 했다. 두 번째는 위원회 위원의 시민공모 원칙으로 "(위원회의) 위원을 임명할 경우, 그 전부 또는 일부의 위원을 공모(公募)에 의해 선출하도록 노력해야 한다"라고 규정하고 있다. 마지막으로 시민의 자기결정권을 존중한다는 의미에서 "시장은 시민의 의견을 직접 청취해야 할 필요가 있다고 인정될 때에 시민투표를 실시할 수 있다"라는 규정을 두고 있다.

문제는 이처럼 시민참가에 관한 제도를 마련한다 하더라도, 역시 참가할 능력과 경험을 가진 시민들이 존재하지 않을 수 있다는 것이다. 실제로 일부 지역에서는 지방자치단체의 각종 위원회에 시민단체 인사가 참여하더라도, 그것이 개인 차원의 참여로 그치는 경우가 나타나고 있다. 그리고 전문성과 의지가 떨어지는 명망가를 참여시킴으로써, 성실한 참여가 이루어지지 않고, 그로 인해 오히려 위원회 참여에 대해 부정적인 인식이 생겨나기도 한다. 그러나 기본적으로 다양한 참여의 기회를 (시혜가 아니라) 권리로써 보장받고, 이를 활용함으로써 시민들이 경험과 능력을 쌓아 가는 것은 시민운동의 성장을 위해 반드시 필요한 것이다. 따라서 시민의 삶에 중요한 영향을 미치는 위원회부터 참여권을 보장받기 위해 노력하고 조금씩 참여해 들어가야 할 것이다. 그리고 한 지역에서 부족한 경험과 능력은 다른 지역과 정보를 교류함으로써 상당부분

해소될 수 있을 것이다.

한편 중요한 자치입법의 추진이나 사업추진에 대해서는 의무적으로 주민들에게 그 내용을 공표하고, 공청회 등의 의견수렴절차를 밟도록 할 필요가 있다. 그리고 대부분 평일 낮 시간에 개최되고 있는 공청회의 시간도 일반 주민들이 좀더 참가하기 좋은 시간대(주말이나 야간)에 개최하도록 해야 한다.

### (3) 예산편성과정에서의 시민참가

지방자치단체가 하는 모든 활동을 수치로 표시한 것을 예산으로 볼 수 있다. 따라서 예산의 편성과정에 시민들이 참여할 수 있고, 시민들의 의사가 반영될 수 있게 하는 것은 매우 중요하다. 또한 예산집행의 효율성을 강화하는 것도 필요하다. 재정이 넉넉지 않은 지방자치단체의 예산이 낭비된다면 그 피해는 결국 시민들에게 돌아가기 때문이다. 다만, 이 때 '효율성'이란 생활자인 시민의 입장에서 본 효율성을 의미하는 것이어야 한다. 똑같은 예산을 사용했다 하더라도, 시민의 입장에서 볼 때 시민 생활의 질을 높이는 데에 얼마나 기여했는지가 '효율성'의 판단기준으로 되어야 할 것이다.

결국 예산편성 과정에 대한 주민참여란 어떤 분야, 어떤 사업에 예산을 우선적으로 투입할 것인지에 대해 주민들의 의사를 반영할 수 있도록 하는 것이다. 예를 들어 "개발사업 또는 전시성 사업에 예산을 사용할 것인지, 아니면 복지나 환경 분야에 예산을 사용할 것인지"라는 선택을 해야 한다면, 그러한 선택의 과정, 즉 예산배분의 우선 순위를 결정하는 과정에 주민참여를 보장하는 것이 필요하다.

## 3. 영역별 비전에 관한 단상

### (1) 보육, 환경, 복지 등 생활상의 영역 중 하나의 예로서 보육영역[8]

현재 한국에서는 지방자치와 교육자치가 분리되어 있다. 그러나 교육이 아닌 보육의 영역은 지방자치의 영역에 속한다(물론 유치원은 교육기관이기 때문에 교육자치의 소관이고, 결국 어린이집, 놀이방이 보육 영역에 속한다). 그리고 초등학생들을 대상으로 한 방과후 보육시설(방과후 공부방)9)은 '보육'의 영역으로 분류되기 때문에 지방자치의 영역에 포함된다.

현재 한국의 보육 현실을 보면, 지역에 따라 차이는 있지만, 민간보육 영역이 압도적 우위를 차지하고 있다. 그리고 보육교사들은 열악한 임금과 근로조건에 허덕이고 있고, 많은 보육시설의 경우 아이들이 놀고 자라기에는 환경이 너무 열악하다. 공립 보육시설들은 상대적으로 사정이 낫지만, 폐쇄적으로 운영되다 보니 부모들이 정보를 제공받을 기회, 참여할 기회를 가지지 못하고 있다. 초등학교 때부터는 학교운영위원회를 통한 참여의 기회라도 있지만, 그 전에는 그런 기회조차 없다. 또한 보육비 부담에 있어 사회적 부담이 아니라 수익자 부담 원칙을 따라는 후진적인 현실 속에서 부모의 보육비 부담도 만만치 않다.

그러다 보니 시민들이 겪는 고통은 심각하다. 맞벌이 부부들은 보육문제로 심각한 고통을 겪고 있고, 아이는 초등학교에 진학하더라도 학교에서 하교한 이후 갈 곳이 없는 실정이다. 특히 저소득층의 경우에는 아이들이 방치상태에까지 놓이게 되는 경우들을 볼 수 있다.

이러한 현실을 극복하기 위한 대안으로 생각할 수 있는 것이 '참가형 보육'이다. '참가형 보육'은 부모들에게 지역 보육정책의 결정, 보육시설의 운영에 대해 참가의 기회를 부여하고, 보육에 대한 사회적 책임성을 강화하는 것이다.

---

8) 지방자치단체가 하는 사무들은 시민들의 생활과 밀접하게 관련되어 있다. 보육, 환경, 복지 등의 분야가 특히 그렇다. 그 모든 영역에 대해 대안을 제시할 능력은 없으므로, 보육영역에 관해서만 살펴보려 한다.

9) 보육시설의 입소대상연령은 원칙적으로 만 6세 미만의 영유아이지만, 시도지사, 시장, 군수는 지방보육위원회의 의결을 거쳐 12세까지의 학령기 아동을 보육시설 입소대상으로 할 수 있다(영유아보육법 제16조). 이에 의하여 지방자치단체는 방과후 보육시설을 설치·운영할 수 있다.

참가형 보육의 실현을 위해서는 우선, 보육비 부담에 있어서 지방자치단체의 부담비율을 늘려야 한다. 늘어나는 지방재정 부담은 보육교사들의 보수를 향상시키고, 보육시설을 개선하는 데에 사용되어야 할 것이다. 그리고 민간보육시설들에 대한 지원을 확대하되, 지원의 조건으로 공공성 또는 투명성을 요구해야 한다. 공공성은 장애아 통합보육, 영아보육 등으로 판단하고, 투명성은 시설운영위원회의 설치, 예·결산서의 외부공개 등을 통해 확보할 수 있을 것이다. 이렇게 함으로써 보육비 부담에 있어 사회적 부담을 늘리면서, 보육시설의 운영을 투명하게 하고, 보육시설 종사자의 보수와 근무여건을 개선하여 보육의 질을 향상시키는 것을 도모할 수 있다.

또한 보육정책결정 과정에 대한 시민참가를 보장해야 한다. 이를 위해서는 지역보육정책의 심의기구로 되어 있는 지역보육위원회의 구성부터 개선할 필요가 있다. 지역보육위원회의 구성에 있어서 관료의 비중을 1/5 이하로 축소하고, 부모대표, 보육교사 대표, 보육전문가, 시민단체 추천인사로 보육위원회를 구성할 필요가 있다. 그리고 부모대표의 경우에 절차에 따라 공모하는 것도 생각해 볼 수 있다. 그리고 보육위원회의 경우에는 최소한 여성의 비율을 1/2 이상으로 하여 참가를 보장할 필요가 있다.

또한 학교운영위원회와 같은 개념을 보육시설에도 도입해야 한다. 일차적으로 공립 보육시설부터 시작할 수 있다. 공립 보육시설을 민간에 위탁할 때에는 부모대표와 시설운영자, 보육교사들이 참여하는 '시설 운영위원회'의 설치를 계약조건으로 의무화할 필요가 있을 것이다. 그리고 민간보육영역에 대한 재정지원을 확대할 때에도 재정지원의 조건으로 '시설운영위원회'의 설치를 의무화할 수 있다.

그 외에 지역 보육발전 기본계획을 시민참가 하에 수립하여, 보육의 취약지대인 영아보육, 장애아 보육, 연장보육, 방과 후 보육 등 다양한 서비스가 활성화되도록 해야 한다.

(2) 생태학적 지향

우리나라 도시성장의 역사는 지속성이 배제된 인간중심 개발의 역사였다고 할 수 있다. 대용량 소각장 건설 중심의 폐기물정책, 자동차와 도로 위주의 교통정책, 경제논리를 앞세운 재개발 정책, 순환 체계의 복원을 무시한 대기 및 수질 정책 등 '지속성'과는 거리가 먼 정책들이 시행되어 왔다. 그러나 '지속가능한 사회'를 위해서는 재활용, 오염물질 절감, 에너지 저소비, 자전거, 보행 등 녹색교통의 확산, 죽어가는 하천의 복원 등이 실현되어야 한다. 이를 위해서는 생활 속의 시민운동이 활성화되어야 함과 동시에 환경 분야의 정보공개, 시민참가가 이루어져야 할 것이다.

(3) 개발 우선의 지역발전전략으로부터 탈피

양적 팽창과 개발을 중심으로 하는 지역발전개념은 주민생활을 중심에 둔 '지속가능한 발전'으로 전환되어야 한다. 그에 따라 타당성이 의심스러운 개발사업, 민자유치사업을 백지화하고, 그에 배분된 재원을 지역특성을 살리면서 시민의 생활환경을 지킬 수 있는 사업에 투자해야 한다. 또한 지역경제의 활성화도 개발론자의 관점이 아니라, 시민의 관점에서 환경보전이나 고용창출 효과 등을 고려하여 접근해야 한다.

(4) 지역 고유의 문화가 꽃피는 도시

문화에 대한 관심이 높아지면서 지방자치단체들이 문화 관련 예산을 늘리고 있으나, 관료 주도로 이루어지는 과정에서 정작 시민들은 소외되고 있다. 관료들은 문화마저도 전시성, 일회성으로 접근하고 있으며, 그에 따라 대규모 행사는 많아졌지만 시민들이 자기 것으로 느끼고 참여할 수 있는 지역문화는 만들어지지 않고 있다. 지역의 특성에 맞는 문화의 창출, 작지만 주민들이 참여할 수 있는 문화의 창출이 필요하다.

⑸ 민간 영역 지원의 투명성과 공정성 보장

시민사회의 활성화를 위해 지방자치단체가 민간 영역에 지원하는 재원은 투명하고 공정하게 배분되어 지역 시민사회의 건전화에 기여할 수 있어야 한다. 그러나 지금은 매우 자의적인 기준에 따라 특정 영역이나 특정 단체들에 집중적으로 재원이 배분되고 있는 실정이다. 따라서 공정한 배분기준과 투명한 집행이 보장되도록 해야 한다.

또한 공공시설의 위탁과 운영과정에 주민들의 참여를 보장해야 한다. 보육시설, 복지시설, 청소년 시설, 문화시설 등 지역 내에 존재하는 각종 공공시설들은 대부분 민간에 위탁되어 운영되고 있다. 그러나 이러한 위탁과정은 공무원들과 관련 분야 종사자들(이들은 엄밀하게 보면 이해관계인들이다)의 주도하에 이루어지고 있고, 관리·감독도 제대로 되지 않고 있다. 그러나 실제로 이러한 공공시설들을 이용하는 것은 주민들이므로, 공공시설의 위탁과정과 운영과정에 주민들의 참여를 보장할 필요가 있다.


새로운 도시 비전은 어떻게 만들어질 수 있을 것인가?

지금까지는 '개발논리'에 빠져 있고, '시민을 행정의 대상으로 보는 마인드'를 가지고 있는 관료들이 그 지역의 비전을 세워 왔고, 그 과정에서 시민들은 소외되어 왔다. 근본적인 문제는 시민들을 소외시킨 채 진행되는 과정에 있고, 또 관 주도였다는 데에 있다.

시민주도로 새로운 도시비전을 만든다고 할 때, 그 주체는 당연히 지역 시민이어야 한다. 구체적으로 지역시민단체와 다양하면서도 건전한 주민자치모임(아파트공동체운동, 육아와 같은 생활 속의 문제를 해결하기 위한 운동, 재활용운동과 같은 생활환경운동, 생협운동, 자치적인 청년조직, 건전한 자원봉사조직 등), 그리고 자신의 존립 근거를 시민운동에 두고자 하는 지방정치인이 중요한 역할을 해야 할 것이다. 충분한 논의가 진행되고 운동을 실행할 수 있는 시민역량이 축적되지 않은 상태에서, 관료와의 '파트너쉽' 형성을 추구하는 것은 시민주체의 원칙에 어긋나게 될 것이고, 결국에는 이 운동 자체를 실패로 만들게 될 것이다. 관료와의 파트너쉽 형성은 상층 주도의 작업이 될 수밖에 없고, 그 과정에서 시민들은 또다시 소외될 수밖에 없기 때문이다. 그리고 관료들이 짜놓은 틀을 깨고 시민적 대안을 만들려고 하는 이 운동의 기본성격상, 관료와의 섣부른 파트너쉽 형성은 운동의 기본 성격 자체를 애매 모호하게 만들 것이기 때문이다.

'정보공개', '시민참가'는 비전의 내용에 있어서도 대원칙이지만, 비전을 실현해 나가는 과정에서도 대원칙이 되어야 할 것이다. 지금 한국에서 시민에 의한 지역비전을 만든다고 할 때에, 모든 영역, 모든 주제에 대해 관철되어야 할 대원칙은 정보공개, 시민참가이다.[10]

이것 없이는 시민주체의 지역을 만든다는 것이 불가능하다. 경계해야 할 경향은, 이미 관이 주도한 민·관 협력형 사업을 통해 나타나고 있다. 전문성의 부족이나 재정문제로 인해 시민단체가 섣불리 관과 손을 잡는 것은 시민주체성을 상실하게 되는 요인이 된다. 특히 시민들이 주체가 되어 비전을 만든다고 할 때에는 당연히 관료들과 선을 그어야 한다. 그런 점에서, '정보공개, 시민참가'는 관료들 주도의 기존 지역비전 만들기와 확실하게 구분되는 계기가 될 것이다.

결국 구체적인 '대안'은 시민의 생활 속으로부터 나와야 한다. 시민들이 생활 속에서 어떤 어려움을 느끼고 있는지를 파악하는 작업이 이루어져야 한다.

---

10) 이러한 관점은 기존에 활동가들 사이에서 논의되어 왔고, 일부 지역에서 어느정도 진행되어 온 마을만들기 운동과 관련해서도 유의미하다고 할 수 있다. 즉 마을만들기의 보편적, 개념적 조건으로 ①동네이미지의 확립, ②도시가꾸기의 목표 전환, ③지방분권, ④주민참가의 원칙과 정보공개, ⑤주민의식의 전환을 꼽고, "주민이 지역의 정보, 그 중에서도 정책정보를 파악하지 않고서는 마을만들기에 참가할 방법이 없기 때문에 정보관계는 주민에 의한 마을가꾸기의 대전제인 것이다. 자치체 역시 이를 위하여 정보를 정리할 필요가 있다"는 것이다(문승국, 1999).

특히 도시형 사회에서 시민들이 느끼고 있는 육아, 교통, 환경, 문화에 대한 불만과 요구들을 올바른 방향으로 이끌어 나가면서 대안을 만들어 나가야 한다. 따라서 특정 분야에 관련되어 있거나 관심이 있는 주민들과의 소규모 토론회를 통해 주민들의 이야기를 듣고 함께 토론하는 것이 필요할 것이다. 그리고 지역 현안에 대한 시민공청회를 개최하는 것도 필요할 수 있다.

소수의 전문가나 엘리트들이 비전 만들기를 주도하지 않게 하려면, 다양한 관심사를 가진 단체, 모임, 개인들이 네트워크를 형성해야 한다. 추상적으로 '시민'을 설정하면, 너무나 멀다. 그러나 가까이 살펴보면, 지역사회에는 생활 문제에 관심을 가진 모임과 개인들은 많이 있다. 그 모임이나 개인들이 운동을 표방하는가는 중요한 문제가 아니다. 운동과 관련이 없어 보이더라도, 그들 속에 사회와 인간을 바꾸고자 하는 욕구나 의지가 있다면 그들은 구체적 '시민'이다. 그러한 지역 내의 건전한 모임과 시민을 발굴하고 네트워크 하는 과정을 통해서 비전은 풍부해지고, 실현의 주체도 만들어질 수 있을 것이다. 결국 비전을 만드는 과정 자체가 운동이어야 한다. 즉, 비전을 만들어 나가는 과정에서 지역의 사람들을 만나고, 그 사람들과 토론하고, 그리하여 그 사람이 이 비전의 주체가 될 수 있도록 해야 한다. 그런 과정에서 다양한 단체, 모임, 개인들은 이 비전을 통해 자연스러운 네트워크를 형성하게 될 것이다.

그리고 너무 처음부터 완결적인 비전을 만들려고 시도할 필요는 없다. 오히려 주민생활 속에서 하나씩 끌어내면서, 그리고 지역의 현안으로 새로 떠오르는 문제가 무엇인지를 살펴 가면서 만들어 나가는 것이 좋을 것이다. 그냥 도시 비전을 만들자고 하면, 그냥 몇 사람이 모여서 작업을 하는 것으로 끝날 소지가 있다.


자치적인 과정을 통해 만들어지는 도시비전에 대한 상상 :
'아이가 성장하기 좋은 도시 만들기'

녹색의 의미를 긍정하고, '녹색도시'의 비전을 정리해 보았지만, 굳이 녹색을 내세울 필요는 없다. 그것은 이미 녹색이 남용 또는 오용되고 있기 때문이기도 하고, '녹색'이란 것은 상당히 철학적이고 이념적인 개념이어서 시민들에게 구체적으로 다가가지 않을 수 있기 때문이기도 하다. 오히려 녹색의 이념을 담더라도 훨씬 구체적이고 생활과 밀접한 단어들로 도시비전을 표현하는 것이 좋다.

예를 들어 육아와 교육에 관심이 있는 사람들을 중심으로 '아이가 성장하기 좋은 도시 만들기'[11]라는 이름으로 일을 시작할 수 있다. 지역 내에 존재하는 육아나 교육에 관심 있는 단체, 모임, 개인들이 모여서, 우리 지역은 아이가 성장하기에 어떤 문제를 가지고 있는지를 토론하고, 그 문제를 해결하려면 어떤 대안이 필요할 지에 대해서 생각해 보는 것이다. 필요하다면, 상상력을 발휘하기 위해 디자인게임 같은 것을 해 볼 수도 있다. 그렇게 하다 보면, 보육문제, 교육문제에 관련된 다양한 제안이 가능할 것이고, 좀더 포괄적으로 나아가면 환경문제, 공공시설 이용문제 등도 자연스럽게 거론될 수 있다. 대안의 상이 어느 정도 잡히면, 그것을 조례나 예산에 구체적인 정책으로 반영하기 위해 여러 가지 시도들을 해 볼 수 있다. 보육조례를 개정한다든지, 아동인권조례를 제정한다든지 하는 것처럼 '조례'라는 제도로 담아내어야 할 내용에 대해서는 청원권이나 주민발의권(지방자치법 속에 존재하는 조례 제·개정 청구권)을 활용해서 시민운동을 벌여 나갈 수 있다. 또한 제도화 여부와 관계없이 시민의 생활 속에서 일상적으로 풀어갈 수 있는 운동도 있을 수 있다. 그리고 지방선거시기에 후보자 평가 등의 유권자 운동을 통해서 '아이가 성장하기 좋은 도시만들기'를 선거 이슈화시킬 수도 있을 것이고, 필요하다면 시민운동의 대리인을 지방의회에 보내기 위해 시도할 수도 있을 것이다.

---

11) "아이를 키우기 좋다"라는 말은 부모 중심의 관점이어서, 아이의 관점으로 본다면 "아이가 성장하기 좋은 도시"라는 말이 더 적절할 것같다.

글을 맺으며

한국 시민운동의 역사는 짧다. 그리고 지방자치가 부활한 지는 이제 11년밖에 되지 않았다. 이런 짧은 역사 속에서도 지역에서는 다양한 자치활동, 다양한 시민운동이 전개되고 있다. 도시비전을 만든다는 것은 거창한 것이 아니라, 그런 활동의 결과물을 모으고 정리하는 작업이라고 할 수 있다.

느린 것 같으면서도 어느 순간에 보면 크게 성장해 있는 것이 사람이다. 사람이 하는 운동도 마찬가지라고 생각한다. 느린 호흡으로 한걸음씩 나가면서, 그리고 누구에게 의존하지 않고 시민 스스로가 찾아나가면서 시민적 '대안'을 만들고 실현시켜 갔으면 한다. 누가 던져주는 그림은 관람의 대상일 뿐이다. '자치'의 핵심은 과정이고, 그 과정을 통해서 참여하는 인간을 변화시키는 것이 중요하다. 누구든지 소박하게 그려본 자기의 그림이 참여의 과정을 통해서 구체화되어 갈 때에, 스스로 변화하는 자신을 느낄 수 있을 것이다.

## □ 참고문헌


구자인. 1996. 「도시공동체 형성을 위한 실험」. 한국도시연구소 엮음.『도시서민의 삶과 주민운동』. 도서출판 발언.

김덕현. 1996. 「지방중소도시의 발전과제 인식과 시민운동」. 한국도시연구소『도시연구』제2호.

구보 다카오. 1996. 「일본 시민운동의 발전과 지방자치」. 크리스챤아카데미 편.『일본 시민운동과 지방자치』. 한울출판사.

유지훈. 1993. 「녹색당이 독일 정치에 미친 영향」.『충북대국제관계연구』제8호.

스프레트낙·카프라. 강석찬 역. 1990.『녹색정치-전지구적 위기에 도전하는 녹색당의 이념과 활동』. 정신세계사.

김일태. 2001. 「생태도시 조성을 위한 추진전략」.『생태도시의 이해』. 다락방.

최병두. 1996. 「도시환경문제와 생태도시의 대안적 구상」.『도시연구』제2호

볼프, 로버트 폴. 임홍순 역. 2001.『아나키즘-국가권력을 넘어서』. 책세상.

문승국. 1999. 「마을만들기와 행정의 역할」. "99년도 마을만들기 워크숍" 자료집.

# 6장
# 마을만들기의 이해와 실천

이　호

## 마을만들기를 어떻게 바라볼 것인가?

　최근 우리 사회에서는 '마을만들기'라는 용어가 사회운동 진영 뿐 아니라, 일반 도시계획 학자, 나아가 관료사회에서조차 널리 보편화되어 가고 있다. 그런데 이 용어의 개념을 가만히 살펴보면, 매우 다양한 스펙트럼으로 사용되어지고 있음을 알 수 있다. 일각에서는 일본의 마을만들기로부터 영향을 받아 물리적인 공간을 주민들의 참여를 통해 계획·건설·개조해 나가는 일련의 도시계획 과정으로 받아들이기도 한다. 또 일각에서는 주민들이 스스로의 힘으로 물리적 공간에 대한 영역뿐 아니라, 구체적인 주민공동체를 만들어 나가는 제반 영역으로 마을만들기를 해석하거나 받아들이고 있다. 또 다른 편에서는 마을만들기를 주민들의 공동체 문화를 만들어 나가는 문화적인 접근으로 받아들이고 있기도 하다.

　우리 사회에서 마을만들기라는 용어가 이처럼 다양한 스펙트럼을 갖고 통

용되는 데에는 그 용어가 도입된 배경과도 무관하지 않다. '마을만들기'라는 용어는 일본의 まちづくり(마을만들기)라는 용어를 직역한 것과 정확히 일치하기 때문이다. 또한 마을만들기 사업의 발상이 실제로도 일본의 경험에서 많은 부분을 수입했던 것과 결코 무관하지 않다. 주로 마을만들기를 물리적 공간에 대한 관심과 행정에 의한 도시계획 사업 등에 주민들이 참여하는 것으로 받아들이는 견해는 주로 일본의 흐름과 일치한다고 볼 수 있다.

그러나 실제 일본의 마을만들기 흐름과 우리 사회의 흐름에는 어느 정도 차이가 있다. 비록 그 용어가 일본에서 수입된 것이라 할지라도(이에 대해서는 각 입장에 따라 동의하지 않을 수도 있다), 우리 사회의 조건 속에서 마을만들기의 실천과 전망이 자리잡아가고 있음을 인정하지 않을 수 없다.

우리 사회에서 최근에 마을만들기라는 용어가 중요한 사회적 실천의 방법론으로 고려되고 있는 이유는, 우리 사회에 민주적인 절차를 보다 정착시키고, 또한 그러한 절차가 지역주민들의 삶에 대한 문제를 최우선적으로 고려해야 한다는 인식으로부터 연유된다 하겠다. 즉, 다양한 스펙트럼에도 불구하고 마을만들기는 중요한 한 가지 공통점을 갖는데, 그것은 지역주민들의 자발적인 참여에 의해 주민들의 입장에서 마을을 건설하겠다는 것이다. 물론 그러한 방향에는 물리적 공간, 문화, 사람들간의 관계변화를 통한 공동체의 건설 등이 모두 포함된다.

특히, 마을만들기를 지역주민운동이라는 사회운동의 관점에서 접근하는 경우는 더 명확한 역사적 흐름을 갖고 있다. 과거의 요구형, 저항형 운동은 1990년대 중반 이후 일정한 한계에 부딪히게 된다. 그러한 한계는 저항과 요구만으로는 우리가 살아가는 (지역)사회를 건강하게 변화시킬 수 없다는 역사적 반성에 기인한다. 물론, 아직도 우리 사회에는 요구해야 할 것과 저항해야 할 것이 많기는 하다. 그러나 더 이상 이러한 저항과 요구만으로는 우리 사회의 대안을 만들어 내는 것이 불안하다는 인식이 널리 퍼지기 시작하였다. 이러한 시대적 요구 속에 주민운동도 지속적으로 변해 왔으며, 그러한 변화의 흐름 속에 마을

만들기라는 실천방법이 (일본 및 미국 등의 사례로부터 아이디어를 얻어) 비교
적 쉽게 우리 사회에서 생성될 수 있었다. 따라서 지금 논의되는 마을만들기는
어디에서 수입된 이방(異邦)의 것이 아니라, 우리의 사회적 조건과 시민사회의
필요에 의해 만들어지고 또 실천되는 것이라 하겠다. 이러할 때, 마을만들기에
대한 우리의 상상력이 더 풍부해 질 수 있고, 또한 그 실천의 방향이 더 풍요
로워 질 수 있을 것이다.

　이 글은 마을만들기에 대한 다양한 관점을 설명하는 것을 목적으로 삼지 않
는다. 다만 글을 시작하기에 앞서 이 글에서 다루고자 하는 마을만들기의 개념
에서 중요한 한 가지는 개방성임을 전제하고자 한다. 이 개방성은 곧 마을만들
기가 단순히 특정한 마을을 살기좋은 곳으로 변화시키는 데에서만 머물지 않
고, 더 나아가 지역사회를 그러한 마을의 모습으로 변화시켜 나가는 힘, 즉 사
회운동으로 자리매김되어야 한다는 전제를 갖는다. 따라서 이 글의 주된 관심
은 사회운동으로서의 마을만들기에 관한 것이다.

　그런데 사회운동으로서의 마을만들기를 상정한다고 할 때에는 마을만들기
에서 상정하는 사회운동의 상이 일정한 전제를 갖고 있음을 알 수 있다. 마을
만들기는 중앙과의 관계에서 마을과 지역을 상정하기보다는 사회운동의 주제
를 마을과 지역 내부로 들여오는 것을 의미한다. 그리고 그 방법론에 있어서도
권력게임 —— 권력의 장악을 통한 사회변화 —— 을 지향하기보다는 주민들의
자발적인 실천을 통해 자구적, 대안적으로 사회를 변화시켜 나가려는 지향성
을 갖는다.


## 마을의 개념

　마을만들기는 마을의 공간적 개념을 중요시한다. 어떤 이는 마을만들기를
지역만들기로 바꾸어야 한다고 주장하기도 한다. 그러나 지역과 마을을 받아

들이는 사람들의 느낌은 사뭇 다르다. 지역은 아무래도 마을보다는 넓은 개념으로 받아들여진다. 지역에 추상성을 제거할 경우에도, 보통 행정구역 단위의 시군구 또는 읍면동 등으로 쉽게 인식이 된다. 반면에 마을은 행정구역에 따른 구분보다는 생활권이 일치하고 또한 그 안에서 살아가는 사람들의 안면(顔面)이 높은 그러한 공간적 배경으로 쉽게 다가온다. 따라서 마을만들기로 할 것이냐, 지역만들기로 할 것이냐는 우리가 무엇을 만들려고 하는 지에 따라 구분될 것이지 단순히 용어를 대치할 수 있는 것은 아니라고 볼 수 있다. 그런 점에서 마을만들기라는 용어가 더 바람직하다는 입장에 동의하며, 그 이유는 뒤에서 계속 언급할 것이다.

마을만들기는 먼저 마을이라는 아주 구체적인 공간적 범주에서 일어나는 주민들의 자발적 노력에 의한 실천을 의미한다. 물론, 구체적인 공간적 범주라고 해서 보편적으로 어느 정도의 인구와 어느 정도의 넓이를 가진 지역을 마을로 묘사할 수 있느냐 하는 것은 또 다른 어려움이다. 농촌의 촌락공동체나 도시라 하더라도 개발이 이루어지지 않은 과거의 촌락공동체와 같은 형태의 공간에서는 마을이라는 개념이 다른 마을과 구분되는, 누구에게나 쉽게 상정될 수 있는 공간적 개념을 지니었다. 그러나 현대의 고도로 산업화된 도시에서 마을이라는 공간적 범주는 실상 아주 애매하다.

신도시에서는 아파트로만 이루어진 도시라는 익명성을 다소나마 보완하기 위해 ○○마을이라는 지명을 애용하고 있다. 이 경우에 마을은 특정한 아파트 단지를 지칭하는 개념으로 비교적 명확히 사용될 수 있다. 그러나 한 발 더 나아가서 사회운동이 지니는 개방성과 그로 인한 사회의 변화라는 핵심을 이에 삽입하면, 마을을 보다 유동적인 개념으로 상정할 수도 있을 것이다.

예를 들면, 부산의 '금샘마을'은 행정명칭도 아니고, 아파트 단지마다 고유하게 붙은 이름 중의 하나도 아니다. 이 금샘마을이 지칭하는 공간적 범주는 금샘마을이라는 공통의 정체성을 가진 주민들이 함께 더불어 살아가는 범위로 설정되어 있다고 한다. 즉, 금샘마을의 공간적 범주는 금샘마을이라는 공동의 정체성을 갖는 주민들이 확대되어 가는 정도에 따라 가변적으로 조정된다는 것이다. 따라서 마을만들기에서 마을이라는 공간적 범주는 이와 같이 지리적으로 고정·불변한 것으로 상정하기보다 앞의 금샘마을에서처럼 공동의 마을이라는 정체성을 갖는 이들이 살아가는 곳이라는 개념으로 유연화하는 것이 바람직하겠다.

그런 점에서 마을은 또한 '동네'와 구별되는 개념이기도 하다. 동네는 보통 여러 집이 이웃하여 살아가는 동네(마을)의 물리적 범위를 지칭한다. 반면, 마을은 물리적 범위만을 뜻하기보다 그 안에서 살아가는 사람들과 그들의 공동체까지를 포괄하는 용어로 사용된다. 따라서 주거지라는 물리적 특성만이 아니라, 그 곳에서 살아가는 사람들의 문화 및 제반 활동 등에까지 그 영역을 확장한다는 의미에서 '동네'만들기보다는 '마을'만들기가 더욱 적합하다고 할 수 있다.


## '만들기'의 개념

실상 '만들기'라는 용어는 많은 공격을 받고 있으며, 또한 많은 주장들이 나름대로 타당성을 지니고 있다. '만들기'라는 용어의 부당성을 주장하는 이들은 마을이 기존에 있는 것이지 새로 만드는 것이 아니라는 주장을 편다. 또한 마을이 전혀 새로운 것이 아니라, 복원되어야 한다는 의미에서도 역시 '만들기'라는 용어의 부당함을 지적하기도 한다. 이들은 '만들기'를 대처하는 용어로 '가꾸기'를 권유하기도 한다.

이에 대해 '만들기'를 주장하는 이들은 마을'가꾸기'가 마을의 물리적 환경을 정비하거나 개선한다는 등의 하드웨어적 의미에 국한되기 쉽고, 겉모습의 치장이나 장식과 같은 소극적인 의미가 강하다고 주장한다. 이에 반해 마을만들기는 마을 환경의 물리적 개선만이 아니라, 마을공동체를 이루고 문화를 만들어 가는 등의 소프트웨어적 의미까지 함께 포괄하고 있다는 것이다. 특히, 커뮤니티가 붕괴되고 이웃과의 관계마저 단절된 우리의 현실을 감안한다면, 마을가꾸기보다는 마을만들기라는 말이 이웃과의 관계를 회복하고 마을공동체를 만들어 간다는 적극적이고 주체적인 의미를 더욱 분명히 드러내는 것이라고 주장한다.(정석 1999)

그러나 '가꾸기'와 '만들기'의 개념을 어떻게 정의하든, 마을만들기가 단순한 물리적 환경의 개선만을 의미하는 것이 아니라는 점에는 대체로 공감한다고 볼 수 있다. 따라서 '가꾸기'와 '만들기'의 차이점에 집중하기보다는 현재 마을만들기라는 용어가 앞에서 언급한 의미로 이미 통용되고 있다는 점에 주목하는 것이 바람직하겠다. 즉, '만들기'를 '가꾸기'로 환원한다고 하여 현재 제기되는 다양한 해석을 잠재울 수 있는 것이 아니라면, 보다 많은 사람들이 편하게 받아들일 수 있는, 이미 우리 사회의 주요한 용어로 자리잡고 있는 마을만들기가 무리 없이 사용될 수 있을 듯하다.


## 무엇을 만들고자 하는가?

앞에서 이미 언급한 대로, 마을만들기가 만들고자 하는 대상은 다양하다. 그것은 주민들이 살아가는 물리적 생활환경일 수도 있고, 주민들간의 관계일 수도 있다. 실제로 우리 사회에서 마을만들기의 사례라고 칭하여지는 것들에서도 그 '만들기'의 대상은 앞에서 언급한 바와 같다. 가장 많이 알려져 있는 대구 삼덕동의 골목없애기나 서울 은평구의 갈현동 어린이 공원 정비 등의 사업은 주민들의 생활환경을 주민들 스스로 바꾸어 나가기 위한 사업들이다. 반면에 부산의 금샘마을 등은 물리적인 생활환경보다는 그 마을 주민들간의 끈끈한 공동체적 관계를 만들어 나가는 사례라 할 수 있다.

그러나 이러한 '만들기'의 대상은 결코 분리된 것이라 할 수 없다. 물리적 생활환경을 만들기 위한 사업이라 하더라도, 그에 참여하는 구성원들의 합의된 의견을 도출하기 위해서는 그 구성원들간의 공동체적 관계를 도외시하고 사업을 진행시킬 수 없기 때문이다. 구성원들의 합의를 위해서는 서로의 의견을 나누고 서로간에 조금씩 양보하면서 합의하는 과정을 거칠 수밖에 없다. 이러한 관계가 바로 공동체적 관계의 기초라 할 수 있다. 또한 물리적 공간을 구성원들의 합의를 통해 만든다 하여도, 특정한 물리적 공간을 만든 것에서 활동이 멈추게 된다면, 마을만들기의 지속성이 멈출 수밖에 없다. 전술한 바와 같이 마을만들기가 만들고자 하는 것은 단순히 하나의 물리적 생활환경을 만드는 것에 그칠 수 없기 때문에 지속가능성은 마을만들기의 주요한 요소가 될 수밖에 없다.

그렇다면 마을만들기에서 만들고자 하는 것은 매우 다차원적인 것이 되어야 한다. 그리고 그것의 가장 주요한 대상이 구성원들간의 긴밀한 인간적 관계이어야 함은 당연하다. 따라서 마을만들기는 나와 이웃간의 관계 만들기를 주요한 대상이자 목표로 한다. 더 나아가 나와 이웃간에 형성된 우리가 지역사회와 긴밀한 관계를 맺어 나가는 것은 개방성을 전제로 한 사회운동으로서의 마을만들기의 주요한 과정이자 목표라 할 수 있다.


## 누가 마을을 만드는가?

마을만들기는 생활환경과 주민들간의 끈끈한 공동체적 관계를 만들어 나가는 방식에 일정한 방법론을 설명해 주기도 한다. 즉, 마을만들기는 주민들의 자발적인 참여를 통해서 이루어지는 실천과정을 중시한다.

마을만들기는 누군가 타인이 주민들을 위한 생활환경 등을 만들어 주는 것과 다른 개념이다. 결론부터 언급하자면, 마을만들기는 그 마을을 이루고 살아가는 또는 살아갈 주민들이 스스로 자신들의 마을을 만들어 가는 과정을 의미한다. 그런 점에서 행정과 외부의 전문가들이 주민들을 '위해' 만들어 주는 마을은 진정한 마을일 수 없다. 그리고 우리나 외국의 사례에서도 알 수 있듯이, 외부의 누군가에 의해 조성된 마을은 그 구성원들에 의해 곧바로 그 의미가 퇴색되고 만다. 따라서 마을을 만들어 가는 가장 중요한 주체는 그 마을에서 살아가고 앞으로 살아갈 구성원들이 되어야만 한다. 그래야만, 그 마을은 지속가능성을 확보한 채 진정한 마을로 유지·발전될 수 있을 것이다.

우리 사회에서 실험된 몇 가지 마을만들기 사례에서도 마을을 만드는 주체의 중요성이 잘 나타나고 있다. 예를 들어, 전농동의 차없는 골목만들기 사업의 경우 동장의 적극적인 의지가 반영되어 성과를 거두기 시작했으나, 동장의 의지에 비해 주민들의 의지는 비교적 수동적이었다. 이에 동장이 바뀌자 이 사업은 중단되고 말았다. 이렇듯 마을만들기에서는 주요한 주체인 마을 사람들을 명확히 설정하고, 이들이 주체로서 가장 중추적인 역할을 하도록 만드는 작업이 가장 중요하다.

그리고 마을만들기에 있어 주체가 되는 또 다른 요소들이 있는데, 그것은 행정과 전문가들이라 할 수 있다. 전문가들의 경우, 자신들이 만들고자 하는 마을의 모습을 실천하는 데에 필요한 전문가가 주민들 중에 있으면 가장 이상적이라 할 수 있겠다. 마을의 구성원들이 주체라고 할 때, 이 주체는 뭉뚱그려서 주체가 아닌, 각자의 역할분담을 통해 주체로서의 역할을 수행할 수 있기 때문이다. 따라서 마을 주민 중에 필요한 전문성을 가지고 있는 사람은 그러한 전문성으로 마을만들기 사업에 참여하는 자연스러운 과정을 거칠 수 있을 것이다. 그러나 필요한 전문성을 지닌 주민이 그 구성원 중에 없을 때에는 어쩔 수 없이 외부 전문가의 도움을 얻을 수밖에 없다.

우리 사회에서는 전문가에 대한 일종의 왜곡된 환상이 매우 강하게 유포되어 있는 듯 하다. 전문가는 각자의 특정 분야에 대해서만 지식과 기능이 전문적인 사람이라는 뜻이다. 따라서 외부 전문가의 개입은 필요한 분야의 전문성에 국한시킬 필요가 있다. 그렇게 하지 않으면, 주민들은 자신들의 노력을 다

하지 않고 전문가들이 다 해주길 기대하는 심리를 쉽게 갖는다. 이것이 우리 사회의 전문가들에 대한 잘못된 인식의 한 단면이라 할 수 있다. 반면, 전문가들의 입장에서는 단순히 자신들의 전문적 분야에서만 마을만들기에 개입하는 것에 대해 만족스러워 하지 않을 수 있다. 그러나 이들이 보다 많은 역할과 권한을 갖기 위해서는 단순히 자신의 전문적인 지식과 기능으로만 마을만들기에 접근하기보다 그 구성원들과 생활과 비전을 함께 나누려는 자세가 선행되어야 할 것이다.

마을만들기에 행정이 결합하는 문제도 전문가와 마찬가지로 옵션(option)이라 할 수 있다. 경우에 따라서는 행정의 결합 없이도 주민들 스스로 만들 수 있는 여러 가지 '만들기'의 대상이 있을 수 있기 때문이다. 그러나 많은 경우 행정과의 긴밀한 관계는 매우 중요하다. 왜냐하면, 행정이라는 것은 주민들이 살아가는 지역을 살기좋은 마을로 만들어 가려는 노력과 결코 다른 목적으로 존재하지 않기 때문이다. 그러나 행정이 지나치게 많은 권한과 역할을 갖게 되면, 역시 마을의 구성원들은 그 주체적인 역할을 간과할 위험성을 크게 갖게 된다. 그런 점에서 행정의 역할 역시 마을의 구성원들을 보조·지원·지지하는 기능을 가져야 한다. 따라서 행정과의 관계는 명확한 역할분담과 함께 평등한 파트너쉽을 전제로 해야 할 것이다. 또한 경우에 따라서는 행정의 지원과 지지를 끌어내기 위한 설득 및 압력행사가 필요할 수도 있다.


## 마을만들기의 실천을 어떻게 할 것인가?

마을만들기는 어떤 이념이나 궁극적인 지향점을 나타내는 개념으로 볼 수 없다. 마을만들기는 매우 실천적인 방법론이라 할 수 있다. 따라서 마을만들기에 있어서 중요한 것은 그 정확한 개념을 정립하는 것보다 어떻게 실천해야 할 것인가라고 할 수 있다. 그러한 실천의 방식과 만들고자 하는 대상은 지역 및 그 구성원의 상황에 따라 매우 창의적이고 다양해야 할 것이고 보편적인 실천방법을 언급하는 것은 어쩌면 무의미할 수도 있다. 따라서 이 글에서는 마을만들기를 실천함에 있어 주요하게 고려해야 할 몇 가지를 언급하는 것으로 대신하고자 한다.

## 1. 주체의 형성이 필요하다

어떤 사업을 함에 있어 그 주체가 형성되어야 하는 것은 지극히 당연하다. 그러나 앞에서 언급한 주체를 형성한다고 하는 것은, 최근의 실천활동에서 알 수 있듯이, 자주 간과되기도 한다. 즉, 마을만들기의 주체인 마을의 구성원들이 마을을 만들기 위한 주체로 나설 수 있도록 하는 작업이 우선되어야 한다. 주민들이 스스로의 욕구에 의해 자발적으로 마을만들기에 나서는 경우에는 이러한 주제가 그리 중요하지 않을 수 있다. 그러나 많은 사례들이 지역의 주민운동조직 및 시민운동단체들의 목적의식하에 진행되고 있다는 최근의 움직임에 비추어 이러한 강조는 다시 한번 되새길 필요가 있다.

마을만들기의 주체는 결코 주민운동조직이나 시민운동단체가 될 수 없다. 또한 이들이 동원하는 외부의 전문가나 행정이 될 수도 없다. 따라서 주민운동조직이나 시민운동단체들을 비롯하여 외부의 전문가와 행정 등이 특정한 지역에서 마을만들기 사업을 진행하고자 할 경우에는 그 마을의 중심적 구성원이 될 주민들을 조직하는 일이 선행되어야 한다. 물론, 주민들을 조직한다는 것은 만들 대상을 결정하기 전에 지역을 긍정적으로 변화시키고자 하는 의도를 갖는 주민들을 먼저 모으는 것일 수 있고, 반대로 특정한 필요로 도출된 문제들을 해결하기 위해 그 문제에 관심을 가진 주민들을 모으는 것일 수도 있다. 어떤 경로를 거치든간에 그 마을의 구성원이어야 할 주민들이 모여야 어떠한 실천이라도 수행할 수 있다.

이러한 주체와 그 역할을 명확히 규정하지 않으면, 마을만들기가 상정하는 마을은 결코 만들어질 수 없을 뿐만 아니라, 설사 만들어진다 하더라도 그 마을이 지속적으로 유지·발전될 수 없다.

## 2. 주민들의 생활욕구에 기초해야 한다

마을의 구성원인 주민들이 모이기 위해서는 당연히 이들의 일상생활을 통해 자신이 살고 있는 곳에 대한 욕구가 먼저 명확해야 한다. 즉, 자신들의 욕구를 만족시켜 줄 수 있을 때, 그러한 욕구를 가진 주체가 나서거나 발견될 수 있기 때문이다. 마을만들기의 주요한 주체가 마을만들기에 관심을 갖는 사회운동가나 사회운동단체가 아니듯이, 마을만들기 사업의 구체적 주제 역시 주민들로부터 나와야 한다. 주민들은 자신들이 일상적으로 생활하는 공간에서의 욕구가 무엇인지 잘 느끼지 못하는 경우가 많다. 이러한 경우라도 주민들이 무엇을 원하는지를 생각해 보도록 자극하는 작업(다양한 방법의 조사나 프로그램 등을 통해)을 선행해야지, 조급하게 주민들에게 특정한 주제를 강요하는 것은 바람직하지 않다. 이럴 경우, 비록 특정한 사업 한 가지는 잘 수행할 수 있을지라도, 주민들의 주체적이고 지속적인 행동으로 이어지기가 쉽지 않기 때문이다.

여기서 주민들의 생활욕구라는 것은 단순히 물리적인 환경에 국한되지 않는다. 생활욕구는 물리적인 환경의 변화일 수 있고, 때로는 개별화, 익명화되어 있는 도시에서의 삶을 공동체적인 관계가 풍만한 삶터로 바꾸려는 것일 수도 있다. 중요한 것은 마을을 구성할 주민들이 과연 어떠한 대상을 어떠한 내용으로 변화시키고자 하는가를 파악하는 것이다.

## 3. 구체적인 실천사업이 필요하다

마을만들기는 앞에서도 계속 언급한 바와 같이 구체적인 실천사업을 지칭하는 개념이다. 그것도 마을 구성원들의 자구적인 노력을 중요시하는 실천사업이다. 따라서 마을만들기는 행정 등 타자에게 일방적으로 무엇을 요구하는 것만으로 충족될 수 없고, 그 구성원들이 직접 시간과 경우에 따라서는 돈을 투자하여 스스로 자신의 마을을 만들어 가는 실천과정을 통해 이루어진다.

물리적 환경의 개선을 마을만들기라는 방식으로 추진하고자 할 경우에도, 주민들이 구체적으로 어떤 시설에 대해 불편함을 느끼고 또는 어떠한 시설의 설치 및 철거를 원하는지 등을 파악하여, 구체적으로 이를 개선·설치·폐지 하는 일에 주민들이(과 함께) 나서야 한다. 즉, 구체적인 시설을 주민들의 의사를 통해 정확하게 선정하고 그를 변화시키기 위한 작업에 들어가야 한다. 대부분의 주민들은 마을만들기라는 대의에 실천적으로 결합하려 하지 않을 것이다. 그보다는 무엇을 어떻게 바꾸고자 하는가에 따라 실천적 결합의 여부를 결정할 것이다.

주민공동체를 만들기 위한 구체적 실천사업도 주요한 마을만들기의 내용이라 할 수 있는데, 이 역시 일상에서의 구체적인 실천활동을 통해 가능하다. 예를 들면, 군포시의 J씨는 자신이 현재 사는 아파트에 처음 이사를 온 후 출입구 게시판에 "나는 ○○호에 새로 이사온 ○○○입니다. 처음 이사와서 아는 사람이 없는데, 이웃들과 친구가 되고 싶습니다. 시간이 되시는 분은 ◇◇월 □□일 △△시에 저희 집에서 차나 함께 했으면 좋겠습니다"라는 요지의 글을 써 붙였다고 한다. 이러한 실천이 계기가 되어, J씨는 같은 동에 사는 주민들과 긴밀한 관계를 형성하였을 뿐 아니라, 그 아파트 단지의 자치적인 주민모임의 리더로 성장하게 되었다.


## 사회운동으로서의 마을만들기

서두에서 마을만들기는 단순히 자신들이 살아가는 마을을 변화시키는 데에 그치지 않고, 사회 전체에 그 파급력을 미치려는 사회운동으로서의 성격도 동시에 지녀야 한다는 점을 전제하였다. 따라서 비록 특정한 공간에 특정한 물리적 공간을 설립·개조하고자 하는 사업이나 주민공동체를 형성하기 위해 마을만들기 사업을 추진한다고 해도, 그 실천이 지역사회에 더 큰 영향력을 미칠 수 있도록 주민들의 실천이 지속적으로 이루어질 수 있도록 노력해야 한다. 그것은 사회운동으로서 마을만들기가 지녀야 할 개방성의 문제라 할 수 있다. 즉, 마을만들기는 우리 사회를 특정한 방향으로 변화시키는 힘(사회운동)으로서 그 역할을 위상으로 가져야 한다.

어떻게 그럴 수 있는가? 이에 대한 답은 지속가능성에서부터 찾아져야 할 것이다. 이 지속가능성이라 함은 물리적 공간의 지속가능성이 아니라, 물리적 공간에 대한 참여를 넘어 주민들의 지속가능한 사회만들기 활동에의 참여를 의미한다. 즉, 마을만들기는 '우리' 마을만이 아니라, 사회만들기라는 보편적인 사회운동으로서의 동력을 갖출 수 있어야 한다. 일본의 경험과 우리 사회의 일부 경험에 따르면, 특히 물리적 공간에 대한 주민들의 참여는 그 공간에 대한 '만들기' 작업이 종료됨과 동시에 종료된다. 따라서 이러한 마을만들기는 사회를 변화시키는 사회운동으로서 그 한계를 지닐 수밖에 없다.

물론, 마을만들기가 지역에서의 운동을 중앙과의 접점으로 인식하지 않고, 지역 내부로 눈을 돌리는 지향을 갖는다는 점에서 굳이 마을 외부와의 관계까지 미리 설정하는 것은 부당할 수도 있다. 그러나 마을을 만들어가는 사람들이 지속적으로 자신들의 마을을 만들어 나가는 과정을 밟는다면, 이는 어차피 그 마을이 속해 있는 지역사회와 만날 수밖에 없다. 특히, 산업화된 도시에서는 이 마을과 저 마을이 확연히 구분되지 않으며, 더욱이 이웃마을과의 공생이나 공동의 마을을 형성하려는 시도 없이 우리 마을만의 지속적 발전은 가능하지도 않다. 그런 점에서 마을만들기는 그 실천과정에서 이웃한 마을과의 관계성까지 염두에 두지 않는다면, 지속가능한 실천으로 이어질 수 없을 것이다. 이는 진정한 마을만들기 실천과정이 지역사회와의 관계를 통해 공동체적으로, 주민자치적으로 사회를 변화시켜 나가는 사회운동으로 자리매김되어야 하는 이유이다.

## 마을만들기는 새로운 것이 아니다

마을만들기는 그 구성원들이 참여하여 자신들이 살아가는 '동네'를 '마을'로 만들어 가는 실천활동이다. 여기서 '마을'이라 함은 주민들의 긴밀한 상호작용과 공동체 의식을 통해 자신들이 살아가고 있는 곳을 건강하고 살기좋은 삶터로 만들어 감으로써 형성된다. 따라서 마을만들기는 주민공동체 만들기이며, 주민자치를 이루기 위한 운동의 과정에 다름 아니다. 또한 이는 폐쇄적인 특정 구성원들만의 노력과 그 열매의 공유가 아니라, 계속되는 과정을 통해, 나와 너, 우리와 우리가 속한 지역사회, 더 나아가 세계와 만나는 아주 구체적인 실천현장으로 자리매김할 수 있다.

서두에서 언급했듯이 마을만들기를 일본의 마찌즈꾸리(まちづくり)를 직수입한 것으로 받아들이지 않고, 우리의 자생적인 운동의 역사 속에서 태동한 것이라 이해하고 재해석하는 것이 더 바람직하다. 그러한 관점에서 마을만들기는 최근에 새롭게 발생한 운동의 방식이라 칭할 수 없다. 이미 우리 사회에서는 오래 전부터 지역주민들의 공동체 형성과 주민들의 자치적인 힘의 확보, 이를 통한 지역사회 만들기 프로그램이 진행되어 왔기 때문이다. 또한 이러한 움직임은 나름대로 일정한 모범사례와 성과들을 내오고 있는데, 이 모든 것들은 마을만들기가 추구하고자 하는 것과 전혀 다르지 않다. 따라서 마을만들기라는 용어가 우리에게 새로운 시사점과 아이디어를 던져주는 것은 사실이지만, 마을만들기를 지금까지 지역사회에서 사회운동을 수행해 오던 주민운동, 주민자치운동, 풀뿌리 지역운동 등과 차별적이고 새로운 것으로 받아들이는 것은 옳지 않다.

그러한 차별적 수용은 오히려 그 동안 주민운동의 성과를 부인하는 것일 수 있을 뿐 아니라, 우리의 전망을 밝히는 데에도 그리 바람직하지 않다. 마을만들기를 주민운동, 주민자치운동, 풀뿌리 지역공동체 운동 등으로 불리우는 지역사회운동의 역사와 성과 속에서 더 풍부한 아이디어와 창조적 사고를 던져주는 훌륭한 재료로 받아들이려는 자세가 무엇보다 중요하다고 본다. 그러할 때, 우리의 마을만들기는 일본이나 서구의 것을 쫓아가는 것이 아닌, 우리의 역사와 조건에 의해 새로운 역사와 조건을 만들어 가는 주민운동의 흐름 속으로 녹아들 수 있는 것이다.

마을만들기도 결국은 사람의 문제에서부터 출발한다. 사람들이 스스로의 마을을 만들어 갈 수 있도록 하는 것이고, 사람과 사람의 관계, 그러한 사람들의 모임인 우리와 우리 마을의 관계, 우리 마을과 지역사회의 관계, 더 나아가 세계와의 관계를 고민하고 그를 실천하는 운동인 것이다. 이는 결국 주민운동, 주민자치운동, 풀뿌리 지역운동과 다르지 않다.


□ **참고문헌**

정석. 1999. 「마을단위 도시계획 실현 기본방향(Ⅰ) : 주민참여형 마을 만들기 사례연구」.
　　　　서울시정개발연구원
한국도시연구소 2001. 「<좌담> 마을만들기의 현황과 전망」. 「도시와 빈곤」 52호.

# 7장

# 공동육아 : 함께 크는 우리아이
## —더불어 성장하는 부모[*]

김동진

## 우리의 육아현실 : 공동육아의 출발

우리사회에서 아이들을 잘 키우겠다고 어른들이 쏟아 붓고 있는 시간과 노력과 비용은 엄청나다. 과연 아이들은 그만큼 행복하게 크고 있는가? 그들은 우리가 살고 싶은 그런 세상을 이루어 갈 사람들로 자라나고 있는가?

지금 우리 사회의 부모들은 "세상이 다 그런데 내 아이만 뒤처지게 할 수는 없으니까"라고 스스로에게 이유를 대면서 남들보다 한발이라도 앞서가려고 안간힘을 쓰고 있다. 육아를 통해 행복을 느껴야 할 엄마들도 실제로는 육아에 자신감도 없으며 행복해 하지도 않는다. 아버지들은 육아의 책임을 면제받는 만큼 아이들과 가정으로부터 소외된다. 일하는 어머니들은 가족관계나 돈으로 개별적 해결방식을 찾기도 하고 놀이방, 어린이집에 의지해 보기도 하지만, 그

---

[*] 이 글은 "공동육아와 공동체교육"의 자료집을 참고하여 재구성했습니다.

어느 쪽도 만족스런 대안이 되지 못한다. 자신없고 불안한 부모들은 더욱더 조기교육과 영재 교육의 신화에 매달리지만, 이는 우리 아이들에게 모든 이와의 경쟁심만을 부추길 뿐이다.

이 시대의 모든 부모들이 겪고 있는 자녀양육의 문제를 우리사회는 각자가 알아서 해결하도록 강요하고 있다. 더욱이 우리사회의 어른들은 이미 내 아이, 남의 아이를 매사에 구별하여, 경쟁의 논리를 쫓아 어른들을 대신하는 싸움꾼으로 키우는 데 열중하고 있을 뿐이다. 이러한 부모들은 불안과 잘못된 신념에 빠져서 최근 아이의 혀의 구조를 영어발음에 맞게 바꾼다면서 혀수술을 하는가 하면, 반복적이고 즉자적인 카드학습에 길들여져 뇌가 기형적으로 성장한 아이와 조기교육을 하면서 반복적으로 스트레스를 받고 자란 아이가 7살이 되어 머리가 모두 빠져버릴 때까지도 그 이유를 모르는 부모를 보게 된다.

이러한 우리사회의 육아현실에 직면하여 70년대부터 가난한 지역의 아이들을 위하여 탁아운동을 해오던 보육 및 육아교육의 전문가와 활동가들은 <공동육아 연구회>를 조직하고 부모들이 직접 참여하여 어린이집을 운영하는 협동조합형 어린이집을 개설하고 공동육아운동을 시작하게 된다.

95년에 처음 시작한 공동육아 어린이집은 대안적 보육에 목말라하던 부모들에 의해 급격하게 확산되어 새로운 보육문화를 일구어가는 커다란 흐름으로 성장해 가고 있다. 우리사회에서 처음으로 부모가 직접 참여하여 주민 자치적으로 공동육아 어린이집을 운영하면서 아이와 함께 성장하는 어른으로 우리사회의 새로운 흐름으로 성장·발전하고 있다.


## 공동육아의 목표 : 세상바꾸기

공동육아 운동은 사회의 새로운 구성원으로서 삶을 시작하는 아이들과 가족이란 사회적 단위로서 새로운 삶을 시작하는 부모들이 그 출발점에서부터 공동체적인 삶의 방식을 경험하고 내면화하여 장기적이고 점진적이긴 하지만 그들의 사회적 성장과 함께 본질적인 사회 문화 변화를 이끌어 내는 운동이다.

이 사회에서 부모가 된다는 것은 사람이 가장 철저하게 보수화되는 계기이기도 하다. 아무리 저항적인 청춘을 보낸 사람일지라도 스스로의 가정을 이루었을 때, 자신의 아이를 가졌을 때에는 세간에 떠도는 지배적 가치관과 그 생활 방식에 눈을 돌리게 된다. 대개는 맹목적인 가족 이기주의의 논리 이외에 의지할 만한 대안적 가치관과 접할 기회도, 여유도 없다. 이전에 공식적 교육 과정을 통해 추상적으로 섭했던 공공성에 대한 강조는 생활 속에서 한갓 공론에 그치는 것으로 단정하게 되고 눈앞의 자기 자식을 위해 더욱 축소된 핵가족 단위의 이기적 경쟁에 몰입하게 된다.

그러나 아무리 가족 이기주의 경쟁이 육아방식의 주조를 이루고 있는 것처럼 보여도 모든 부모, 모든 아이들이 그 열기 속에 함몰되어 있는 것은 아니다. 아니, 그렇게 하고 싶어도 할 수 없는 여건에 있는 사람들도 있고, 그렇게 하기에는 아직 나이가 너무 어리다고 생각하거나, 아무래도 아이가 그 나이 때에는 다른 경험을 해야 할 것 같다는 생각에 망설이는 사람들도 있다. 공동육아 운동은 이러한 다양한 필요성에 의해 결합되어 함께 아이들을 키워 나가는 과정이다. 그들은 육아를 통해 대안적 가치관과 삶의 방식에 익숙해질 수 있는 새로운 확신의 계기를 만들어 나간다. 즉, 어린아이들의 바람직한 대안적 사회화와 어른들의 재사회화를 동시에 추구하는 운동이다. 전체 생애 주기를 통해 볼 때 육아의 시기야말로 어른들에게나 아이들에게나 일상생활을 통해 삶의 방식이라는 문제를 본질적으로 재구성해 볼 수 있는 거의 유일한 결정적 시기이기 때문이다.

공동육아 운동은 공동체적 삶의 방식을 이릴 때부터 몸으로 익힐 수 있도록 하는 일이다. 먼저 우리는 사람들 속에서 다른 사람들과 함께 살아간다는 것을 익혀야 한다. 특히 사회적으로 고립된 핵가족의 한 두 명 자녀 시대의 아이들에게는 절대로 필요한 경험이라고 하겠다. 함께 산다는 것은 남녀가 평등하게,

가난한 자와 부자가 함께, 장애를 가진 어린이와도 함께 생활하는 것이다. 다양한 사람들과 함께 산다는 것은 매일의 놀라움으로, 새로운 발견으로, 그리고 즐거움으로 경험될 수 있다. 어린이들의 자발적이고 창의적인 놀이를 존중하며 그들이 자연 속에서 자연을 즐기며 살 수 있도록 그 환경 마련에 최선을 다하면 된다. 관습과 편견에 젖은 우리 어른들이 일일이 규정해 주는 인간 관계나 경험보다 더 다양하고 새로운 삶의 방식을 어린이들 스스로가 만들고 익혀 갈 수 있을 것이다. 공동육아 운동은 자발적이고 창의적이며 사람과 자연과 함께 사는 데에 익숙한 어린이들을 키우고자 하는 운동임과 동시에 그들이 체험하고 만들어 내는 새로운 인간 관계, 삶의 방식을 우리 기성 세대들이 배워서 고쳐야 할 점을 찾아 바로잡아 나가고자 하는 운동이기도 하다.

공동육아 운동은 아이들과 어른들이 최초의 사회화 과정을 통해 경험한 공동체적 가치관과 삶의 방식을 이후의 학교 현장까지 가지고 갈 수 있도록 보완해 주고 지지해 주는 역할을 해야 한다. 특히 우리의 학교제도가 아직도 공동육아운동을 통해 자라난 새로운 세대를 받아들일 준비가 되어 있지 않았을 때 꼭 필요한 보완적 사회화 과정이 될 것이다. 그러나 무엇보다도 중요한 것은 취학 전 공동육아의 현장에서 내면화된 자발성과 창의성, 그리고 공동체적 생활 습관으로 어린이들 스스로가 제도 교육의 어떠한 틀 속에서도 꿋꿋이 자라날 수 있도록, 사회적 육아과정에 참여와 개입을 경험한 부모들이 연대하여 아이들을 지원해 주고 학교 제도 자체의 굳은 관행에 도전하여 그 변화를 모색하는 노력을 기울여야 할 것이다.

공동육아 운동은 육아문제에서 출발한 구체적 필요에 입각해 이 사회 전체가 공동체적 원칙에 의해 대응해 줄 것을 요구하고 그 변화를 유도해 나가야 한다. 현재의 무한 경쟁 체제와 그에 다른 불평등 구조, 즉 소득, 학력, 성, 지역, 장애 정도에 따른 모든 차별 요소를 육아의 영역에서부터 극복해 나가기 위한 제도적 장치를 마련하도록 촉구하여야 한다. 소득불평등에 따른 계층 재생산을 막기 위해서 차등적 육아비용 지원 방안을 마련해야 한다. 부모의 학력

차에 따라 불공평한 출발선상에 선 아이들을 위해 취학 전 교육에 대한 공공 투자가 폭넓게 이루어져야 한다. 성차별을 전제로 하여 육아와 사회적 가사노동을 여성에게만 전담시키는 제도적 장치와 관행을 고쳐야 한다. 장애를 가진 아이들이 공동육아 제도를 통해 어렸을 때부터 사회적으로 열린 공간에서 함께 자라날 수 있도록 하여야 한다. 국가 단위의 획일적이고 표준적인 보육 방식의 보급보다, 작은 단위의 지역적 특성을 살린, 지역에 기반을 둔 육아 방식이 발전할 수 있도록 지원하여야 한다.

공동육아 운동은 우리 아이들과 미래를 위한 사회적 장치가 마련되도록 하기 위해 오늘의 현실 속에서 사회 문화적 환경변화를 모색하여야 한다. 여기에는 더 이상의 자연 파괴를 막고, 우리들의 건강한 삶의 환경을 지키는 일, 즉 물과 공기, 음식물의 안전성을 지키는 일과 나이, 계층, 학력, 성, 장애의 정도, 민족과 지역에 따른 차별을 없애는 사회 구성원 모두의 인권이 보장되는 사회적 환경을 만드는 일이 모두 포함된다. 흔히들 어른들의 거대 정치 구조 속에서만 논의되어야만 한다고 생각하는 이러한 주제들은 바로 우리 어린이들이 살아가는, 앞으로 살아가야 할 삶의 조건을 만드는 것이므로 공동육아 운동의 핵심적 과제가 되어야 한다. 공동육아 운동은 육아를 통해 어린이와 어른들이 함께 변화하고 함께 힘을 합쳐 세상을 바꿔 나가는 운동이다.


## 공동육아 어린이집의 특성

### 1. 설립배경과 특성

급격한 산업팽창과 더불어 기혼여성의 취업활동이 날로 확대되고 있는 현실 속에서 육아문제에 대한 사회제도적 차원의 해결은 무엇보다 중요한 일이다. 그러나 오늘날 우리사회의 보육제도와 시설은 그 양적인 면에서도 수요를 충족시키고 있지 못하지만 더욱 더 중요하게 보육의 질이라는 측면에서 그 문제의 심각성이 크다고 본다.

부모들이 마음놓고 아이들을 맡길 수 있고, 아이들이 제대로 생활하고 교육 받을 수 있는 보육시설은 어떻게 하면 가능할까? 이러한 고민으로부터 출발한 것이 공동육아 어린이집이다. 기존의 관료화된 국공립 보육시설과 영리를 추구하는 상업화된 민간 보육시설의 낮은 보육의 질과 단순, 반복, 획일적인 교육의 문제점을 극복하고 창의력과 탐구심, 실험정신을 키울 수 있는 바람직한 육아와 교육을 위해 시도하고 있는 새로운 보육제도가 바로 공동육아이다. 공동육아 교육이념으로 만들어진 공동육아 협동조합 어린이집은 일정한 보육료를 지불하고 아이만을 맡기는 기존의 어린이집, 놀이방, 유치원과는 달리 0세부터 10세까지의 아동을 둔 30여 가구가 한 지역 조합의 단위가 되어 가구당 300~500만 원(지역 전세금 시세에 좌우됨)의 출자금으로 설립되어 주민자치적으로 운영하는 새로운 형태의 보육시설이다.

공동육아 어린이집은 아이들이 장애정도, 부모의 혼인상태, 성별, 지역, 계층 등의 모든 사회, 문화, 경제적 차별과 불평등을 극복하고 함께 자랄 수 있는 공동체적 육아방식으로 조합원 하나 하나가 어린이집 운영에 직접 참여하여 조직형태, 정관, 교사채용 및 장소선정은 물론 시설, 어린이집 생활, 운영방법 등의 원칙과 내용을 함께 채워나감으로써 육아의 질을 높여 가는 열린교육의 장이라 할 수 있다.

## 2. 생활과 교육철학

공동육아 어린이집의 생활과 교육 특성은 우선 어린이들이 가까이서 자연을 탐색하고 관찰할 수 있는 환경을 조성하여 자연과 교감할 수 있는 자연친화 교육을 실시하고 있다는 특징을 가지고 있다. 아이들이 모래밭과 흙마당에서 장난도 치고 닭, 토끼에게 모이도 주고 작은 텃밭에 물도 주는 등 자연 속에서 마음껏 자유롭게 뛰어놀 수 있도록 하고 있다. 따라서 공동육아 어린이집의 입지조건은 반드시 흙마당이 넓은 일반주택이어야 한다.

또한, 공동육아 어린이집에서는 모든 사람들의 인간관계가 열려져 있어 어린이와 교사, 부모 사이에 권위적인 상하위계가 없는 평등한 인간관계를 형성하도록 하고 있다. 교사들과 어린아이들이 서로의 별명을 부르며 격식을 차리지 않고 생활함으로써 더 친밀하고 자유로운 관계 속에서 인간관계를 형성하는 등 새로운 방식의 유아교육을 실천하여 아이들의 사회성, 창의성과 주체성을 마음껏 키워주고 있다.

어린아이들에게 폐쇄된 공간에서 한글이나 숫자를 익히게 하는 인지교육과 집단적이고 획일적인 교육에서 탈피해서 흙과 풀이 있고 바람이 있는 산이나 들판, 과수원을 비롯한 박물관, 연극 관람 등의 나들이를 통해 자연 속에서 생활하며 자연을 느끼게 할 뿐 아니라 다양한 세계와 접하게 함으로서 아이들에게 창의력과 탐구심을 기를 수 있도록 하고 있다.

또, 아이들을 연령별로 구분하여 교육하고 생활하는 것을 극복하고 여러 연령에 속하는 아이들은 물론 장애아동과도 함께 생활하도록 하는 통합교육을 실시하기 때문에 다양한 측면의 교육효과를 보이고 있다.

### 3. 공동육아에서 이루어지고 있는 교육문화적 특성 몇 가지

#### (1) 어린이-교사, 부모 간의 별명과 반말

어린이집에서 아이들은 교사와 다른 엄마·아빠들에게 별명을 부르며 대개는 반말을 한다. 별명은 모든 교사와 아마활동(1일 교사로서 아빠와 엄마의 줄임말)을 한 부모들에게, 고래, 개구리, 풍뎅이, 달리기, 놀아줘 등 아이들이 지어 주는 또 하나의 이름으로 별명이 갖는 교육적 상징과 반말을 통해 강요되지 않는 평등을 얻게 된다.

아이들은 자신들이 알지도 못한 채 주어지는 어른들에 대한 존댓말과 강요된 권위에 짓눌리지 않고 반말과 별명을 통해 자유로움을 한껏 누리다가 아이가 성장하여 스스로의 판단에 따라 우리 사회의 언어과정에 적응하게 된다. 이러한 별명과 반말문화는 공동육아가 내포하고 있는 핵심철학으로 어른의 사고로 아이를 보는 것이 아니라 어린이를 중심에 놓고 사고하는 기본 내용이다. 공동육아 어린이집에 오면 온몸에 흙을 묻힌 아이들이 새로운 사람에 대한 경계심보다는 호기심 가득 찬 눈빛으로 "누구야" "왜 왔어"라는 질문을 받게 될 것이다.

### (2) 교육활동으로서의 "나들이"

나들이는 날씨가 아주 춥거나 덥지 않는 한 그리고 비가 아주 많이 오지 않으면 매일 10:00 ~12:00까지 18개월 이상의 모든 어린이들이 어린이 집 바깥으로 나가는 활동이다. 매일 계속하는 일상적인 나들이와 주 1회 정도 진행되는 특별한 나들이가 있다. 나들이는 아이들이 어른들의 세심한 보살핌 속에서 자연과 사회와 교감할 수 있게 하는 소중한 경험의 장이다. 나들이는 아이들이 흙과 나무와 교감하면서 감성이 풍부한 생태주의적 어른으로 성장하고 복잡한 우리사회의 현실을 익혀 가는 공동육아 어린이집의 교육프로그램이다.

### (3) 부모 교사 간 의사소통도구로서의 "날적이"

날적이는 부모와 교사가 함께 아이의 생활을 지속적으로 써 나가는 노트로서 부모 교사간 의사소통의 도구이자 아이들의 생활이 그대로 드러나는 성장일기이며 역사책이 된다. 공동육아에 1년 정도 다니게 되면 대개는 2~3권 정도의 두꺼운 날적이를 갖게 된다. 이는 부모들의 교육에 참여공간이 되기로 하고 어린이집과 집에서 일관성을 갖게 하는 지침서가 되기도 한다. 그리고 의무적으로 쓰게 되어 있는 아빠들의 날적이 쓰기는 엄마에게만 맡겨지는 것이 당연시되는 보육의 문제를 공동의 문제로 인식하는 계기가 된다.

### (4) 부모들의 공동체성을 확인하는 "마실"

　대도시 한복판에서 옆집의 누구와도 알지 못하는 것이 당연시되는 우리사회의 현실에서 언제든지 찾아가서 아이를 맡길 수 있고 놀러갈 수도 있는, 그리고 그것이 일상화되어 있는 곳이 공동육아다. "마실"은 현대사회가 요구하는 고립적인 생활방식을 거부하고 타인과 어울리는 삶의 방식을 실현하려는 가치를 추구하는 행위이다. 공동육아 부모들의 마실 문화가 지향하는 것은 지역사회 안에서 공동체적 삶의 방식이 일상화되는 것으로서 아직은 정착되어 가는 시점에 있지만, 기본적으로는 육아공동체에서 시작하여 생활공동체와 지역공동체를 복원하는 것을 목표로 하고 있다.

### (5) 부모 1일 교사 "아마활동"

　공동육아 부모는 아이들을 어린이집에 보내는 것으로 끝나지 않는다. 공동육아의 핵심적인 운영원리는 부모참여 보육시설로서 어린이집에 참여하게 되면 주민자치적인 조합운영과 터전운영을 경험하게 된다. 부모들은 의무적으로 이사회와 조모임, 방모임에 참여해서 어린이집 운영에 관여하며, 터전의 청소와 교육에도 반드시 참여해야 한다. 이러한 모든 아빠, 엄마의 활동을 줄여서 아마활동이라 하며 좁게는 분기별로 부모가 직접 1일 교사를 하게 되는 활동이기도 하다. "아마활동"을 해야만 아이들로부터 별명을 선사받게 되며, 아마활동을 통해 아이들의 하루 일과와 이 속에서 일어나는 다양한 교육과정을 직접 체험하게 된다.

### (6) 한글은 빨리 깨칠수록 좋은가? 마음껏 뛰놀 수 있는 자유 "놀이"

　어린이 집이나 유치원에서 글자교육은 일반화되어 있다. 그러나 공동육아 어린이집에서는 아이들에게 마음껏 놀 수 있는 자유는 주지만 명시적인 문자교육은 강요하지 않는다. 문자란 일정한 성숙에 도달한 사람들이 세상과 상호작용하는 방식이다. 아이들은 온몸, 오감을 모두 다 열어 놓고 세상과 상호작용한다. 흙과 모래를 만지고, 비온 뒤 흙탕물을 만져 보며, 흥얼대며 노래를 지어 부르고, 자기 주변의 모든 것을 신기한 눈으로 쳐다보고, 아무 것이나 입에 넣어 보고 그림동화의 그림을 보며 엄마나 친구를 껴안아 보며 성장한다.

그런데 성장과정에 맞지 않게 조기 문자교육을 시킨다면 오감이 살아 있는 아이와 세상간의 무한한 교류를 죽이는 지름길이다. 아이들이 글자를 깨치게 되면 그림동화를 보면서도, 세상과 교류하면서도 문자로 이해하게 될 뿐이다. 공동육아에서는 프로젝트 교육을 통해서 아이의 성장과정에 맞게 문자교육을 도와 줄 뿐이다. 대부분의 공동육아 아이들은 초등학교 입학 이전에 자연스럽게 글자를 깨우치거나 조금 부족한 채로 학교에 가서 다른 친구들과 어울리면서 깨우치는 과정을 거친다. 공동육아에서는 마음껏 뛰놀 수 있는 자유는 있어도 아이의 오감과 창의력을 죽이는 정형화된 조기교육은 하지 않는다.

## 4. 공동육아의 생활환경

### (1) 공간구성

흙, 바람, 풀, 햇볕의 자연을 접하고 바깥놀이를 자유롭게 할 수 있는 열린 환경

- 나무, 흙, 바람, 햇빛, 물과 마당이 있는 곳
- 강아지, 물고기, 곤충 등 살아 있는 생명이 있는 곳
- 물장난, 모래장난을 할 수 있는 곳
- 건물 안팎이 열려있고 실내화를 신지 않는 곳
- 작더라도 텃밭이 있는 곳
- 바깥나들이(야산, 빈터놀이)가 생활화 된 곳

### (2) 인간관계

아이와 아이, 아동과 교사, 부모와 교사, 부모와 부모 등 모든 사람들의 관계가 열려져 있어서 부모가 1일 교사가 되고 부모와 교사가 함께 의논하고 함

께 어우러지는 곳

- 원장과 교사, 부모와 교사, 교사와 관리인이 역할은 서로 달라도 상하 위계가 없는 평등한 인간으로 만나는 곳
- 어른의 틀에 박힌 생활습관, 감각 , 고정관념이 강요되지 않는 곳
- 아동 개인의 개성이 무시되지 않는 곳, 판에 박은 인사말과 몸짓보다는 따뜻한 눈맞춤과 안아주기가 자연스럽게 먼저 되는 곳
- 교사와 아동이 집단이 아닌 개인으로 직접 만날 수 있는 곳
- 아동의 생활이 교사의 관심과 관찰로 기록되어 날마다 부모와 의사소통이 되는 곳

(3) 놀이감과 놀이

- 공간 전체가 하나의 커다란 놀이터인 곳
- 계절에 맞는 바깥놀이가 생활화된 곳
- 자연, 사물과의 직접 만남을 될수록 많이 제공하는 곳
- 어린이용 플라스틱 대량생산 장난감이 아닌 생활용품과 자연물로 놀이하는 곳
- 전통문화가 생활 속에 녹아 있는 곳
- 미술, 음악, 체육, 놀이를 분리하지 않는 곳
- 정규시간 후 부모님을 기다리는 동안 텔레비전 앞에 아이들을 방치해 놓지 않는 곳
- 숫자 글자 등을 인지발달이란 명목 아래 외우도록 강요하지 않는 곳
- 유니폼과 모자 등이 없는 곳
- 여자와 남자의 구분 차별이 없는 곳
- 역할 놀이와 놀이감에서 차별되지 않는 곳
- 서로 다른 나이의 아이가 서로 돕고 생활하며 함께 어우러져 노는 곳
- 장애아동과 함께 서로 다르지만 같이 산다는 것을 이해하고 연습하는 곳

## 공동육아 협동조합의 원리

- 급격한 사회 변화에 따른 공동육아의 필요성을 함께 인식함으로써, 개인과 개별 가족이 감당하기 어려운 육아의 여러 영역, 즉 보호와 교육은 물론 학교교육을 보완할 수 있는 공동체를 만든다.
- 공동육아의 필요성을 절실히 느끼는 사람들이 공동으로 출자하여, 공동으로 설립하고, 공동으로 운영한다. 공동 운영 주체가 되어 서로의 가치관을 나누고 조절하여, 우리 아이들이 함께 자라날 수 있는 터전을 만드는 공동작업을 통해 사회의 육아 책임을 분명하게 한다.
- 조합원들은 한 사람이 한 표를 가지는 평등구조 안에서 소득과 재산에 따른 보육료 차등화를 통해 계층을 넘어선 공동육아의 정신을 구현한다.
- 우리 아이들이 장애의 정도, 부모의 혼인 상태, 성별, 지역, 계층 등의 모든 사회 문화 경제적 차별과 불평등을 극복하는 아이로 자랄 수 있도록 교육적 경험을 제공하며, 우리의 미래를 만들어 갈 아이들에게 대안적인 삶의 방식을 익히도록 한다.
- 조합원과 교사 사이의 교류와 상호교육을 통하여 가정과 공동육아 터전의 거리를 극복한다.
- 지역공동체의 연대가 무너지고 있는 우리 사회에서, 지역사회에 뿌리내린 공동육아를 통해 지역공동체의 가치와 의미를 새로이 한다.
- 조합원간의 연대를 통해, 공동육아의 이상이 이 사회를 바꾸어 가는 데 도움이 되도록, 체계적이고 조직적인 노력을 한다.


## 강동 '재미난 어린이집' 엿보기

학부모들이 조합원으로 출자금을 내서 설립한 재미난 어린이집(이하 재미난 집). 재미난 집은 경기 하남시와 어깨를 맞댄 서울 강동구 강일동의 빨간

3층 벽돌집에 둥지를 틀고 있다. 재미난 집의 앞마당은 놀이터와 텃밭과 잔디밭으로 오밀조밀하게 꾸며져 있다. 마당 한가운데에는 짚을 엮어 만든 멋들어진 초가집 한 채가 서 있고, 한쪽 텃밭에는 실하게 자란 배추들이 수확을 기다리고 있다. 오전 9시, 문 밖에서부터 아이들의 소리로 요란하다.

## 1. 함께 크는 아이, 더불어 성장하는 부모

"재미난 집은 우리 엄마·아빠가 만들어 준 거예요. 매일 나들이 가는 시간이 제일 좋아요. 이 곶감은요, 뒷마당 감나무에서 딴 감으로 우리가 만든 거예요. 소이 온다."

생후 5개월부터 재미난 집을 다니기 시작했다는 솔해(6). 이곳에 다녀서 어떤 점이 좋으냐는 질문에 또박또박 대답하는가 싶더니 어느새 친구에게 관심을 보인다. 소이(6)와 하빈이(2) 엄마 박형숙 씨(36)가 아이들의 손을 잡고 어린이집에 들어선다.

"지난번 소풍 갔을 때 찍은 시원이 엄마·아빠 사진 봤어? 정말 멋있더라. 재미난 집 홈페이지에 올렸던데 ……."

학부모인 박씨와 교사들의 격의 없는 대화가 이어진다. 서로 경어를 쓰지 않느냐고 하자 워낙 자주 얼굴을 대하다 보니 친구처럼 지내게 됐단다. 가만히 지켜보니 아이들도 교사에게 반말을 한다. 또한 선생님이라는 호칭 대신 '꽥꽥이' '자전거' '도깨비' 등으로 부른다.

"아이들이 반말을 한다고 선생님에 대한 존경심이 사라지는 것은 아니라고 생각해요. 교사가 아이들에게 일방적으로 훈육하고 가르치는 것이 아니라, 아이와 교사 모두 동등한 인격체라고 생각하기 때문에 서로에게 반말을 쓰고 있는 것이지요."

원장 윤일순(42)의 설명이다. 아이들이 밖에서도 반말을 써서 난감한 일은 없느냐는 질문에 소이 엄마, 박씨는 "어린이집 안에서 쓰는 말과 밖의 어른들에게 해야 하는 말을 아이들 스스로 구별할 줄 안다"며 아이들이 교사를 그만 큼 친근하게 느끼기 때문에 가능한 일이라고 말한다.

재미난 집은 1996년에 여섯 가구가 먼저 의기 투합해 만든 공동 육아 조합이다. 6년이 지나는 동안 조합원은 40여 가구로 늘었고, 50여 명의 아이들과 10명의 교사가 터전을 이루고 있다. 공동 육아 조합이 조합원이 되기 위해서는 매달 보육료 이외에도 입회할 때 400~500만 원의 출자금(출자금은 조합 탈퇴시 돌려받는다)을 내야 한다. 이 출자금은 아이들이 뛰놀 수 있는 마당 있는 집을 빌리는 데 사용된다. 금전적인 투자뿐 아니라 학무모들은 어린이집의 모든 운영에 참여해야 하는 시간적인 투자도 감수해야 한다. 한 달에 두 차례씩 열리는 전체 총회와, 방 모임 등에 참가해야 하고 한 달에 한번씩은 엄마나 아빠 중 한사람이 1일 교사가 되어 하루종일 아이들과 시간을 보낸다.

이러한 시간적 경제적 부담을 감수하면서까지 이들이 함께 하는 이유는 무엇일까? 소이 엄마 박씨는 "재미난 집은 아이들에게는 천국이고, 부모에게는 육아 문제를 함께 고민할 수 있는 공간이 되어 준다"고 얘기한다. 또한 내 아이만 잘 키우자는 생각으로는 참여하기 어렵고, "내 아이가 남의 아이와 함께 어우러져 우리 아이로 자라기를 바라는 마음이 있어야 한다"고 박씨는 강조한다. 실제로 재미난 집은 '함께 크는 아이, 더불어 성장하는 부모'라는 모토로 부모의 적극적인 참여를 이끌어 내고 있다.

"저기 창밖에 초가집 보이시죠? 학부모들과 교사들이 함께 지은 거예요 초가집뿐 아니라 아이들이 가지고 노는 장남감과 교구들도 부모와 교사들이 직접 만들어요 텃밭에 심은 채소들도 부모님들이 주말마다 나와서 물주고 잡초 뽑아가며 가꾼 것이고요"

아이들이 더불어 사는 교육을 받는 동안 어른들도 혼자서 아이를 키우는 것이 아니라 '우리의 아이를 같이 키운다'는 공동체 의식을 갖게 된다. 운영회의 외에도 부모들은 생태 기행, 풍물, 텃밭 가꾸기 등의 취미 활동도 함께 한다. 이런 활동을 통해 부모들은 이웃사촌보다 가까운 정을 쌓아 간다.

원장과 이야기를 나누는 사이 소이엄마가 종이 봉투에 들고 온 것들을 풀어 낸다. 소이와 하빈이가 작아서 못 입는 옷가지들이다. 이곳의 아이들은 서로 옷을 물려 입고 장남감과 책 등도 나눠 가진다. 내 아이가 입다 작아진 옷은 그보다 작은아이에게 물려주고 내 아이 옷은 큰아이에게서 물려 입는다. 한 달 보육비가 일반 어린이집에 비해 좀 비싼 대신 옷값이나 장난감 값이 덜 드니까 경제적인 부담은 마찬가지라고 박씨는 이야기한다.

"옷 얻어다 입히는 것을 싫어하는 부모들도 있다고 하더군요. 하지만 재미난 집은 부모들은 너무 좋아해요. 부모들끼리 허물없이 지내니까 옷도 바꿔 입힐 수 있는 것 아니겠어요?

## 2. 부모의 모습 통해 이웃 정 배우는 아이들

"코뿔소다" 아이들이 반갑게 맞는 사람은 진우아빠, 이호곤 씨(38). 교사뿐 아니라 학부모들도 아이들이 지어 준 별명으로 불린다. 학원 강사인 이씨는 재미난 집이 다른 어린이집에 비해 아빠들의 참여도가 월등히 높을 것이라고 말한다.

"어린이집 밖에서도 가족들끼리 자주 만납니다. 만나서 식사도 하고 술도 한잔씩 하면서 아이들 키우는 이야기도 하고 살아가는 이야기도 나누지요. 또한 친한 가족들끼리는 여행도 자주 갑니다. 아이들을 통해서 만난 사이지만 아이를 잘 키우겠다는 공통의 관심사가 있기 때문에 더욱 가까워 질 수 있는 것 같아요."

진우아빠까지 돌아가고 난 뒤 아이들과 교사들은 오전 나들이에 나선다. 오늘 행선지는 아이들이 바보산이라고 이름 붙인 동네 뒷산. 자주 지나가는 길이지만 아이들에게 늘 재미있고 신기한 것 투성이다.

"호박이다. 눈물이 갖다 줄래."

마당에서 키우는 토끼인 눈물이에게 갖다 주겠다며 길가에 버려진 호박을

줍는 아이들. 돌아가는 길에 가져가도 된다고 해도 아쉬운 눈길을 거둘 줄 모른다. 보는 것마다 참견을 하다 보니 어른걸음으로 30분도 걸리지 않는 거리지만 아이들에게는 한 시간도 모자란다.

"꽥꽥이, 애기 사과 따 줘."

아이들에게 꽥꽥이라고 불리는 사람은 조합원 교사인 김정아 씨(30). 재미난 집의 교사가 되면서 조합원으로 참여하게 되었다. 이전에 사설 교육 기관에서 교사로 근무한 경력이 있는 김씨는 유치원 때부터 경쟁의식을 가르치는 게 이 사회의 현실이라며 안타까워한다. 늘 자연과 함께 놀이 위주의 교육을 받는 재미난 집의 아이들은 영어로 줄줄 이야기하지는 못하지만, 남을 배려하는 따뜻한 마음을 배우면서 자란다고 김씨는 말한다.

"이제 그만 돌아가자. 산나물이 맛있는 추어탕 끓여 놓았을 거야."

"미꾸라지탕? 와, 맛있겠다."

돌아오는 길, 아이들의 발걸음이 빨라진다. 나들이로 에너지를 모두 소진한 이이들이 "추어탕 맛있겠다" "배고프다"며 재잘댄다. 그 사이에도 눈물이 밥인 호박을 잊지 않은 아이들. 호박을 한 덩이씩 가슴에 안고 재미난 집으로 돌아간다.

재미난 집의 아이들이 자라면 어떤 이웃이 될까? 적어도 이웃집에 누가 사는지 조차 모르고 살아가는 어른으로 성장하지는 않을 것이다. 재미난 집에서 친구들과 함께 뛰어 놀며 더불어 사는 것을 몸으로 배우고 느낄 뿐만 아니라, 이웃의 돈독한 정을 키워 가는 부모의 모습을 옆에서 지켜볼 수 있으니 말이다.

# 8장
# 큰 틀에서 자치운동 바라보기

하승우

자치운동의 이슈와 방식은 다양하다. 앞에서 다루었던 내용들은 지역적인 단위에서 잘 이루어질 수 있는 운동들이다. 하지만 때때로 자치운동은 지역적인 단위에서 해결할 수 없는 문제들을 접하게 된다(예를 들어, 중국에서 불어오는 황사는 심각한 공해문제를 일으키지만 지역단위에서 해결할 수 없는 문제이다). 특히 세계화의 바람은 내가 전혀 통제할 수 없는 먼 곳의 결정이 내 삶에 직접적인 영향을 미치도록 만든다. 가령, IMF의 결정이 한국사회의 구조조정과 실업을 가져온다. 이런 문제들에 대해 자치운동은 어떤 입장을 가질 수 있을까?

이 장에서는 이런 문제들 중에서 자치운동의 관점에서 진지하게 고민해 볼 수 있는 몇 개의 문제들을 다뤄보려 한다. 물론 여기서 제시된 문제들만이 아니라 다른 여러 가지 문제들이 자치운동의 화두로 될 수 있다. 그리고 여기서 얘기되는 방식 외에 더 다양한 방식으로 접근될 수 있다. 자치운동의 길은 정해진 것이 아니고 구체적인 상황에 따라 달라질 수 있다.


## 수도권의 초집중과 신도시의 난립

　한국사회가 당면하고 있고 갈수록 더 심각해지는 문제로 수도권 집중화 현상을 얘기할 수 있다. 소위 '지역감정'이 얘기되고 있지만 이것은 중앙이 만들어 낸 환상에 지나지 않는다. 어느 정권이 들어서든, 소위 얘기되는 경상도 정권, 전라도 정권이 들어서든, 그것과 상관없이 경제적, 정치적, 사회적 힘은 수도권으로만 집중된다. 최장집 교수의 논문에 있는 '각 지역별 지역 내 총생산 비중의 변화추이'라는 표를 보면 이 점이 잘 드러난다(최장집 2000).

| | 서울 | 경기 | 수도권 | 부산 | 대구 | 인천 | 광주 | 대전 | 강원 | 충북 | 충남 | 전북 | 전남 | 경북 | 경남 |
|---|---|---|---|---|---|---|---|---|---|---|---|---|---|---|---|
| 1985 | 25.0 | 12.8 | 37.9 | 8.4 | 4.1 | 4.4 | - | - | 3.8 | 3.8 | 6.0 | 4.7 | 7.4 | 7.1 | 11.1 |
| 1986 | 25.2 | 13.1 | 38.4 | 8.4 | 4.2 | 4.8 | - | - | 3.6 | 3.4 | 6.0 | 4.7 | 7.2 | 7.0 | 11.1 |
| 1987 | 25.8 | 13.7 | 39.5 | 8.4 | 4.2 | 4.7 | 2.3 | - | 3.5 | 3.0 | 5.8 | 4.3 | 5.3 | 6.8 | 11.1 |
| 1988 | 25.7 | 14.4 | 40.1 | 8.2 | 4.3 | 4.6 | 2.4 | - | 3.2 | 2.9 | 5.7 | 4.2 | 5.3 | 6.7 | 11.3 |
| 1989 | 25.8 | 14.4 | 40.2 | 7.9 | 4.2 | 4.6 | 2.3 | 2.3 | 3.2 | 3.1 | 4.0 | 3.9 | 5.2 | 6.8 | 11.0 |
| 1990 | 26.1 | 14.9 | 41.0 | 7.8 | 4.3 | 4.7 | 2.4 | 2.3 | 3.1 | 3.0 | 3.8 | 3.7 | 5.1 | 6.6 | 11.1 |
| 1991 | 25.6 | 15.8 | 41.4 | 7.5 | 4.1 | 4.7 | 2.3 | 2.4 | 2.9 | 3.0 | 3.7 | 3.7 | 5.2 | 6.5 | 11.4 |
| 1992 | 25.4 | 16.1 | 41.5 | 7.1 | 4.0 | 4.7 | 2.3 | 2.4 | 2.8 | 3.1 | 3.9 | 3.7 | 5.1 | 6.5 | 11.7 |
| 1993 | 25.7 | 16.4 | 42.0 | 6.9 | 4.0 | 4.7 | 2.4 | 2.4 | 2.8 | 3.2 | 4.0 | 3.7 | 5.1 | 6.3 | 11.3 |
| 1994 | 24.7 | 16.4 | 41.1 | 6.8 | 4.1 | 4.8 | 2.3 | 2.3 | 2.7 | 3.2 | 4.2 | 3.7 | 5.3 | 6.6 | 11.8 |
| 1995 | 23.6 | 17.0 | 40.7 | 6.7 | 3.9 | 5.0 | 2.4 | 2.2 | 2.7 | 3.3 | 4.1 | 3.6 | 5.3 | 6.7 | 12.2 |
| 1996 | 23.4 | 17.0 | 40.4 | 6.7 | 3.8 | 4.9 | 2.3 | 2.2 | 2.8 | 3.4 | 4.6 | 3.6 | 5.3 | 6.7 | 12.3 |
| 1997 | 22.5 | 17.7 | 40.2 | 6.4 | 3.6 | 4.8 | 2.3 | 2.2 | 2.9 | 3.6 | 4.7 | 3.5 | 5.5 | 6.9 | 12.4 |
| 1998 | 22.0 | 18.8 | 40.8 | 6.3 | 3.4 | 4.5 | 2.1 | 2.3 | 2.8 | 3.7 | 4.5 | 3.5 | 5.6 | 6.9 | 7.6 |

　1985년에서 1998년까지 지역 내 총생산비중을 보면 부산, 대구, 경북, 경남, 광주, 전남, 전북 할 것 없이 수도권을 제외한 모든 지방의 총생산 비중이 떨어졌다. 반면 수도권은 37.9%에서 40.8%로 성장했다. 물론 인구가 계속 수도권으로 유입되어서(2000년 인구센서스 결과에 따르면 수도권의 인구비율은 전체 인구의 46.3%나 된다)라고 변명할 수도 있겠지만 인구유입의 원인이 무엇인

가? '닭이 먼저냐, 달걀이 먼저냐'라는 공허한 논쟁을 하자는 것이 아니라 사실을 정확하게 이해할 필요가 있다. 아무리 정권이 바뀌어도 혜택을 보는 것은 경상도민, 전라도민이 아니라 수도권에 사는 주민들이다. 지역감정은 수도권으로 집중된 사회적 자원을 은폐하고 지역을 정치적으로 이용하기 위해 의도적으로 유포된 수사일 뿐이다.

이런 초집중 현상은 부패와 부조리만이 아니라 여러 가지 부수적인 문제를 낳게 된다. 일단은 생활적인 면에서 쓰레기 처리나 교통체계의 혼란, 교육의 질 저하, 공공서비스의 후퇴 등을 가져오게 된다. 좁은 지역에 많은 인구를 수용하다 보니 과포화상태가 나타날 수밖에 없다. 또한 거의 절반의 인구가 수도권에 집중됨으로써 국토는 기형적으로 발전되고 수도권과 비수도권, 대도시와 중소도시, 도시와 농촌 사이에 사회적 불균형이 심화되었다. 경제적인 불균형이 심화될 뿐 아니라 정치적인 면, 문화적인 면 역시 엄청난 불균형 상태에 놓인다. 수도권이 아니면 핵심적인 정치적 결정에 참여하거나 제대로 된 문화를 향유하기 어렵다.

이런 수도권의 초집중과 뗄 수 없는 관계를 가진 것이 신도시의 난립이다. 신도시는 건설계획부터 건설 후까지 모든 것이 문제이다. 먼저 대부분의 신도시는 오래 동안의 신중한 검토와 설계, 엄정한 공사감독을 거치지 않고 '날림'으로 건설되었다. 정책결정에서 완공에 걸린 시간이 대략 5년 정도로 속도에선 세계 신기록이다(실제로 노태우 정권은 주택 200만 호 건설이라는 엄청난 계획을 발표하고 재임기간 중에 목표달성을 자축하는 파티를 열었다). 외국의 신도시 건설이 길게는 수십 년을 소요하는 것과 비교할 때 말도 안 되는 기록이다. 특히 수도권의 주택문제를 해결하기 위해 단순히 수평적으로만 확장되어 국토의 불균형을 해소하기는커녕 되려 심화시키는 결과를 낳았다.

건설과정에서 또 하나의 문제점은 아무런 사회적 합의 없이 진행되었다는 점이다. 수도권의 과밀집중은 정치권의 '정책실패'에서 기인한 것이다. 그 실패를 인정하지 않고 신도시를 무분별하게 건설한 것은 이런 정책실패를 시민의 부담으로 떠넘기는 것이었다. 주택난을 해소하기 위해 급하게 자리를 찾다 보니 도시 외곽의 녹지대가 선뜻 눈에 띄었고, 전체 국토개발이나 수도권과의 관계, 지역주민의 의사 등을 고려하지 않고 그곳의 개발을 일방적으로 결정했다. 건설회사 역시 전체적인 상을 가지고 주택건설 사업에 참여한 것이 아니라 투기적인 목적으로 참여했기 때문에 기존의 자연환경을 파괴시키고 주민의 생활환경을 열악하게 만들었다(김기호 1999).

이처럼 무계획적으로 건설되다 보니 사회적 자본 역시 형편없다. 속도만을 중시했기 때문에 주거단지에 필요한 공공시설이나 광역 교통체계는 전혀 고려되지 않았다. 그리고 정부는 공적 자본을 투자하지 않고 민간 건설회사와 결탁해서 일방적으로 떠넘기는 방식을 취했다. 따라서 매일 교통체증에 시달리고 버스나 지하철 같은 대중교통 수단이 턱없이 부족하다. 학교나 소방서, 병원, 문화시설 같은 공공시설도 부족해서 지역주민들의 불만과 분쟁의 원인이 되고 있다.

장기적으로 봤을 때 문제가 될 수 있는 것은 신도시가 자족적인 능력이 전혀 없다는 점이다. 신도시 대부분이 서울의 주택난을 해소하기 위한 베드타운으로 건설되었다. 그러나 보니 서울과 분리되면 아무 것도 할 수 없는 무기력한 도시로 변한다. 도시가 자족적인 능력을 가져야 활성화될 수 있는데 대부분의 신도시에는 소비시설만이 있을 뿐 자족적인 능력이 없고 대부분의 인구가 서울로 통근하고 있어 앞서 얘기한 문제들은 더욱 심각해지고 있다.

또 하나의 장기적인 문제점은 날림 공사로 인해 대부분의 신도시가 지은 지 채 20년도 되기 전에 재건축을 해야 한다는 사실이다. 그런데 비슷한 시기에 한꺼번에 건설되었기 때문에 그 재건축 시기도 비슷할 수밖에 없다. 도시가 자족적이지 않기 때문에 계속 서울로 통근해야 하는데 재건축이 이루어지는 동안 그 사람들을 수용할 수 있는 주택이 없다. 그리고 재건축 때 나오는 건축폐기물을 처리할 곳도 없다(아무리 재활용을 해도 50% 정도는 매립해야 한다). 게다가 2000년 8월부터 건물의 용적률(대지면적과 건축가능한 건물층별 바닥

면적의 합계의 비율)이 200% 이하로 낮춰졌기 때문에 현재와 같은 고층아파트를 무분별하게 지을 수도 없다. 따라서 10년 뒤 수도권은 주택난이 야기한 심각한 사회문제들로 공황상태에 빠질지도 모른다. 이런 상황을 아는지 모르는지 정부는 엉뚱한 곳에다 돈을 쏟아붓고 있다.


## 스포츠 왕국의 미래는?

한국은 스포츠 왕국이다. 스포츠가 삶의 활력소가 된다는 주장도 많지만 과연 그럴지 의문스럽다. 과거 전두환 정권 때 3S(스포츠, 섹스, 스크린)정책이 사람들의 의식을 마비시켰다고 비판했지만 실제 생활에서는 그 사람들 역시 스포츠의 마력에서 벗어나지 못했다. 지금도 스포츠 경기는 진보와 보수를 넘어서, 사회적 지향의 차이를 넘어서 국민을 통합하는 장한(?) 일을 하곤 한다. 그리고 평일 오후나 주말이면 남성들의 시선을 고정시켜서 여성과 아이들의 욕구를 막는 가정의 파괴자이기도 하다.

더 가관인 것은 전 세계인의 즐거움(?)인 월드컵이 한국민주주의의 시험대인 지방자치제 선거 일정까지 좌지우지하려 한다는 사실이다. 민주주의의 토대인 지방자치선거의 일정마저도 좌지우지하려는 월드컵, 과연 우리는 그것을 통해 무엇을 얻어내고 이 사회를 얼마만큼 변화시킬 수 있을까? 월드컵은 한국사회에 어떤 도움을 주는 것일까? TV에서만 보던 외국의 스타플레이어들을 두 눈으로 직접 볼 수 있다. 과연 그렇게 넓고 큰 경기장에서 직접 본다는 것이 가능하기나 하고 무슨 의미가 있을 것일까? 월드컵이 침체된 한국의 경제를 부흥시킨다. 과연 그럴까?

한국개발연구원(KDI)의 분석에 따르면, 월드컵을 위한 총지출이 3조 4,707억 원, 예상부가가치가 5조 3,357억 원이라고 한다(KDI 2001). 그리고 간접적인 파급효과(국가 이미지 개선, 스포츠 관련 산업 발전, 지자체의 경쟁력 강화와 외국기업 유치)까지 있다니 장미빛 미래를 꿈꿀 만도 하다. 하지만 이것은 예상일 뿐이다. 지출은 현실이지만 예상수입은 가능성일 뿐이다. 더 심각한 문제는 경기 이후이다. 전국 10곳에 건설된 경기장을 어떻게 활용할 것인가? 일본과 공동개최를 하기 때문에 6개만 있어도 되는데 불필요하게 10개나 지었다는 비판이 있고(인터넷 한겨레 2001. 11. 19일자 참조), 서울, 수원을 제외한 8개 경기장이 도심에서 멀리 떨어져 있어 활용가치가 떨어지고 6개 도시는 프로축구단마저 없어 활용방법이 난감하다는 비판도 있다(인터넷 한겨레 2001. 6. 27일자 참조). 특히 경기장 건설비와 맞먹는 건설비가 들어간 주변도로(1조 5,272억 원)는 활용도가 떨어질 경우 길바닥에 돈을 뿌린 것과 마찬가지다. 경기가 끝나면 지자체가 경기장을 관리해야 하는데 쓸 곳이 마땅치 않고 관리비만도 매년 수십 억씩 들어갈 것이다.

하비(D. Harvey)는 이것을 '도시의 타락한 유토피아'라고 부른다. 주민의 생활과 관련 없는 쓸데없는 시설에 엄청난 돈을 쏟아붓기 때문이다(미국에서도 상황은 마찬가지인가보다). 1990년대 동안 거의 10억 달러가 공적으로 지원된 두 개의 스포츠 스타디움(5억 달러), 컨벤션센터의 확충(1.5억 달러), 그리고 다른 주요 도심 프로젝트들(예를 들면 1년에 20번도 채 사용되지 않을 축구 스타디움을 위한 경전철역에 5백만 달러)에 투입되었다. 이러한 투자를 옹호하는 사람들은 이 투자가 직장을 창출하고 소득을 발생시킨다고 주장한다. 그러나 해밀턴(Hamilton)과 칸(Kahn)의 비용 편익분석에서, 야구스타디움 투자는 매년 2천 4백만 달러의 순손실을 낳는다는 점이 드러났다. 반면 도서관들은 폐쇄되었고, 도시서비스는 축소되었으며, 시립 학교에 대한 투자는 최소화되었다(하비 2001).

하비의 이런 비판은 귀담아 들을 필요가 있다. 월드컵 경기장을 짓는 돈이면 전국 곳곳에 마을도서관을 짓고 도서관 장서수를 엄청나게 늘릴 수 있지 않을까? 그 돈을 주민생활과 밀접한 다른 곳에 투자한다면 삶의 질이 엄청나게 향상되지 않을까? 이런 삶의 질 개선이 월드컵으로 예상되는 간접효과보다 더 크지 않을까? 훌륭한 시설을 만든다면 그 시설을 사용하는 데 드는 비용을 기꺼이 감수할 수 있지 않을까? 과연 국가가 사기업처럼 국민 전체의 복지보다 단기적인 이윤에만 신경을 써야 할까?

그 공적인 자금을 필요로 하는 부분은 매우 많다. 앞에서 얘기했던 10년 후 밀어닥칠 사회적 공황을 예방하려는 노력은 지금부터 진행되어야 한다. 막상 그때가 닥쳐서 또다시 임시방편을 쓴다면 문제를 더 악화시킬 것이다. 미리 장기적인 계획을 가지고 국토를 균형있게 발전시키려는 노력이 필요하다.

또한 그 돈으로 녹지를 개발해서 주민들의 휴식공간인 공원으로 변화시킬 수 있고, 아이들의 생태체험을 위한 농장을 조성할 수도 있다. 혹은 덩그러니 벤치만 달랑 있는 형식적인 공원을(물론 그런 녹지가 확보되어 있다는 것만으로도 엄청난 특혜를 누리는 것이지만) 지역별로, 동별로 그 주민들의 정체성에 따라 다양한 색깔을 가진 공원을 조성할 수도 있다. 그리고 진정 스포츠를 즐기고 싶다면 공원에다 여러 가지 운동시설을 마련할 수도 있다. 경기장을 관리하는 데 들어가는 돈이면 낡아빠진 골대나 농구대를 매년 보수할 수 있을 것이다. 혹은 인구증가율을 반영해서 도시공원의 수나 면적을 그만큼 증가시킬 수도 있다.

그리고 외국 영화를 보면 지역 도서관이 마치 큰 대학 도서관 같다. 주민들이 들어가서 정보를 검색하고 책도 보고. 특히 한국의 대학도서관들은 그 지역의 주민들에 대해 굳게 문을 닫고 있기 때문에 지역의 공공도서관은 더 절실히 필요하다. 한국도서관협회(http://www.korla.or.kr)에서 나온 2000년 공공도서관 현황을 보면 전국에 420개의 공공도서관이 있고, 그 420개의 도서관이 썼던 예산은 약 1, 864억 원이다. 도시별로 차이가 있지만 숫자로 예산을 나눠보면 1개의 도서관이 쓰는 예산이 약 4억 정도이니. 인건비니 다른 경비를 빼면 제대로 도서를 확충하기 힘들 것이다. 외국에 비하면 정말 형편없는 도서관의 수와 예산이다. 자연히 국민 1인당 장서수도 2000년 기준 0.52권이다. 미국 2.59권(1996년 기준), 영국 2.25권(1997년 기준), 핀란드 7.15권(1997년 기준),

덴마크 5.96권(1997년 기준), 일본 2.19권(1999년 기준)에 비하면 형편없다. 지식강국, 지식산업을 떠드는데 인터넷망만 깔아놓으면 저절로 지식강국이 되는지 의심스럽다.


## '맥도날드화'에 길들여질 것인가?

시야를 조금 더 넓혀 세계로 나가 보자. 요즘 들어 '맥도날드화'(McDonaldization)라는 말이 자주 쓰이고 있다. 이 말은 단순히 맥도날드 체인점이 지역 곳곳에 들어섰다는 것만을 의미하지 않는다. 맥도날드화라는 말은 속도와 효율성만을 중시하는 근대사회, 합리화(rationalization) 과정을 대표한다. 맥도날드가 가장 대표적인 형태이기 때문에 그런 명칭이 붙은 것뿐이다.[1]

편리하게 살면 좋지, 도대체 뭐가 문제일까? 맥도날드화라는 말을 처음 사용한 조지 리처(George Ritzer)는 맥도날드 모델의 성공이유를 네가지로 꼽는다. 즉 고객과 종업원 모두에게 적용되는 효율성(efficiency), 계산가능성(calculability), 예측가능성(predictability), 통제(control)이다(리처 1999). 여기서는 일단 먹거리에 한정시켜 얘기해 보자.

맥도날드로 대표되는 패스트푸드는 배고픔을 벗어날 수 있는 가장 빠른 방법을 제공한다. 특히 현대사회처럼 맞벌이 부부나 편부·편모가 많을 때 이런 식생활은 매우 편리하다. 그리고 맥도날드가 파는 제품(1인분의 크기와 비용)과 서비스(소요되는 시간)는 어디서나 동일하기 때문에 계산될 수 있다. 또한 맥도날드가 파는 제품은 그 이름에 따라 항상 동일한 제품이 나오기 때문에 예측할 수 있다(국가별로 조금씩 차이는 있지만 세계 어디를 가나 동일한 제품

---

1) 실제로 리처는 '버거킹화', '세븐일레븐화', '퍼드럭케리화', 'H&R 블록화', '킨더 캐어화', '지피 윤활유화', '뉴트리/시스템화' 같은 다양한 유형을 거론한다(리처 1999).

이 나올 것이라는 확신을 준다). 마지막으로 패스트푸드점에서 고객은 줄서서 기다리기, 제한된 메뉴, 불편한 의자 등을 통해 통제되고 있다. 고객들은 관리자가 원하는 행동양식 — 빨리 먹고 나가는 것 — 에 따라 움직인다. 이것이 고객의 맥도날드화 과정이라면, 종업원들 역시 동일한 맥도날드화 과정을 거친다. 군더더기없는 기계적인 동작을 반복하기 때문에 효율적이고 노동의 질보다는 양에 관심이 쏠린다. 종업원은 고객을 기계적으로 대하도록 훈련받으며 특정한 상황에 대한 각본에 따라 말하고 행동한다. 노동하는 사람이 아니라 사용되는 기술과 조직의 구성방식이 인간을 통제하는 것이다.

물론 맥도날드화가 반드시 나쁜 영향만을 주는 것은 아니다. 맥도날드화는 이전보다 상품과 서비스의 이용도를 높였고, 이들 상품과 서비스를 이용하는 데 드는 시간적·지리적 제한을 줄였다. 그리고 수량화될 수 있기 때문에 소비자는 경쟁품목을 좀더 쉽게 비교할 수 있다. 또한 사람들은 인종이나 성별, 사회계층에 관계없이 비슷하게 취급된다.

하지만 그 부작용은 이런 긍정적인 측면을 압도한다. 먼저 사회적인 면에서 맥도날드화는 사람과 사물을 도구로 다루기 때문에 비인간화 현상을 가져온다. 그리고 맥도날드와 같은 패스트푸드업은 엄청난 양의 쓰레기를 배출하는데 그 일부는 생물학적으로 분해가 되지 않아서 생태계를 파괴시킨다. 또한 맥도날드화는 전세계를 점점 동질화시킨다. 패스트푸드 모델은 모든 종류의 토속음식에까지 확대되어 다양성을 쇠퇴시키고 그것을 획일성과 예측가능성으로 대체한다.

먹거리의 면에서 맥도날드는 정해진 시간에 비슷한 맛을 내기 위해 규격화되는데, 그것은 인간의 건강과 생명에 해를 끼칠 수 있다. 대부분의 패스트푸드의 내용물은 비만, 고혈압, 당뇨병 등을 가져올 우려가 있는 많은 양의 지방, 콜레스테롤, 소금, 설탕 등을 포함하기 때문이다. 또한 맥도날드화는 가족식사, 밥상공동체를 파괴시킨다. 보통 식사시간은 단순히 먹는 시간이 아니라 가족간의 대화시간인데 맥도날드화는 먹는다는 것을 하나의 오락으로 만들고(각종 캐릭터상품을 제공하는 것은 그런 오락성을 증가시킨다) 대화를 단절시킨다.

이런 맥도날드화는 우리의 일상에도 깊숙히 들어와 있다. 동네 곳곳에서 편의점과 패스트푸드점,[2] 현금자동지급기를 볼 수 있다. 앞에서 봤듯이 이런 변화는 일정 정도 생활의 편리함을 주기 때문에 무조건 부정적으로만 볼 수 없다. 하지만 부정적인 측면도 만만치 않다. 이것은 단순히 생활의 편리함이라는 문제가 아니라 근본적인 생각과 문화의 문제이다. 긍정적인 면을 인정하더라도 부정적인 영향력을 극복해야 미래가 있을 수 있다. 패스트푸드를 먹고 자란 아이들은 심각한 질병을 안고 쓰레기더미로 덮힌 지구에서 살아야 할지도 모르기 때문이다.

맥도날드화의 부정적인 영향력을 극복할 수 있는 방안에는 어떤 것이 있을까?

일단 일상적인 면에서 식생활 습관을 바꿔야 한다. 요즘 신생아의 70~80%가 아토피성 피부질환에 시달리고 있다. 이것은 식생활 습관과 무관하지 않을 것이다. 가공식품, 수입식품, 이제는 유전자조작 식품까지 등장해서 식생활을 위협하고 그것에 의지하는 건강을 해치고 있다. 맥도날드화는 단순히 패스트푸드를 먹는 문제가 아니라 속도와 효율성만을 중시하는 문화의 문제이듯 먹거리의 문제 역시 그런 문화적인 전환을 요구한다.

그런 점에서 슬로우푸드(slow food) 운동을 생각해 볼 수 있다. 명칭에서 알 수 있듯이 이것은 패스트푸드에 대한 직접적인 저항이다. 1986년 이탈리아의 브라(bra) 지방에서 패스트푸드사의 진출에 대항해 식사, 미각의 즐거움, 전통음식의 보존 등의 기치를 내걸고 운동이 시작되었다. 이 운동의 심볼은 느림을 상징하는 달팽이로 단순히 음식의 문제만이 아니라 문화의 문제를 거론하고

---

2) 우리나라 외식산업의 전체시장은 1984년도부터 1997년까지 약 21조원의 급격한 증가를 보였고, 1990년대 이후 연평균 약 13%증가하고 있다. 특히 1990년대 이후 우리나라 외식산업을 주도하고 있는 것은 바로 외국계 패밀리 레스토랑과 패스트푸드점들이다. 이들 업체가 주도하는 국내 외식산업의 시장규모는 대략 1조여원으로 그중 햄버거시장이 6,000억 원에 이르는 것으로 추정된다(강다원 2000).

있다. 속도의 노예가 되기를 거부하고 지역의 다양성과 경험을 살리는 것이 이 운동의 목표인 것이다. 그런 점에서 이 운동은 유기농업이나 환경농업과도 맥을 같이 하고 있고 동물과 자연, 주변 사람에 대한 배려와도 관련된다.[3]

그리고 위파사나(vipassanā) 운동은 속도에서 벗어날 것을 주장한다. 빠른 속도로 진행되는 일상에서 조금 벗어나 자신을 뒤돌아 보고 느리게 움직이면서 일상과 현실을 새롭게 조명하는 것이다. 그리고 일상생활에서 일어나는 모든 행위와 동작을 서서히 함을 통해 몸, 마음, 감각, 진리를 세밀히 관찰해서 자기 자신의 본성을 깨달을 것을 주장한다.

맥도날드화를 거론할 때 하나 더 생각해야 할 문제가 있다. 즉 리처 같은 미국인에게 맥도날드화는 단순히 합리성의 문제, 근대사회의 문제로만 다가올 수 있지만, 한국에 사는 우리는 하나를 더 고려해야 한다. 그들은 한국의 산업이 아니라 다국적 기업, 다국적 자본이다. 즉 단순히 생활방식만의 문제가 아니라 세계화가 동반하는 다국적기업, 초국적기업의 침투현상으로 봐야 한다.

따라서 맥도날드화에 대항하는 대안 경제모델을 고민할 필요가 있다. 호지(Helena Norgerg-Hodge)는 이런 모델을 몇 가지 거론하고 있다(호지 1999). '우리고장 물건사기'운동은 지역사업체의 물건을 구매함으로써 대기업을 상대로 한 시장경쟁에서 살아남도록 돕고 지역권에서 돈이 빠져나가는 것을 막는다. 특히 이 운동은 상대적으로 값이 싸긴 하지만 먼 곳에서 수송되어 온 물건에 숨겨진 비용, 환경과 공동체를 희생시키는 비용이 얼마나 큰지를 알려 준다. 또한 한국에서도 활발하게 시도되고 있는 지역통화와 '레츠'(LETS : Local Exchange Trading System)도 언급한다(특히 이것은 화폐를 가지지 못한 실업자들에게 큰 도움이 될 수 있다). 그리고 한살림이나 생협운동에서 활용하고 있는 공동체가 지원하는 농업(CSA : Community Supported Agriculture)을 거론한다. 이

---

3) 자세한 내용은 한국슬로우푸드 홈페이지(http://www.slowfoodkorea.com)를 참조하시길...

런 점에서 보면 한국은 외국보다 세계화에 대한 대안 모델이 어느 정도 잘 발달되어 있는 셈이다. 관건은 현재 있는 모델을 더욱 활성화시키고 그 모델을 전국적으로 확산시키는 네트워크를 건설하는 것이다.


## 자치운동과 북한이탈주민의 포용

마지막으로 한국의 미래를 살펴보자. 현재 한국에는 많은 북한이탈주민[4]이 정착해 있다. 2001년 10월까지 사망자와 해외 이주자를 제외하고 국내에서 생활하는 북한이탈주민만 1,600여 명에 달한다고 한다. 하지만 대부분의 북한이탈주민은 정서불안, 낮은 생활수준과 경제적 지위로 어려움을 겪고 있고 남한 사회에 잘 적응하지 못하고 있다.

만약 자치운동이 이들을 수용하지 못한다면 통일 이후 자치의 상을 어떻게 잡을 수 있을 것인가? 이들을 수용할 수 있을 때만 통일한국의 자치를 구상할 수 있고 단순히 정권과 정권의 통합이 아니라 시민과 시민의 통합을 이룰 수 있다. 그런 점에서 김중태 통일부 하나원(북한이탈주민들의 사회적응 훈련기관)원장의 말을 귀담아 들을 필요가 있다.

"연간 300여 명의 국내입국 탈북귀순동포들의 수는 단순 숫자로는 극히 미미한 숫자일 수 있으나 우리가 이들을 포용하고 우리 사회에 정착시키지 못하면서 어떻게 통일후 2,500만 북한동포들과의 사람의 통일, 즉 민족동질성을 회복할 수 있을 것인가 하는 데 그 심각성이 있으며, 이런 관점에서 근본적인 정착지원대책의 필요성을 느끼게 됩니다."(김중태 2001)

---

4) 북한이탈주민은 국내외에 거주하는 모든 북한 탈출주민을 포함할 수 있을 뿐만 아니라 귀순자, 귀순북한동포, 탈북난민 등과 비교하면 탈이데올로기적 성격과 민족적 동포애를 담고 있는 용어로 볼 수 있다(윤여상 2001a).

　북한이탈주민들의 어려움은 주로 일상적인 차이 때문에 발생한다. 자치운동은 일상에 기반한 운동이기 때문에 북한이탈주민에게 실제적인 도움이 될 수 있다. 예컨대 북한이탈주민들이 가장 어려움을 겪는 문제는 언어적인 차이이다. 길을 가다가 혹은 버스를 타고 가다가 길을 물어 보고 싶어도 억양이 틀려서 물어 보지 못하는 경우가 많다. 그리고 남한에서는 너무 많은 외래어를 사용하고 지역의 사투리도 다르기 때문에 말의 의미를 이해하지 못하는 경우도 있다. 일상적인 생활의 문제도 북한이탈주민에게 고통을 준다. 이들은 남한 사회에서 살아가는 데 필요한 기초적이고 상식적인 예비지식과 정보가 없다. 지리에 익숙하지 않고 버스나 지하철 타는 법, 상식적인 물건값도 모르고, 어느 것이 좋고 나쁜 지도 구별할 수 없다.

　이렇게 고립된 삶을 살기 때문에 대인관계도 협소해서 외로움을 느끼는 경우가 많다. 특히 북한은 공동체를 중시하기 때문에 남한의 개인주의에 잘 적응하지 못하기도 한다. 이들은 이렇게 말한다. "일시적으로 북한에 대한 이야기만 듣고 난 다음에는 모르는 척 합니다." "남한 동포들이 귀순자들에게 거리감을 갖고 대하기 때문에 종종 좌절감을 느낍니다. 사람 사귀기가 어렵습니다." "이곳 사람들은 남을 생각해 주는 여유가 별로 없는 것 같습니다." "귀순자들이 정을 주고받을 곳이 없는 것이 이곳 생활에서 제일 힘든 점이다." "마치 죄를 짓고 내려온 사람 취급을 하기 때문에 터놓고 사람을 사귀기가 어렵다"(김영수 2001).

　공동체를 지향하는 자치운동은 이들에게 좋은 보금자리가 될 수 있다. 그들을 지역으로 감싸안을 수 있다면 민족간의 동질성을 회복하는 데 중요한 계기를 마련할 것이다. 그리고 단순히 약자를 돌보는 차원이 아니라 북한이탈주민들이 기존에 가지고 있던(하지만 남한에 와서는 선혀 활용하지 못하는) 능력과 공동체적인 정신은 자치운동에 활력이 될 수 있다.

　그리고 북한이탈주민을 수용하는 문제는 주민이 시민으로 탈바꿈할 수 있는 중요한 계기를 형성한다. 북한이탈주민에 대한 적절한 보호 수준은 국민적

합의를 요구한다. 지금까지는 정부가 일방적으로 북한이탈주민에 대한 지원수준을 정해 왔지만 이들에 대한 지원은 국내 저소득층에 대한 지원과 무관하지 않기 때문이다. 그런 부담을 큰 틀 내에서 수용할 수 있어야 주민이 시민으로 탈바꿈할 수 있을 것이다.

지금까지의 논의가 정착준비 단계에서 필요한 지원이라면 정착 후에도 북한이탈주민에 대한 지속적인 관심이 필요하다(실제로는 이것이 더 절실하게 필요하다). 최근 들어 북한이탈의 형태가 개인에서 가족단위로 변하고 있고 여성 북한이탈주민의 입국도 증가(2000년에는 40.4%)하고 있다. 그러나 보니 정착 후의 문제도 심각하다. 세대간의 긴장 및 갈등 속에서 부모가 아이들에게 권위를 잃는 문제(특히 노인들의 권위상실)가 발생하고 있고, 북한이탈주민 가정에서 부부간 갈등이 초래되고 있다(김영수 2001).

또한 북한이탈주민들은 한곳에 정착하는 것이 아니라 정부의 지방분산 정책에 따라 수도권 55%, 대도시 17%, 지방 28%으로 흩어져서 거주하고 있다(윤여상 2001a). 거주지로 전입한 북한이탈주민에 대한 보호관리와 애로사항에 대한 해결은 지방자치단체의 장에게 책임이 주어지지만 이들을 실질적으로 지원할 수 있는 것은 자치운동이다.

물론 이미 종교단체나 민간단체에서 북한이탈주민에 대한 지원활동을 실시하고 있다.[5] 이들은 북한이탈주민들을 상담하거나 생계를 지원하고 후원이나 결연, 자립자활 지원, 위로행사, 봉사활동 등 다차원적인 접근을 시도하고 있다.

하지만 기존 민간단체들의 참여활동과 방식에 대해 비판적인 목소리도 있다. 대부분의 북한이탈주민 지원활동은 일회성 행사의 성격이 강하고 그들의 특성을 고려한 특성화된 프로그램 역시 미비하다. 특히 북한이탈주민이 수도

---

5) 최근에는 보다 효과적인 지원을 위해 북한이탈주민후원회(http://www.dongposarang.or.kr)가 만들어졌다.

권만이 아니라 지방으로 흩어지고 있는데 그런 지역적 특성을 고려한 프로그램도 부족하다. 또한 민간단체간의 유기적인 협조도 원활히 이루어지지 않고 있다. 시민단체들이 서로에 대해 배타성을 가지거나 지원활동의 특정 영역에 대한 독점적 지위를 고집하고 개별적인 사업들을 병렬적으로 수행하는 등 전문성과 전체적인 협조체제에 기여하지 못하는 경향이 있다(윤여상 2001b).

이런 문제점을 극복하기 위한 여러 가지 시도가 이루어지고 있다. 특히 노원구에서는 민간단체간의 협력을 가져오는 좋은 시도가 이루어지고 있다. 전국에서 북한이탈주민이 가장 많이 거주하고 있고 지방에서의 전입이 증가하고 있는 노원구에서는 지역사회정착을 지원하기 위한 지역협력체계 구축을 시도하고 있다. 노원구는 '북한이탈주민지원 지역협의회'(이하 협의회)를 구성해서 그들에 대한 체계적인 민-관협력을 실행하고 있다.

노원구 협의회는 중앙정부의 지원하에 구성되었고 지역정착을 위한 정부와 민간의 효율적 지원체계 구축, 북한이탈주민에 대한 관심도 증대 및 지역사회 역할 강화, 북한이탈주민의 국내입국 증가에 대비한 지역 차원의 대책 강구라는 운영방향을 설정하고 있다. 실제로 노원구 협의회는 주민자치과장, 노동부 취업보호담당자, 사회복지관장, 신변보호담당자, 자원봉사자, 민주평화통일자문회의 위원, 대학교수, 탈북자고용기업체, 종교단체를 망라해서 구성되어 있다(황철근 2001). 이 노원구의 실험이 어떻게 진행되느냐에 따라 다른 지역에도 영향을 미칠 것이다.

자치운동은 단순히 주민의 욕구를 실현하는 것만이 아니라 그것을 공공의 이익, 진보적인 목적과 조화시키려는 사회운동이다. 이런 자치운동의 성격은 단순한 사회적응의 문제가 아니라 어떻게 사는 것이 올바른 삶인지를 북한이탈주민에게 사인스럽게 보여줄 것이다. 그리고 그들은 공동체적인 분위기에 적응해 있기 때문에 자치운동의 공동체적인 분위기와 잘 조화를 이룰 수도 있을 것이다.

특히 생산자 공동체 운동이나 생산협동조합운동이 그들을 수용할 수 있다면 경제적인 측면에서도 좋은 시도가 될 것이다. 남한의 사기업들이 주입하는 경쟁과 사행성 투기가 아니라 협력과 상호부조의 노동공동체를 형성할 수 있을 것이다. 이런 점에서 자치운동은 북한이탈주민을 수용해야 하고 그들과 함께 공동체를 건설하면서 통일 이후의 자치를 조금씩 준비해 나가야 한다.

　지금까지 큰 틀에서 자치운동이 고려할 필요가 있는 문제들을 살펴보았다. 이미 많은 단체들이 이런 문제들에 접근하려고 시도하고 있다. 하지만 역시 중요한 것은 앞서 얘기했듯이 얼마나 많은 단체나 시설이 이런 사업에 뛰어드느냐가 아니라 어떤 자세로 활동하는가이다. 앞에서 얘기했던 것처럼 우월한 의식에서 북한이탈주민들을 가르치고 원조하려는 것이 아니라 그들을 자치하는 시민으로 만드는 것이 궁극적인 목적이어야 한다.


□ **참고문헌**

강다원. 2000. 「패스트푸드 산업의 마케팅 전략과 현지화 추구에 관한 연구」. 외식경영
　　　연구, Vol. 3, No.2.

김기호. 1999. 「우리나라 신도시개발의 개선방향」. 도시문제, Vol.34, No.372.

김영수. 2001. 「북한이탈주민, 남한사회에서 살아가기: 사회적응 실태와 가족문제」. 좋
　　　은 벗들 통일강좌(http://www.iloveminority.com)

김중태. 2001. 「북한이탈주민, 입국에서 사회진출까지: 탈북귀순동포들의 정착지원 경
　　　험을 통해 본 통일대비의 길」. 좋은 벗들 통일강좌(http://www.iloveminority.com)

리처, 조지. 김종덕 옮김. 1999. 『맥도날드 그리고 맥도날드화』. 시유시.

윤여상. 2001a. 「북한이탈주민 현황과 지원방향」. 북한이탈주민 지원 민간단체협의회
　　　심포지움. 서울. 10월.

윤여상. 2001b. 「탈북자 문제에 대한 종합적 분석과 대처방안」(http://www.iloveminority.
　　　com).

최장집. 2000. 「한국민주주의의 반성과 과제」. 민주항쟁기념관 민주주의사회연구소 제1
　　　회 심포지움. 부산. 10월.

하비, 데이비드. 최병두 외 옮김. 2001.『희망의 공간』. 한울.

한국개발연구원(KDI). 2001.「2002년 월드컵축구대회의 경제적 파급효과」(http://www.
  kdi.re.kr).

호지, 헬레나 노르베리. 녹색평론 옮김. 1999.「방향의 전환: 전지구적 의존에서 지역적
  상호의존으로」.『녹색평론』제 47호

황철근. 2001.「노원구 '북한이탈주민지원 지역협의회' 소개」. 서울여자대학교·공릉종
  합사회복지관 주최 "북한이탈주민지원 지역협력체계 구축워크샵". 서울. 7월.

# 제III부

## 혁신의 자치, 자치의 혁신



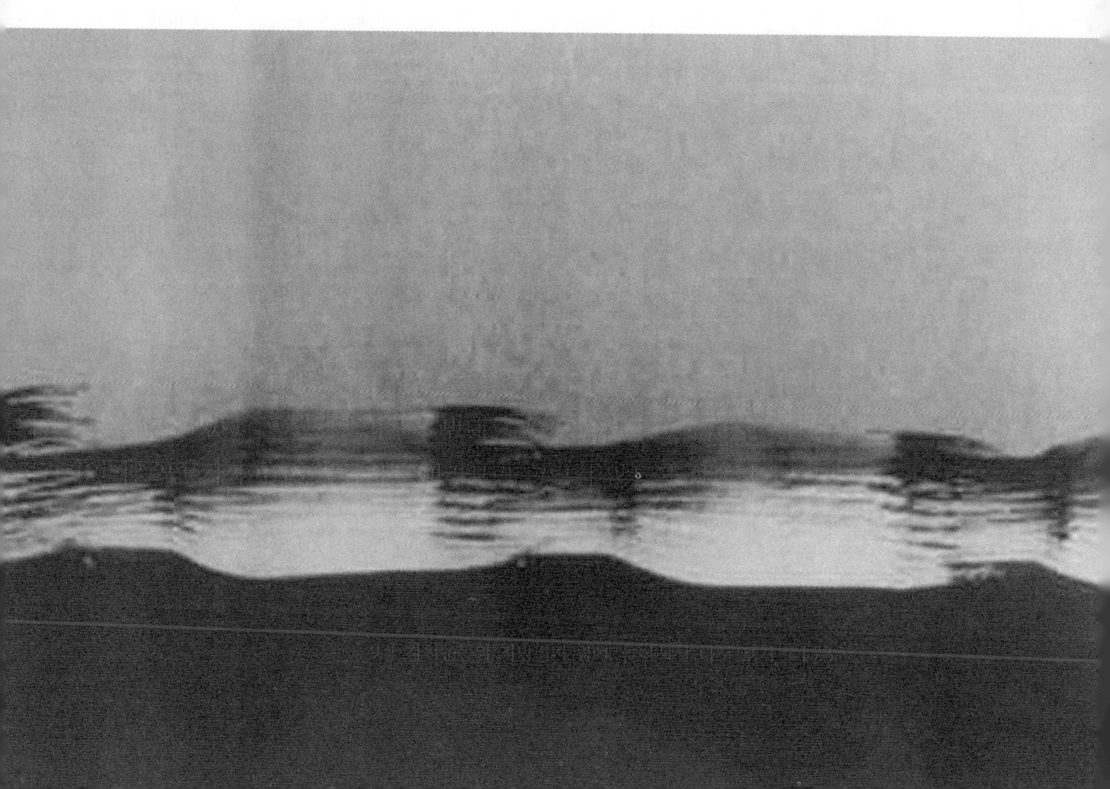

# 9장
# 자치운동의 지방정치 참여, 돌아서서 다시 보기

김  현

## 들어가며

시민사회단체[1]의 2002년 지방선거 참여문제를 놓고 논란이 일고 있다. 시민사회단체에 '정치참여'라는 꼬리표가 붙으면 언론을 비롯해 일반 대중까지도 운동의 순수성과 도덕성을 거론하며 비판의 화살을 날리곤 한다. 시민운동은 넓은 의미로써 정치적 행위이며, 이전에도 직·간접적인 선거 참여를 시도했다는 점을 부인하지 않는다면, 이런 식의 비판은 극복될 필요가 있다. 시민사회단체의 정치참여를 이익집단과 기득권세력의 정치참여와는 다른 시선으로 바라보는 현상에서 여전히 우리사회의 이중잣대가 존재하기 때문이다. 특히 2002년 지방선거에 직접 참여를 밝힌 단체들은 느닷없이 정치 참여를 밝힌

---

1) 이 글에서는 편의상, 통상적인 의미에서 공익적 활동을 하는 비영리단체를 '시민사회단체'라고 칭한다

것도 아니고 좋은 일꾼들을 지역에서 배출하려는 노력들을 지속적으로 해왔다. 또한 2000년 <총선시민연대> 활동을 통해 네거티브한 운동만으로는 많은 한계를 느끼기도 했다. 시민사회단체의 정치참여는 지역의 정치를 더 민주적으로 바꿔보려는 의지의 산물이라고 볼 수 있는 것이다. 그러나 이러한 비판이 오히려 시민사회단체 내부에서 불거지고 있다는 점에서 냉정하게 따져 볼 필요가 있다. 지역은 주민들의 삶의 양식이 구현되는 곳이며, 자치의 원리들을 실천할 수 있는 터전이다. 생활의 일부로써 정치가 주민과 가장 밀접하게 접촉하는 곳이 바로 지역이므로 우리는 지방자치를 생활정치라고 부르기도 한다. 시민사회단체 내부에서 나오는 비판은 이처럼 지방자치가 가지고 있는 근원적인 과제들을 어떻게 해결할 것인가에 대한 질문이다. 이미 지난 역사를 통해 확인한 바 있듯이, 선량한 개별 일꾼들만으로 지방정치를 바꿀 수 있는 것이 아니기 때문에 구체적인 지역에서 시민사회단체의 역할을 다시 한번 깊게 생각해 볼 필요가 있다.


## 지방선거에 출사표를 던진 시민사회단체들

2002년 지방선거에 참여의사를 밝힌 단체들은 참여의 논리나 방식이 서로 다르고 다양하지만, 대체적으로 세 부류로 나뉠 수 있다. 하나는 이전까지 전통적으로 선거에 대응했던 유권자운동의 방식을 중심에 놓는 단체들, 두 번째는 '조직적 참여'라는 의미보다는 일종의 실험정신에 입각해서 기초의회를 중심에 놓고 선거에 참여하는 단체들. 마지막으로는 정치세력화를 주장하진 않지만, 이와 버금가는 조직적인 참여를 밝힌 단체가 그것이다. 전통적인 방식으로 선거에 참여하는 단체들도 다양하게 존재한다. 그러나 지난 2000년 <총선시민연대>의 활동이 그 정점에 있었다는 평가를 상기한다면, 그 이상의 네거티브한 운동의 양태는 없을 것으로 보인다. 또한 대선이나 총선과는 다르게 지방정치를 대상으로 한다는 측면에서 대대적인 유권자운동에 일정한 한계가 있을 것으로 보인다. 그러나 어느 시대에서나 보편적으로 적용되는 부패구조 철폐, 투표참여운동 등의 일상적인 활동들은 더 넓은 지역에서 펼쳐질 것으로 기대된다. 두 번째, 기초의회를 중심으로 소규모 출마를 밝힌 단체들은 시민사회단체의 지방정치 참여를 부정하지 않는다. 다만 조직적으로 참여하기에는 시기가 이르다고 판단하고, 새로운 싹들을 틔우기 위한 실험 무대로 삼고자 한다. 이들 단체는 2002년 지방선거에 시민사회운동진영의 개혁적 일꾼들을 제도권 지방정치의 무대로 대거 진출시키는 것보다 시민사회단체의 정치참여까지 가는 과정, 그에 대한 정당성과 필요성, 그리고 출마하는 이유 등을 공통으로 확인하고 실천하는 것에 더 큰 의미를 두려 한다. 소규모의 지방정치 참여를 통해 지방정치에 대한 시민사회단체의 인식을 넓히고, 지역이라는 토대를 배워나가는 계기를 만든다는 것이 이들 단체의 참여 동기이다. 끝으로, 조직적 참여를 밝힌 시민사회단체들은 낙선운동의 한계를 넘어 직접 참여함으로써 지역의 권력을 민주적으로 바꾸고자 한다. 또한 깨끗하고 건전한 시민들의 조직적인 진출이 필요한 시점이라고 판단하고, 각 단체에서 기초와 광역선거에 수백명의 후보자들을 발굴, 출마시킬 계획이다. 무엇보다 이들 단체들은 이번 선거를 통해 지방자치 개혁운동의 경험을 토대로 주민들이 진정한 대표자들을 선출할 수 있는 계기를 만들고자 한다.

적극적 선거 참여를 밝힌 시민사회단체들이 시류에 편승하여 급하게 결론을 내린 것은 아니다. 지방자치가 부활한 지난 1991년부터 단체장 직선까지 확대된 1995년에 이어, 1998년 선거에도 상황은 다르지만, 적극적인 후보전술을 펴왔다. 본격적인 지방자치 원년이라고 할 수 있는 1995년, <환경운동연합>은 46명의 환경후보를 당선시켰으며, 1998년에도 이와 비슷한 수준의 후보를 당선시킨 선례가 있다. <YMCA>의 경우도 기초의회를 중심으로 여러 지역에서 후보전술을 펼쳤으며, 여성단체들도 두 단체에 버금가는 활동을 해왔다. 따라서 시민사회단체의 지방정치 참여는 본격적인 지방자치 실시의 역사와 그 획을 같이 하고 있다. 선거라는 것이 냉정하게 말해서 후보자(또는 그 후보를 지지하는 세력)의 도덕성뿐만 아니라 능력에 대한 신뢰를 평가하고 검증하는 과정이라고 한다면, 이미 지방정치에 참여해 왔던 시민사회단체들은 그 검증의 경험을 거쳤다고 봐도 무리가 없을 것이다. 실제로 시민사회단체의 후보로 출마해서 당선된 지방정치인들의 활동은 그 지역의 정치지형을 한 단계 발전시켰을 뿐만 아니라, 지역운동의 역량강화에 기여했다는 평가도 만만치 않게 나온다.

다른 한편으로 선거 참여의 경험과는 무관하게 지역에서 오랫동안 풀뿌리운동을 해왔던 지역운동체들이 느끼는 지방정치 개혁의 필요성이다. 지역에서 묵묵히 풀뿌리운동에 몸담고 있는 활동가 중에는 이익집단을 대변하는 지방정치인들로 인해 운동의 좌절을 이야기하는 사람들이 많다.

"…… 내년 지방 선거에 환경적인 녹색후보를 낸다는 것은 기존의 후보를 내는 것에 대한 지원이 아니고, 체계적이고 공격적인 틀을 갖고 후보를 발굴하고 적극 지원하겠다는 의지입니다 …… 환경운동을 하는 사람들 입장에서는 지방자치제도가, 또는 지방자치단체가 현재로서는 친환경적이고 친생태적인 제도나 단체가 되지 못하고 있다는 문제 의식을 가지고 있고, 또 환경운동연합에는 전국적으로 50여 개 정도 지역조직이 있는데, 매일 지방자치단체와 많은 환경적 분쟁과 갈등을 빚고 있는 게 현실입니다. 그런 연유가 한편으로 있습니다. 또 한편에서는 어쨌든 깨끗하고 건전한 시민들의 조직적인 진출이 필요하며, 그것을 요구하는 게 현실이라고 봅니다."
(박진섭, <환경운동연합 녹색자치위원회> 사무국장, 2001)

"…… 제도적인 문제나 인사권의 문제 등이 중앙에 예속된 문제도 있지만, 우리가 생각하는 가장 중요한 문제는 지역정치인들이 중앙정치에 예속되어 있다는 것입니다. 특히, 공천과정을 보거나 지금 현 지방의회 구성원들의 성향을 보면 이 분들이 과연 지역자치를 생각하시는 분들인가, 아니면 중앙정치의 행동대장들이냐 하는 생각이 들 정도로, 의회의 인적 문제에 있어서 반쪽 짜리 지방자치라는 것을 알 수 있습니다."(강영추, <지방자치개혁연대>, 2001)

두 활동가의 지적처럼, 지방자치제도를 더 민주적으로 바꿔나가는 운동도 필요하지만, 중앙에 기생하는 지방정치인들을 개혁적인 인물로 교체하는 노력도 중요함을 알 수 있다. 전국 어디든 지역운동단체와 기득권세력간의 갈등이 존재하기 마련인데, 재작년 우리 사회를 떠들썩하게 만들었던 고양시 러브호텔반대 운동이 대표적인 사례다. 고양시 주민들은 그들의 거주지에 러브호텔이 난립하자 대대적인 반대운동을 벌였다. 그럼에도 불구하고 고양시민들은 민심을 외면하고 개발업자들에게 손을 들어 준 고양시장의 독선과 이를 견제하지 못한 무능력한 지방정치인들을 지켜볼 수밖에 없었다. 이 운동을 주도했던 여러 지역운동단체와 주민들은 지방정치의 후진성에 좌절할 수밖에 없었는데, 아직까지 러브호텔 문제는 지역의 뜨거운 감자로 자리하고 있다. <시민자치 실현을 위한 고양시 젊은 일꾼 모임>이 올해 선거에 참여하게 된 데는 바로 이러한 배경이 있다. 이들은 운동의 경험을 지방정치까지 확장함으로써 지역민들이 희망하는 새로운 정치의 깃발을 나부끼고 있다.

이런 상황에도 불구하고 시민사회단체 내·외적으로 조심스런 비판의 목소리도 나오고 있다. 학연, 지연, 혈연이나 지역주의의 영향력을 뛰어넘을 수 있는 시민사회단체의 역량이 아직 미흡하다는 지적, 선거에 참여하려는 개별 단체 내부에서의 통일된 합의, 나아가서는 범시민사회단체의 공론화된 합의가 이루어지지 못했다는 지적, 그리고 전문적 능력을 갖춘 공인 받은 개인의 부족 등을 들고 있다. 또 다른 비판으로는 시민사회단체를 정치세력화의 전초기지로 삼고자 한다면, 시민단체 본연의 역할이 크게 훼손될 것이라는 우려가 있다. 일반 대중들의 정서도 그렇게 곱지 만은 않다. 최근 한 리서치기관의 조사에 의하면 우리나라 국민들이 가장 신뢰할 만한 집단으로 시민단체를 뽑았다고 한다. 시민단체의 공익적 활동이 객관적이고 중립적이었다는 것을 역으로 보여주는 것이다. 그러나 여전히 많은 시민들은 시민사회단체들의 정치참여에 대해 부정적인 입장을 가지고 있는 것이 현실이다. 권력의 감시자로서, 그리고 성숙한 시민사회를 길러내는 전령사로서 시민사회단체의 본질적인 역할에 충실해야 한다는 지적이다.


## 지역 들여다 보기 : 다양한 세력들, 그리고 운동/정치의 영역

　구체적인 지역의 정책결정 과정이나 권력구조는 그렇게 단순하지 않다. 중앙의 그것과 흡사하지만, 지역은 주민의 직접적인 공간으로써, 행동양식으로써, 삶의 터전이라는 점에서 차별성을 가질 수 있다. 키 큰 나무에 잎을 틔우고, 열매를 맺게 하는 일이 바로 구체적인 지역에서 벌어지는 일이다. 주민들이 스스로 참여해서 무엇인가를 해결하는 과정, 즉 자치의 과정을 확인하는 곳이 바로 지역이다. 중앙은 이런 자치의 원형을 목격하기엔 너무 멀리 있다. 이런 지역에도 중층적이고 얼기설기 얽혀 있는 지형들이 존재한다. 지방정부로 대표되는 행정관료, 이를 견제하는 지방의회, 각종 이익집단, 건설업자와 이권 브로커 등 권력의 주위를 맴돌며 자신의 이익을 놓지 않으려는 기득권 세력, 반상회나 아파트부녀회 등의 공인된 조직들, 각종 관변단체들, 그리고 이와는 반대편에 자치형 소모임들과 풀뿌리운동을 비롯한 각종 지역운동체들로 구성되는 영역들이 지역 시민사회의 성격을 규정한다. 지역의 권력은 양방향으로만 밧줄을 당기는 줄다리기와 달리, 여러 갈래로 뻗어 있는 밧줄에 자신의 이익을 끌어당기는 모양이라 할 수 있으며, 어느 쪽 영역이 힘의 균형을 깨느냐에 따라 밧줄의 향방이 가려진다. 지역의 권력은 중층적이라서 어느 한 집단이 독점할 수 없다. 대개, 권력은 지역에서 기득권 유지라는 동일한 이해관계에 뿌리를 두고 있는 세력들에 의해 좌우되는 경우가 태반이다. 그런 의미에서 민대관(民對官)이라는 도식화된 지역권력구도는 사라졌다. 대신 자치세력 대 반자치세력, 또는 풀뿌리 민주주의 세력 대 보수기득권 세력 등 다층적인 대립구도가 자리를 메우고 있다. 엄밀히 말하면 이러한 구도는 새롭게 형성된 권력의 지형이 아니다. 이전에도 그러했지만, 드러나지 않았을 뿐이다. 지역의 이런 구도를 민주적으로 바꿔내는 일은 중앙의 그것만큼이나 쉽지 않은 일이다. 그 래서 제도의 혁신뿐 아니라 인적 변화의 중요성을 이야기하곤 한다.

이러한 지역을 유심히 지켜보면 정치적인 것은 전문적인 정치꾼들만의 소 유물이 아니다. 또한 정치적인 영역과 운동적인 영역, 또는 생활의 영역이 각 자 떨어져 존재하는 것도 아니다. 한가운데에 '정치'라는 떡고물을 놓고, 다양 한 영역의 세력들이 이권다툼을 벌이는 형상을 생각했다면 오해라고 할 수 있 다. 위에 열거한 다양한 세력들의 활동이 크로스되면서 정치라는 산물이 생성 된다. 운동적인 관점에서 보면, 운동적인 영역의 연장선상에 정치의 영역이 존 재할 수 있다. 우리가 이야기하는 지방자치는 정치적인 영역과 시민운동 영역 으로 나뉘는 것이 아니라 제도권과 비제도권으로 나뉠 뿐이다. 제도권 내에도 정치와 시민사회운동이 존재하며, 비제도권에도 정치와 시민사회운동이 존재 한다. 정치를 중심에 놓고 보면, 제도화된 정치와 비제도화된 정치로 나뉠 수 있다. 시민사회단체의 정치참여는 제도화된 정치로의 진입을 뜻하는 것이다. 이런 개념에 동의한다면, 시민사회단체가 기성 정당에 비해 정치력이 부족해 서 선거 참여가 이르다는 우려는 일면 타당하지만, 더 정확하게 말한다면, 시 민사회단체 내 운동의 영역이 확대되지 않았기 때문에 아직은 역부족이라고 볼 수 있다. 이를 다른 말로 표현하면, 우리에겐 아직 '자치의 경험이 부족'하 다.

지역정당으로 잘 알려진 일본의 <가나가와 네트워크>는 운동적인 영역이 어떻게 정치적인 영역으로 발전하였는가를 잘 보여준다. 1971년 시작된 <생 활클럽 생협>2)은 지난 1980년, 「합성세제추방대책위원회의 설치 및 운영에 관한 조례」를 제정하기 위해 22만 명의 시민으로부터 서명을 받아, 가나가와 현의 7개 시의회에 직접청구를 하였다. <생협> 멤버들은 의회 심의를 방청하

---

2) '생활클럽 생협'에 대해서는 3부 11장, "일본의 로칼파티 운동과 대리인운동" 참조

는 가운데 대부분의 시의원들이 그 내용조차 이해하지 못한다는 사실을 확인하게 된다. 결국 이 조례는 모든 시에서 부결되었다. 이런 경험은 <생활클럽 생협> 멤버들을 자극하게 된다. 결국 <생협> 멤버들은 시민들의 의사에 의해 움직일 수 있는 자신들의 대리인들을 지방정치에 진출시킬 필요성을 느끼게 되었고, 그것이 <가나가와 네트워크 운동>의 설립으로 이어진다. 일본도 우리처럼 법적으로 지역정당을 인정하고 있지 않지만, 지역정당은 기성정당 이상의 탄탄한 조직력을 갖추고 있다. 현재 <가나가와 네트워크>는 여성들을 중심으로 40여 명 이상의 지방정치인들을 배출하여 활동하고 있는 중이다.


## 개인적인 능력을 넘어선 대리인운동

"사회개혁은 절대 강한 자들이 약해짐으로써 이루어지지 않는다. 늘 약한 자들이 강해짐으로써 이루어진다"는 마르크스의 지적처럼, <가나가와 네트워크 운동>의 설립 경험은 지방정치로부터 한 발짝 떨어진 주민들을 강한 정치적 주인으로 거듭나게 하는 계기가 되었다. 흔히 우리의 지방정치 풍토에서 주민은 형식적으로 지역의 주인이라고 불리지만, 실은 주민의 대리인을 자청하는 지방정치인들이 주민보다 우위에 있음을 알 수 있다. 또한 지방정치인들은 각종 이권에 개입하면서 지역정치의 불신을 조장하기도 한다. 이런 점에서 지역의 정치판은 중앙의 그것의 축소판이라고 할 수 있다. 생각해 보면 이미 중앙 정치판에는 이름을 거론하지 않더라도 진보적이고 개혁적인 인사들이 대거 포진해 있다. 지방정치판에도 그 동안 지역에서 꾸준히 활동해 왔던 많은 지역 활동가들이 배출되기도 했다. 그러나 이들 기(旣)진출자들에게 여전히 희망을 발견할 수 없다. 아래 두 지방정치인의 고백을 들어보자. 구의원을 지내고 현재 서울시의원으로 활동하고 있는 한 여성 의원은 이렇게 고백한다.

"저 역시 여성단체 활동을 통해 진출했습니다. 당선된 이후에 어떻게 기존의 시민운
동단체들과 지속적인 관계를 맺으면서 활동할 것인가에 대해 고민했었습니다……
[중략] …… 역시 두려운 것은 어느 순간이든 나 혼자만의 판단이 시민단체의 전체
적인 판단과 다를 경우 어떻게 대처할 것인가 하는 문제였는데, 그렇게 될 경우 내
개인적인 책임은 어디에 있는가 하는 힘든 고민에 다가와 있습니다."(시민자치정책
센터 4차 월례포럼 녹취록, 2001)

환경단체의 지원으로 시의회에 진출한 한 지방의원의 고백도 이와 비슷하다.

"너무 당연한 얘기지만, 출마자는 지방자치의 주연이 아니고 조연이 되어야 합니다.
그리고 주연은 당연히 시민들이 되어야 하는 거죠. 그렇지만 이런 것이 개인적인 수
사나 개인적인 의지에 대부분 머물러 있다고 생각을 합니다. 저를 비롯해서 많은 사
람들이 시민후보나 진보정당의 후보로 나와서 당선된 이후 전혀 여기에 걸맞는 활
동을 하지 못하는 경우가 너무나 많다고 생각합니다."(같은 글)

이런 고백은 비단 두 의원만의 고민에 그치지 않을 것이다. 시민사회단체의
지원을 받고 지방정치에 입성한 지방정치인들은 시민들로부터 공익적 활동을
검증 받은 시민사회단체의 후보자라는 차원을 떠나, 한 사람 한 사람의 의원으
로서 그 자질이나 능력에 손색이 없다. 그러나 그들을 내보낸 조직이나 집단들
과 유기적인 관계를 올바로 정립한 선례를 남긴 지방정치인은 거의 없다. 왜
그런가? 개인의 정치력에는 한계가 있다. 개인의 권리가 사회적 권력으로 만
들어지는 것은 개인과 개인의 의지가 모아져 하나의 힘으로 작용될 때만 가능
하다. 그러나 한국에는 이러한 사례가 거의 없다. 이렇게 된 원인은 '대리인'의
개인적인 능력이나 정치력 부족이 아니라 그 대리인을 내보내는 조직이나 집
단이 제대로 서 있지 않기 때문이다. '대리인'을 내보내는 조직이나 집단이 뿔
뿔이 흩어진 양상이 우리나라의 현실이라면, '가나가와 네트워크 운동'은 '수
많은 개인'의 집합이 탄탄하게 건재함으로써 지역에서 정치력을 행사할 수 있

는 사례라고 볼 수 있다.


## '인적 물갈이론'을 넘어, 자치의 기술 터득하기

2002년 지방선거에 적극적인 참여의사를 밝힌 단체들은 '인적 물갈이'의 필요성을 주장하고 있다. 대표적인 주자로 나서고 있는 몇 몇 단체들의 선거 참여 논리에는 개혁적이고 진보적인 인사들이 지역의 정치를 주도함으로써 지역 보수기득권세력들에 의해 놀아나는 지방자치를 제대로 바꿔 보자는 뜻이 담겨 있다. 지역을 움직이는 실세들은 기득권을 포기하지 않으려는 각종 이익집단을 대변하는 정치 행태를 보인다. 또한 지금의 구조로는 건전한 시민사회의 목소리를 제대로 반영할 수 없다. 이런 문제의식은 여러 지역에서 쉽게 확인할 수 있다. 많은 지역의 단체들은 지금도 개발을 통해 이득을 보려는 이익집단과 이들과 밀착해서 난개발을 일삼는 보수 행정가들과의 끝없는 줄다리기를 계속하고 있다. 따라서 시민사회단체들은 이런 반(反)자치 세력들과 다른, 차별적이고 대안적인 세력의 참여가 필요하며, 진보적 인사들의 지방정치로의 진입이 불가피하다고 주장한다.

그러나 지방자치는 전반적인 지역사회가 성숙되지 않으면 실현되기 어려운 제도다. 지방자치 성패의 갈림길은 얼마나 그 지역의 구성원들이 자치의 경험을 축적하고 실현시키려고 하느냐에 달려 있다. 제도적인 차원은 그 다음의 문제다. 이를 단적으로 보여주는 곳이 이란의 '라주르' 마을이다. 이란의 수도 테헤란에서 동쪽으로 3시간 거리에 있는 '라주르' 마을 사람들은 그들 스스로도 변화된 모습에 놀라곤 한다. 지금도 이란은 개혁파 정치인들과 종교적 보수주의자들간에 국가 통치 방법을 두고 치열하게 정치적 싸움을 벌이고 있다. 그러나 '라주르' 마을 주민들은 더 나은 삶을 위한 공동의 욕구와 실용주의를 선택했다.

“지방 정부를 구성할 수 있는 허가를 얻어낸 지 2년이 지난 후, 그들에게는 많은 변화가 찾아 왔다. 3,000여 명의 주민들은 직접 그들의 지도자를 선출하고, 주민들 스스로가 안고 있는 문제점들을 분석하고 해결방안을 찾으면서 다양한 프로그램을 실천했다. 그러면서 주민들은 공동으로 42개의 댐을 만들고, 6,700여 개의 나무를 심고, 황폐한 땅에 풀을 심고, 연못을 만들어 용수를 공급했다. 그러나 이러한 변화는 아주 일부분이다. 무엇보다 가장 중요한 변화는 주민들 개개인의 의식을 바꿔내는 것이었다. 테헤란에서 온 운동가 라자비 씨 말에 의하면 남자들 스스로 이렇게 말한다고 밝히고 있다. “여성은 훌륭합니다. 만일 모든 남자가 라주르를 떠나면 아무 일도 없겠지만, 여성이 한 명이라도 떠난다면 우리는 깊은 겨울잠에 빠질 겁니다.”라고. 또한 많은 주민들이 가장 중요한 결정을 하는 지방의회에 더 많은 여성이 필요하다고 말한다. “내 생각에는 이 곳 일의 80%는 여성이 하고, 이 일하는 여성들은 충분한 권한을 위임받아야만 한다”라고.“(변영환 2001)

우리나라보다 더 심한 가부장적 사회인 이란에서 여성에 대한 인식이 긍정적으로 바뀌는 일은 흔치 않은 일이다. 이러한 변화는 그냥 찾아온 것이 아니었다. 훌륭한 제도의 뒷받침에 의해 의식의 변화를 이뤄 낸 것도 아니며, 어느 한 지도자의 능력으로 그들의 사고가 바뀐 것은 더더욱 아니다. 그들은 공동체를 유지하기 위해 참여하고 실천함으로써 그들만의 공동체를 만들어 냈고, 그들의 사고도 서서히 변화시켰다. 자치의 기술을 터득함으로써 얻은 삶의 지혜가 아니었다면 이런 변화는 불가능했을 것이다. ‘라주르’의 변화가 던져주는 시사점을 고려한다면, 개개인의 성숙된 몇 몇 지역 활동가들이 지방정치에 참여해서 지역을 바꾼다는 것은 한계가 명백하다. 지난 2000년, <총선시민연대>는 부정부패 추방과 지역감정 타파 등의 구호를 내걸고 낙선운동을 전개했다. 이 운동은 부적격자로 판명된 70% 가까운 후보자를 낙선시킴으로써 전대미문의 사건을 만들어냈다. 그렇다면 이와는 반대로 70%에 가까운 사람들은 덜 부적격자인가? 2년 가까이 16대 국회를 바라보면 그렇지 않음이 확실시되고 있다. 제도권 지방정치의 상황도 이와 비슷하다. 지난 95년, 경기도의 한 소도시에서 치룬 지방선거 경험도 우리에게 많은 시사점을 준다. 총 7명의 기초의원을 선출해야 했던 이 도시에서 5명의 후보가 시민후보의 이름을 걸고 전원이 당선되는 즐거운 사건이 벌어졌다. 이 승리는 지역감정을 비롯한 고질적인 한국사회 선거판의 병폐를 극복한 시민사회단체의 승리였다고 해도 부족함이 없을 것이다. 또한 5명의 시의원 개개인들은 시민후보의 자질을 두루 갖춘 사람들이었다. 이와 비슷한 상황은 98년의 선거에도 이어졌다. 과반수를 넘는 총 4명의 범시민후보들이 당선된 것이다. 그러나 95년으로부터 7년여가 지난 지금, 이 결과에 대한 평가는 어떠할까? 아직 평가는 이르지만, 의원들에 대한 이 지역 시민사회운동진영의 평가가 그리 긍정적인 것만은 아니다. 이 지역에서 출마한 시민후보들은 개별적인 활동에 있어 상대적으로 시민사회를 개혁적으로 대변할 수 있었다고 평가할 수 있고, 지역의 '좋은 일꾼'임에 틀림없다. 그러나 시민들과 호흡하며 지방자치를 한 단계 성숙시키려는 조직적인 차원의 그것과는 상당히 거리가 멀어 보인다. 또한 우리가 기대하는 참여와 자치, 그리고 분권의 희망을 실현시키기엔 더더욱 역부족이었다. 그렇다면 개인들의 역량이 부족하기 때문인가? 그렇지 않다. 다시 원론으로 돌아가면, 시민사회운동진영은 이미, 선량하고 개혁적인 인물들을 지방정치 무대에 진출시키려는 노력을 해왔고, 또한 일정한 성과도 거둬왔다. 그러나 '인적 물갈이'이라는 논리가 조직적으로 지방정치에 참여하려는 시민사회운동진영의 기치가 된다면, 운동적인 의미가 퇴색될 위험이 있다. 이미 '인적 물갈이'는 기성 정당이 사용하고 있는 구호이며, 철지난 구호에 지나지 않는다. 그래서 우리는 다시 밑으로 눈을 돌릴 수밖에 없다.


## 몇 가지 우려들. 그리고 다시 생각하는 원칙들

2002년 선거가 이전의 그것처럼 알맹이 없이 소리만 높인다면 당분간 고루

한 질곡의 역사 속에 묻힐 가능성이 있다. 이러한 우려를 경계하면서 몇 가지 원칙들에 대한 충분한 논의가 이루어져야 할 것이다.

첫째, 반짝이는 성과보다는 지역에서 성장 가능한 싹들을 틔워야 한다. 2002년 지방선거는 여러 가지 측면에서 의미 있는 계기가 될 것으로 보인다. 지방자치를 재시행한 지 10년이 지난 시점이고, 서서히 연착륙의 단계로 접어든다는 점을 부인할 수 없을 것이다. 문민정부와 국민의 정부 이후, 지방자치가 한층 더 중요성을 획득하고 있다는 점도 주지의 사실이다. 그리고 점점 공(公)의 영향력과 중요성보다는 공(共)의 영역(사회적 연대활동)[3]이 확대되고 있다는 데 동의한다면, 우리의 지향점은 공(共)의 영역을 어떻게 주권재민 할 것인가에 초점을 맞출 필요가 있다. 제도로서의 지방자치를 안착시키는 것은 그동안 우리가 잊고 살아 왔던 자치의 기술들을 되찾는 것이 필요하고, 이것은 결국 주민들이 올곧게 세워져야 가능한 일이다. 그리고 2000년 말, 지방자치 역사의 발전을 퇴행시키려는 42명의 수구적 보수 국회의원들이 있었듯,[4] 더 많은 시민들에게 지방자치의 참다운 의미를 설파하고 자치의 참 의미를 익힐 수 있는 토대를 시급히 마련할 필요가 있다. 최근, 중앙의 시민사회단체나 진보정당에서 일하는 활동가들이 서서히 지역으로 눈을 돌리고 있는 것을 목격할 수 있다. 이들 활동가들의 문제의식은 생활의 터전을 이루는 지역에서부터

---

3) 최종만은 일본 지역사회생활을 논하면서, 종전의 '행정의존주민'을 재생산해 온 중앙집권적 관민형 사회를 근본적으로 변혁하여, '관=공공(公共)'이 독점해 온 사회적 기능을 '공(公)=정부'와 '공(共)=사회적 연대활동'으로 분할하고, 작은 정부·행정과 자립한 시민에 의한 '분권적 공공사(公共私)형 사회'를 만들어야 한다고 말한다. 이 공(共), 즉 사회적 연대활동의 핵은 바로 '주민운동'이라고 지적한다. (최종만 1998)

4) 2000년 11월 말, 한나라당 임인배(林仁培)의원 등 여야 의원 42명은 "지방자치제 실시 이후 행정서비스 개선 등 여러 장점이 있었던 반면, 각종 지역이기주의에 편승한 무분별한 지역개발, 전시성 및 선심성 사업남발, 방만한 재정운영, 단체장의 직무 태만과 인사권 남용 등 많은 문제점이 발생하고 있다"며 2002년 지방선거부터 시장, 군수, 구청장 등 기초단체장 선거를 없애는 대신 광역 시·도지사에 의한 임명제로 전환하자는 법 개정안을 국회에 제출한 바 있다.

의 변화에 천착하고 있다. 결국 사람의 변화가 핵심 키워드다.

둘째, 지방선거에서 후보전술을 선택한 개별 시민사회단체의 목적이 명확해야 하고, 가지고 나갈 의제가 일반론을 넘어 구체성을 띠어야 한다. 앞서 지적한 대로 막연하게라도 좋은 일꾼들을 내보내면 뭔가 바뀔 것이라는 기대는 경험적으로 가능하지 않다. 또한 시민사회운동과 지방정치와의 접점을 찾는 것인지, 소박하게나마 실험의 장으로 삼고자 하는지, 아니면 시민사회단체 내부에서 의심의 눈초리로 보고 있는 정치세력화를 목적으로 하는지를 명확히 할 필요가 있다. 주민의 대리인으로서 잘 훈련된 지방정치인들의 역할은 시민사회운동의 질적 발전을 꾀하는 데 많은 보탬이 되어 왔다. 따라서 출마를 선언한 시민사회단체가 이번 선거에 어떠한 시각으로 접근하느냐는 향후 운동이나 지방정치발전에 상당한 영향을 미칠 수 있을 것이다. 정치세력화와 관련해서는 아직 시민사회운동단체 내부에서도 의견의 스펙트럼 현상을 보이고 있기 때문에 일정한 합의점을 찾기란 쉽지 않을 것으로 보인다. 그러나 정치세력화의 문제를 개별 단체의 선택이라고 볼 수 있다면, 대안적 정치세력을 개별단위에서 준비하는 것도 부정할 수만은 없을 것이다. 물론 이에 대한 충분한 고민은 이번 선거를 준비하는 것만큼 폭넓고 깊게 논의되어야 할 것이다. 또한 선거의 의제, 또는 정책은 구체성을 띠어야 한다. 가끔, 이번 선거에 출마하는 후보자들에게 "지방정치에 진출하면 어떤 활동을 할 것인가?"라는 질문을 할 경우가 있다. 안타깝게도 대부분의 후보들은 지역에서 할 수 없는 일, 즉 국가 차원의 사업들을 제시하곤 한다. 지방선거의 의제는 어느 지역이나 통하는 일반론만으론 무의미하다. 지역 고유의 의제들이 필요하다. 이를 위해서는 최소한 지역이 어떻게 돌아가는지를 충분히 공부해야 한다. 대변형 운동5)에 익숙한 많은 활동가들은 지역에 대해서는 너무 모른다는 지적을 받는다. 예산, 조

---

5) '중앙형 운동', '자치형 운동' 등에 대한 개념은 1부3장의 "주민자치, 주민자치운동의 현황과 과제" 참조

례, 위원회 등과 같은 영역별 주제들뿐만 아니라 그 지역의 청사진에 대한 진지한 고민이 필요하다.

셋째, 선거 결과보다는 과정의 중요성과 필요성을 인식할 필요가 있다. 지방선거는 후보자에 대한 검증의 장 이상의 의미가 있다. 운동의 성과들이 축적되고 발현되는 곳이 또한 선거의 장이다. 그러나 우려되는 점으로 이번 선거를 준비하는 단체들 중에는 마치 기성정당이 공천을 주듯, 공중에서 내려다보며 선거에 임하려는 모습이 보인다. 아래로 내려와 지금 여기 존재하는 현실에 묵도하면서 선거에 임하지 않는다면, 새로운 흐름이나 신선함을 느끼기엔 한계가 있을 수 있다. 단지 각 단체의 이미지나 브랜드만을 선거용 무기로 삼으려 한다면 결국 기성정당의 모습과 다를 바가 없다. 기성정당이 이번 선거를 대권 전초전이라고 판단한다면, 시민사회운동진영이 가지고 있는 의미는 '자치의 획득'이라는 것에 있을 것이다. '자치'는 권력의 획득을 목적으로 하거나 나타난 결과에 좌우되는 것이 아니라, 지난한 과정을 통한 발전, 그리고 또 다른 과정을 밟아야 하는 변증법의 과정이다. 너무나 당연한 말이지만, 이번 선거의 관건은 얼마나 그 과정을 내실 있게 만드느냐에 있다고 본다. 명시적으로 밝히고 있는 1,000여 명의 시민사회단체 후보들이 얼마나 우리사회 곳곳에 자치의 싹들을 틔우느냐에 있는 것이다. 결과는 이미 선거가 끝나는 시점이 아니라, 그것을 준비하는 과정에서 나타날 것이다.

넷째, 아래로부터의 변화와 선거 이후를 준비하자. 필자의 경험으로는 지난 1995년, 1998년 선거 이후 대리인으로서 의회 활동을 충실히 수행했던 지방정치인을 만난다는 건 그리 쉽지 않은 일이었다. 여기서 말하는 '대리인으로서 의회 활동'이라는 것은 한 개인의 돋보이는 훌륭한 성과가 아니라, 대리인을 내보낸 주체들과 대리인과의 관계가 제대로 세워진 사례를 말하는 것이다. 따라서 지방선거에 참여하는 단체들의 주장이 공허하지 않으려면, 후보자 개개인 자질의 문제 이상으로 그들과의 확실한 관계설정이 이루어져야 할 것으로 보인다. 브라질의 꾸리찌바시는 밑에서부터의 움직임 없이, 몇 몇 리더들의 치밀한 계획으로 지난 1971년부터 지금까지 꾸리찌바시를 장악하며, 여러 국제 기구에서 선정한 세계에서 가장 살기 좋은 도시로 꼽히고 있다. 꾸리찌바시는 개발도상국의 도시임에도 불구하고 주민들에게 높은 삶의 질을 제공하기 위한 획기적인 정책들을 시행해 왔다. 주체가 미약하더라도 지역의 비전을 제시하는 것은 불가능한 일이 아니다. 그러나 꾸리찌바시는 지방자치의 본연의 취지에 걸맞는 원형을 일궈낸 사례가 아니다. 70년대 중반, 절정에 달했던 일본의 혁신자치체 운동을 상기해 보자. 흔히 '혁신의 자치'가 아닌, '자치의 혁신'을 얘기하듯, 일본 혁신자치체가 실패한 원인은 결국 아래로부터의 혁신이 부족했기 때문이라는 평가가 지배적이다. 몇 몇 수장의 의지만으로 '자치의 혁신'을 이뤄낼 수는 없다. 우리는 "위에서부터 아래로"에 익숙해져 있다. 지방자치는 근본적으로 "아래로부터의 변화"가 있어야 한다. "아래로부터의 변화"란 무엇인가? 밑에서부터 개혁이 이루어져야 하고, 그 중심에는 다수의 시민이 있다. 시민사회운동진영의 무기는 '자치'의 참 맛을 아는 '시민'들이다.


## 나오며

올해의 하이라이트는 지방선거가 아니다. 어쩌면 2002 월드컵보다 더 관심을 갖고 지켜볼 단막극은 단연 대통령선거다. 정치권도, 언론도, 그리고 국민도 결국 12월에 열릴 대통령 선거에 스포트라이트를 비출 것이 틀림없다. 이미 오래 전부터 언론의 초점은 대통령 후보들에게 맞춰져 있다. 기성정당의 입장에서 지방선거는 대권으로 가는 길목, 어느 한켠에 자리한 약간 가파른 고개일 뿐이다. 이러하다면 정치권과 언론은 지방자치 본연의 취지나 개별 지역의 정책들에 대한 관심을 뒷전에 둘 수밖에 없을 것이다. 그렇다고 시민사회운동 세력의 정치참여가 정치권에 자극을 주거나 위기의식을 느끼게 할 수 있을 정도로 막강한 파워를 형성할 수 있다면 모를 일이지만, 아직은 요원한 상황인 것 같다. 이런 상황에서 냉정하게 말한다면 시민사회단체의 참신한 지방정치 진출 시도를 언론에서 제대로 지원해 줄지 미지수다. 중앙언론은 자신을 위협하는 세력에 대한 철저한 자기 방어를 완벽하게 갖춘 집단이기 때문에 지방자치의 안착화가 도움이 되지 않는다고 판단하면 개혁적이고 진보적인 인사들에게 플래시를 터뜨리지 않을 것이다. 목전에 있는 월드컵 행사도 이러한 상황을 부추기긴 매 한가지다. 또한 지역감정이나 금권/관건 선거에 휘둘리지 않는 성숙된 시민의식을 기대하기엔 요원한 일이다. 그럼에도 2002년 지방선거를 준비하는 제단체들의 일관된 목소리는 이러한 분위기에 흔들리지 않고 선거 참여의 역량만큼 그 이후도 준비하겠다는 입장을 밝혔다. 또 상당수의 단체들은 공통적으로 자치운동의 일환으로 후보전술을 펼친다고 주장한다.

오랜 기간, 구체적인 지역에서 풀뿌리 민주주의를 위해 헌신한 중견 활동가들이 있었기에 한국의 지방자치가 한 단계 발전되었음을 누구도 부인하지 못할 것이다. 또한 누구도 이들 중견활동가들이 새로운 활력을 위한 방법으로써 제도화된 지방정치의 장으로 진출하려는 시도에 대해 마음을 닫지 않을 것이다. 그 과정이 지난함을 알기 때문이다. 마찬가지로 제도권 지방정치 외부에서 묵묵히 자치의 경험을 쌓고, 새로운 싹들을 틔우려고 노력하는 중견활동가들의 노력을 부인하지 않을 것이다. 그 과정 역시 지난한 일이다. 어느 위치에서 정치적 영향력을 확대할 것인가는 그리 중요한 것 같지 않다. 문제는 제도권 내부든 외부든, 그런 세력에 힘을 보탤 수 있는 "수많은 개인"들이 있어야 한다는 것이다. "수많은 개인"은 저절로 만들어지지 않는다는 것을 우리는 잘 알고 있다. 그 동안 중앙정치는 10살짜리 늦둥이 지방자치를 움켜쥐고 놓으려 하지 않았다. 절름발이 지방자치를 치료할 수 있는 가장 강력한 치료법은 결국 시민들로부터 나온다는 사실을 우리는 알고 있다. 이번 선거를 통해 무엇을 얻을 것이고, 우리가 준비해야 할 것이 무엇인가를 선거의 장에서뿐만 아니라 시민사회운동진영 내부에서 고민할 필요가 있다. 시민사회운동진영이 운동을 통해 얻은 무기들의 예각을 날카롭게 만드는 일은 사람을 변화시키고 자치의 경험들을 서서히 쌓아 가는 과정이라고 한다면, 중앙정치를 견제하는 세력과 지방정치를 이끌어 가는 세력, 그리고 시민들을 자치적으로 만드는 일은 서로 다른 별개의 문제가 아니라 잘 맞춰진 톱니바퀴처럼 맞물려야 할 것이다. 그 중에서도 시민사회를 좀더 확장하는 것은 이 모든 것의 일차적 해결과제가 아닐까 한다.


□ **참고문헌**

변영환. 2001. 「이란의 작은 마을에서 창조하는 민주주의 모델」. 시민자치정책센터 발행. 『시민자치뉴스레터』 준비20호
최종만. 1998. 『일본의 자치체 개혁』. 나남출판.

# 2002년 지방선거 직접 참여를 밝힌 시민사회단체들의 입장

● 지방자치개혁연대

<지방자치개혁연대>(이하 자치연대)는 주민의 생활공동체이며 민주주의의 기초단위인 지역으로부터 참여와 분권의 기치 아래, 지방자치의 개혁을 통해 새로운 사회지평을 열어나가는 것을 그 사명으로 하는 '지역간 수평적 네트워크'이다. <자치연대>는 '지역'이라는 개념이 '중앙'과 '지방'의 대립적 개념이 아니며, 행정의 하위단위, 지리적 공간 개념이 아님을 밝히고 있다. '지역'은 주민의 생활공동체이며, 민주주의의 기초단위이기 때문에 '지역'은 운동의 가장 중요한 전략 단위이자 일차적 실천단위이다.

<자치연대>는 크게 세 가지 영역의 개혁운동을 중점에 둔다. 첫째, 중앙정부의 지방정부로의 권한 이양, 재원의 재분배, 그리고 지방공무원 인사제도 개혁 등을 골자로 하는 분권확대개혁운동, 둘째, 주민발안, 주민투표, 주민소환 등의 직접민주주의 실현, 주민총회·민회운동의 전개, 그리고 주민자치센터 개혁, 마을만들기 등의 시민자발적 운동 촉진과 같은 지방자치 활성화개혁운동, 셋째, 선거법 개정, 보수정치에 맞선 인적 구조 개혁운동 등을 통한 지방자치제도개혁운동을 전개하려 한다.

이런 점에서 <자치연대>의 핵심 키워드는 자치(지방자치 개혁의 기수들), 분권(지방화·분권화를 추동 하는 조직), 참여(주민참여와 직접민주주의 토대를 만드는 조직), 개혁(사회개혁, 정치개혁의 기초조직), 연대(시민·사회·지역단체의 총 연대조직)라고 볼 수 있다. <자치연대>가 효율적이고 간소한 집행체계를 유지하는 이유도 이러한 핵심 테제에 기초하고 있기 때문이다.

이를 위해 <자치연대>는 몇 가지 조직결성 원칙을 두고 있다. 먼저, 중앙집중화에 반대하는 지역 중심의 조직 건설을 목표로, 250여 시·군·구 지역조직에서 출발하며, 해당 지역에서 시민·사회·지역단체, 개인들이 참여하는 연대조직을 원칙으로 한다. 둘째, 지역조직의 기본 단위를 생활권으로 하며 수직적 계열화된 위계적 조직구조가 아니라 중층적 구조를 인정하는 것을 원칙으로 한다. 셋째, 선거참여를 주요 축으로 하는 조직 건설을 목표로 지역실정에 맞는 구체적이고 생활밀착형의 정책을 개발하고 보급하는 것을 원칙으로 한다.

(참고 : <지방자치개혁연대> 발기인대회 자료집 2001. 4. 17)


● 열린사회시민연합

<열린사회시민연합>은 2002년 제5기의 활동기로 접어들게 된다. 지난 4년간 활동은 지역사회에 건강한 공동체를 건설하는 것을 목적으로, 저소득방임아동 방과후학교, 삶터가꾸기, 생활환경사업, 지방자치사업 등을 실천해 왔다. 특히 <열린사회시민연합> 내의 지방자치위원회에서는 지방자치와 관련한 각 사안들을 연구하고 검토하여 적극 대응함으로써 <열린사회시민연합>의 활동력을 보완하고자 한다. 그 구체적 사업으로는 ① 주민자치와 관련한 각종 법, 조례, 제도 등의 연구, 검토와 실천사업, ② 지방의회 (기초)의 진출을 통한 조직역량강화 ③ 연대사업 등을 들 수 있다.

<열린사회시민연합>은 생활과 문화적 삶의 1차 터전인 지역에서의 정치는 분명 생활정치여야 함을 강조한다. 생활정치의 주요 핵심은 주민들이 공동체에 참여하여 주체로 나서게 하는 일이다. 따라서 <열린사회시민연합>은 '정치세력화'의 입장에서가 아니라, '지역사회공동체운동, 주민자치운동의 활성화'의 입장에서 지방의회에 진출하는 것이 타당하다고 본다. 지역사회공동체운동의 연장선상에서 지역사회의 현안에 대한 정보력을 확보하고 전향적인 민관 파트너쉽을 매개하며, 또한 <열린사회시민연합> 소속 지방의원의 모범적인 의정활동을 통해 지역사회의 신뢰를 넓히고 영향력을 행사할 수 있다고 기대한다.

이러한 이념 아래, <열린사회시민연합>은 지방의회 진출의 기본 원칙을 제시한다. 지역에서의 조직역량, 사업과의 관련성 등을 판단하여 후보를 내되 의회진출이 조직강

화에 기여할 수 있는 지를 주요하게 고려하며, <열린사회시민연합>의 운동지향 및 사업과 관련한 공통의 공약을 준비하고, 후보는 열린사회시민연합의 현직을 그대로 유지할 수 있도록 한다. 또한 타 시민단체의 후보들과 적절한 수준에서 연대하며, 이와 관련된 실무는 지방자치위원회에서 다루는 것을 원칙으로 하고 있다.

(시민운동과 지방정치 토론회 "2002년 지방선거 어떻게 준비할 것인가", 2001. 7. 6)


● 환경운동연합

1993년 4월, <공해추방운동연합>을 비롯해 전국의 주요 8개 환경단체가 통합해서 <환경운동연합>을 탄생시켰다. 지역운동의 확산과 초국적인 연대를 기치로 광범위한 활동을 벌여온 <환경운동연합>에는 현재 부설기관과 50여 개의 지역조직, 그리고 7만여 명의 회원이 참여하고 있다.

<환경운동연합>은 지방선거 참여를 위해 녹색자치위원회를 조직적인 차원에서 합의하여 건설했다. 녹색자치위원회에서 밝히는 녹색자치운동의 의미는 크게 네 가지로 ① 정치·사회적인 의미(자치와 분권의 확대, 세계화를 넘어선 지방화, 그리고 주민참여를 통한 직접민주주의의 확산) ② 시민사회적인 의미(지역운동의 활성화를 통한 중앙운동과 지역운동의 통일, 그리고 사회개혁의 지방화 및 다양화) ③ 환경운동적인 의미(지역 생태계 보존, 환경운동의 주민화) ④ <환경운동연합>의 조직적인 의미(환경운동을 넘어선 녹색사회변화를 위한 참여, 녹색정치의 모색)이다. 이를 종합하면 녹색과 생태계보존, 분권과 자치, 그리고 평화와 생명문화 실현이 녹색자치운동의 기본 방향이라고 할 수 있다.

<환경운동연합>은 지난 95년, 98년의 지방선거 참여의 연장선에서 2002 지방선거를 바라보고 있다. 정쟁 중심의 중앙정치를 극복하고, 참신한 지역 일꾼의 발굴, 그리고 시민들의 정치 혐오와 불신을 극복하기 위한 대안을 마련하고자 한다. 또한 내부적으로는 지방정치의 참여를 통해 조직의 역할을 분화·발전시키고 반환경적인 정책에 대응하며, 녹색자치 리더쉽을 형성하는 것을 목표로 삼고 있다.

이를 위해 <환경운동연합>은 독자 후보 출마군을 형성할 계획이다. 기초를 중심에 두며, 가능하면 40개 지역조직에서 후보자의 발굴을 통해 200여 명의 후보자를 확보할

예정이다. 이러한 후보자를 '녹색후보'로 명명하며, 그 기준으로는 무소속의 원칙과 공정한 평가를 통해 후보자를 선출할 것이라고 밝히고 있다. 이를 위해 지방선거 전에 녹색후보 선출 100인 위원회를 결성, 후보자를 검증하겠다는 의사를 밝히고 있다. 그리고 후보자 선출에는 다수의 여성후보 발굴, 경험이 풍부한 활동가의 출마를 고려하고 있다. 또한 2002년 지방선거를 준비하는 시민사회단체와의 적극적인 연대를 추진하고 정책적 연대나 공동후보 등에 대한 논의도 활발히 진행하고 있다.

(전국 주민자치 사례 발표회 자료집 중 2000. 11. 11)

# 10장
# 대안 정치의 씨앗 뿌리기

최경송

　[前文] 20세기 말 어떤 가을, 유럽의 한 도시에서 벌어진 반세계화 시위에서 한 청년이 들고 있던 적/녹/흑의 삼색기는 오랫동안 잊혀지지 않았다. 그 깃발의 남루함에서 뿜어나오는 사회주의, 생태주의, 아나키즘의 역사가 생생하게 느껴졌기 때문이었으리라. 유럽에서 그 장면이 하나의 풍속으로 자리잡았다면, 한국사회에서는 여지껏 그 이념들의 풍문만이 어지럽게 나돌고 있기 때문에 그 인상은 더 오래 갔으리라. 수입된 사상을 실천하기에 역사적 경험이 일천하다고 생각하면 그만인 것일까? 단순히 시간이 좀더 필요한 것일까?

　그것만으로 천민적인 한국사회를 핑계삼을 수는 없을 것이다. 여기에는 우리사회의 뿌리깊은 유교적 폐습이 개입되어 있고, 특히 이것은 지식인사회와 관련이 있다. 한편으로 그 관념성 탓에 실천적인 실용주의 정신이 질식했기 때문이요, 다른 한편으로 중앙파적 사고 탓에 탈중앙적 활동은 천시받아 왔기 때문이라고 생각된다. 관념성과 중앙파적 사고, 정확하게 이 둘은 동전의 양면이다. '중심'과 '현장'을 위아래로 사고하는 아비투스, 못된 '버릇'이다. 끝내 떨쳐내지 못하는 '지배'의 언어이다. 지식인에게 깊이 아로새겨진 위상학적 관념이다. 결과적으로 이 동전의 양면은 삶의 모든 현장에서의 '자율적 정치', 즉 '자치'를 경시하고 억압한다. 오히려 관념성은 지식인의 미덕으로 은연중에 권장되고 중앙파적 사고는 아예 삶의 태도 면면에 착근되었다.

여기에서 모든 비극들이 탄생한다. 사회주의, 생태주의, 아나키즘 등등의 이념에 관한 고공(高空) 담론들은 지식인사회의 주목과 환영을 한몸에 받지만 그런 거창한 이념과 어울리지 않는 박박 기는 활동들은 방치되고 외면되고 사회적으로 주목받지 못한다. 소위 학계인사들, 전문가들은 삶의 온갖 현장에서의 자치 활동들에 의미를 부여하고 고양시키는 고된 작업을 업으로 삼지 않는다. 한때 이념 자체가 우리사회의 우상이 되었던 시절이 있었지만 지금은 이념에 관한 고공 담론의 문화 자체가 하나의 우상이 되어 버렸다. 중앙지들은 사회적 비판에도 불구하고 압도적인 물량으로 전국을 도배하고, 국회의원 일동은 안주거리로 씹히고 씹혀서 역설적으로 자신들의 인지도를 제고시킨다. 박정희가 부활하고 국가와 민족이 모든 가치에 우선한다. 지역 사람들끼리 모여도 지역 현안 얘기할 때에는 하품하다가 대선주자들의 동향과 같은 전국적 이슈, 9·11 테러 같은 세계적인 정세에 관해서 토론할라치면 밤을 새며 불꽃튀는 논쟁을 전개한다. 사회적 수요가 차고 넘치는 시민운동진영은 성명서와 상근자들만의 피켓팅으로도 정신이 없다. 시민들은 회비만 내는 회원으로 자족하고 시민운동단체에게 '대변'되기만 한다.

한국사회의 이 고질병에 대한 올바른 처방은 무엇일까? 이 병 자체가 워낙에 중증인 만큼 단기적인 처방도 필요할 것이다. 누구나 맘 같아서는 꽁꽁 묶어놓고 일단 주욱 메스로 그어서 고름부터 남김없이 뽑아내고 싶은 심정일 터이다. 그런 방법은 그것대로 쓰더라도 좀더 근본적인 치유법, 즉 요구되는 역사적 시간과 기본적인 체력을 키우는 방법도 병행하자면, 그것은 무엇이겠는가? 진정으로 자치를 연습한다는 것은 무엇이겠는가? 이러한 문제의식을 바탕으로 이 글은 쓰여졌다.


## '녹색의 정치세력화', 나아가 '적녹연합'을 둘러싼 풍문에 관하여

최근 한국 시민사회 일각에서는 '녹색정치'를 둘러싼 풍문이 어지럽다. 한국사회 다섯 손가락 안에 꼽히던 NGO인 <환경운동연합>과 <녹색연합>을 둘러싸고 최근 그 풍문은 본격적으로 전개되고 있다. <환경운동연합>은 2002년 지방자치 선거에서 100여 명 이상의 '녹색자치후보'를 출마시킬 예정이며 <녹색연합>의 인사들 일부가 중심이 되어 '녹색평화당' 발기를 제기했다. 우선 가장 시급하게 지적되어야 하는 점은 이 흐름 모두 본격적인 녹색정치의 단초로 보기 어렵다는 점이다.[1]

이들의 주장은 공히 환경운동, 또는 시민운동의 정치적 진출, 나아가 녹색당 결성이 필요하다는 것으로 모아진다. 물론 이러한 주장은 그 자체로 정당성을 가진다. 지역 곳곳의 환경파괴 현장에서 수없는 충돌과 도전·응전을 펼쳐 온 환경운동의 입장에서, 또는 보수정당간의 정쟁에 신물이 난 시민들을 대변해야 할 시민운동으로서 응당 토로해야 할 주장임에는 틀림이 없다. 다만, 대중적인 차원에서 이러한 환경운동의 정치적 진출을 곧바로 녹색당 또는 녹색의 정치세력화로 이해하고 그 맥락에서 수용한다는 점이 문제이다.

무엇보다도 한국사회의 제도권 정치지형이 왜곡된 만큼이나 시민운동의 지형도 왜곡되어 있다는 사실을 잊어서는 안 된다. 주의할 점은 이 왜곡 자체가 한국사회의 현실적, 구조적 조건의 산물이라는 점이다. 따라서 이 왜곡을 도덕주의적인 관점에서 비판하는 것은 실익이 없을뿐더러 더 나아가서 정확한 현실적 조건을 보지 못하게 만든다는 점에서 매우 유해하다. 보수정당이 경쟁하

---

1) 각 단체의 입장은 앞장의 글을 참조하길.

는 현 정치판에 대한 도덕주의적 비판, 예컨대 정치권은 다 썩었다, 정치판이 원래 그렇지라는 등등의 비판, 또는 시민운동에 대한 도덕주의적 비판, 예컨대 언론플레이에나 기댄다, 시민없는 시민운동, 결국은 정치하려고 저런다는 등등의 비판은 이제는 무익의 차원을 떠나서 유해한 수준에 도달했다고 본다. 이러한 비판이야말로 결국 대중의 정치적 무기력증만 전염시켜 사회의 보수화에 기여할 따름이다. 제도정치권이나 시민운동권의 왜곡된 지형과 문제점들이 어떤 개개인들의, 또는 그룹들의 잘못으로 생성된 것들은 아니기 때문이다. 이런 비판이 횡행하는 한국사회에서 녹색의 정치세력화 논의는 시민운동의 구조적인 문제점들을 바르게 드러내고 치유해 나가는 매개 역할을 할 수 있다. 여기서는 일단 왜 환경운동진영의 정치적 진출을 녹색정치의 본격적인 단초로 보기 어려운가 하는 점에 집중하기로 하자.

첫째, 녹색정치의 이념 문제이다. 현재 국제적인 범위에서 진행되고 있는 각국 녹색 정치세력 참여자들의 신념체계는 참으로 다양하다. 근본생태주의자부터 시작해서 낭만적 자연주의자, 보수적 지역주의자, 평화주의자, 페미니스트, 무정부주의자, 네오맑시스트 등등. 이러한 다양한 신념의 소유자들이 '녹색'이라는 정치세력을 지지하는 이유는 이들이 공유하고 있는 이념이 뚜렷하게 형성되어 있기 때문이다. 비록 각국별로 다양한 양상을 띄고 있지만 녹색정치의 4가지 支柱(four pillars)적 이념에 대해서는 별반 이견이 없다. 그것은 생태주의(Ecology), 사회적 정의(Social Justice), 풀뿌리 민주주의(Grassroots Democracy), 비폭력(Nonviolence)이다. '생태주의'는 자연과 균형을 이루는 방식으로 물질적 수요를 충족하는 사회를 의미한다. '사회적 정의'는 모든 사람들이 기본적인 생활상의 수요를 충족시킬 수 있고 성, 인종, 성적 취향, 직업, 계급에 기반한 특권이 제거된 평등한 사회를 의미한다. '풀뿌리 민주주의'는 시민들의 생활에 영향을 미치는 문제들에 대한 결정 과정에 시민들의 참여를 보장함으로써 진정한 정치적 자유가 실현되는 사회를 의미한다. 이러한 이념체계는 수많은 투쟁과 운동의 역사 속에서 형성된 녹색정치의 강령이며 정책수립의 요체이기도

하다. 그러나 한국의 환경운동은 이러한 전방위적 이념체계를 형성시킬 역사적 경험을 쌓지 못했다. 굳이 있다면 '친환경적인 사회' 정도를 한국의 환경운동이 나름대로 소중하게 제시할 수 있을 따름이다. 설령 그 외에 더 있다 하더라도, 또는 당장이라도 전문가들이 모여서 만들어 낼 수 있다 하더라도 그 운동적 무게의 질량은 제로에 지나지 않는 무의미한 종이조각에 불과하다.

둘째, 위와 곧바로 연결되는 점으로 녹색정치의 주체 문제이다. 상식적인 이야기지만 국제적인 녹색정치체들의 주체는 환경운동이 아니었다. 좀더 온건하게 이야기해서 환경운동 진영은 그 축 중의 하나일 따름이었다. 녹색당은 신사회운동 또는 신좌파의 세력들이 대거 참여하여 건설되었다. 즉 환경운동·성해방운동·소비자운동·반전평화운동·대안공동체운동·급진 학생운동·주민운동·제3세계 지원운동·동성애 운동·사회주변부 인권운동의 합작품이었다. 또한 녹색정치세력화는 정치개혁을 위한 단체간의 연합운동을 넘어서 사회분위기 자체에 도전하는 하나의 역사적인 물결에 가까운 것이었다. 유럽의 녹색정치체는 당시 유럽을 휩쓸었던 폭발적인 대중운동의 활력에 힘입어서 건설되었고 의식적, 대중적 기반이 가시적으로 형성되었다. 이 대중은 단순히 시민단체의 회원으로 가입해서 회비 내고 소식지 받아보던 사람들이 아니고 헤이그에서 백만 명이 모여서 평화를 기치로 시위를 벌일 때 참여했던 사람들이고, 독일 전역에서 핵발전소 건설을 반대하며 그 부지에서 점거농성을 펼쳤던 사람들이다. 따라서 다양한 운동영역이 주체로 결집하였고 동시에 그 결집된 양상은 운동가, 회원의 수준을 넘어서 자치를 연습하고 체득해 간 한 명 한 명이 모여서 이루어 낸 대중의 차원에서 진행된 것이다.

셋째, 계속해서 연결되는 점으로 녹색정치의 핵심적인 동기와 방법론 문제이다. 보수적이며 권위주의적인 사회분위기에 도전하여 유럽을 강타했던 68년의 학생운동 이후에 고향으로 돌아간 수많은 학생운동가들이 지역운동으로 투신하는 과정이 있었고, 지역마다 핵발전소, 소각장, 댐 건설과 같은 개발프로젝트에 맞선 지역운동이 거세게 일어났던 과정이 있었으며, 이러한 지역운동은 단순한 저항을 넘어서 대안적 정책을 제안하고 청원하였으나 곳곳에서 기성 정치권에 의해 봉쇄당하거나 기만당하는 좌절의 과정이 있었다. 이러한 현실에 직면해서 직접 자신들의 대리인을 정치권에 진출시키고자 했던 것이 녹색정치세력화의 핵심적인 동기였다. 즉 그들에게 있어서 녹색정치는 또다시 누군가를 대변하고자 하는 정치가 아니라 그야말로 주민들의 '자치'를 실천하는 것일 뿐이었다. 그래서 당선된 이후 이들이 '신성한' 의회에 금기시되던 청바지를 입고 들어갔던 것은 너무나 당연한 일이었다. 이러한 맥락에서 주민자치를 위한 대리인 운동을 펼치고 있는 일본의 <가나가와 네트워크>는 그 명칭에 '녹색'이 한 글자도 안 들어갔지만 오히려 녹색정치체로서 전혀 손색이 없다. 그 핵심개념으로 제시되고 있는 "참여, 분권, 시민자치, 정보공개"라든지, 생활시스템을 자원·에너지 절약형으로 개조한다는 정책, 무역의존적 경제정책에 대한 사회적 통제 정책, 다국적 기업에 대한 감시 활동, 시민자본의 설립과 시민섹터의 활성화 정책, 아시아 시민들과 연대를 강화하고 세계평화를 추구한다는 정책 등등은 모두 녹색의 가치로 통합되는 것이다. 이러한 '주민자치'의 개념들은 한국 시민운동 진영에 여전히 낯선 것이다. 한국 시민운동의 비약적인 성장 이면에는 제도권 내에 부재한 진보정당의 역할을 대체하고 이에 부응하는 공급을 강제하는 사회적 수요라는 배경이 있었다. 이에 따라 한국시민운동은 소외된 시민들을 정치적으로 '대변'하는 일에 전문화, 기능화 되었으며 상대적으로 주민의 '자치'를 지원하고 일구어 내는 일에는 취약하게 된 것이다.

위와 같은 이유들, 즉 녹색정치의 이념과 주체, 동기와 방법론을 놓고 볼 때 환경운동진영의 제도정치권 진출은 녹색의 정치세력화와 등치될 수 없다. 그러나 이것은 사실 자체를 지적하기 위한 것이라기보다 그만큼 녹색정치의 실체를 실천을 통해 형성해 가는 일이 어렵다는 점을 상기시키고자 했을 뿐이다.

그것이 녹색평화당과 같은 정당이 되었건, 녹색자치위원회와 같은 사회기구가 되었건 이들이 공히 빠질 수 있는 함정은 여전히 한국사회를 지배하고 있는 전(前)근대적 사고의 하나인 '인적 물갈이론'이다. 이 인적 물갈이론은 워낙 전근대적인 사회의 前근대적인 정치인들에 질린 나머지 이들을 참신하고 젊고 개혁적이며 시민단체의 경험을 가진 사람들로 갈아치우는 것이 우선적인 과제라고 생각하는 의식적, 무의식적 사고이다. 이 인적 물갈이론 역시 관념적이며 중앙파적인 사고에서 비롯된 나쁜 관념의 하나이다. 실천적으로도 인적 물갈이론은 이미 파탄으로 입증되지 않았는가.

좀더 구체적인 처방과 구조적인 사고가 필요하다. 한국사회에서 요원해 보이는 녹색정치의 '형식적 틀'이라는 미망에서 벗어나서, 유동적 상상력으로 현실을 직시한다면 지역에서 주민자치를 실천하고 있는 다양한 지역운동체들이 오히려 녹색정치의 본격적인 씨앗이라고 볼 수 있지 않겠는가? 품앗이 보육운동을 펼치는 이들, 주부들을 직접 생태지도자로 키워내는 활동들, 마을을 좀더 공동체다운 마을로 만들기 위한 활동들, 주민의 힘으로 조례를 고치고 예산을 감시하는 활동들, 지역의 실업자들을 재교육하고 노숙자들의 재사회회하기 위해 씨름하고 있는 활동들, 주민이 직접 사회복지시설의 운영에 참여하는 운동들, 녹색가게를 만들고 생활협동조합을 만들어서 지역사회의 진보에 디딤돌이 되고 있는 활동들, 의료생활협동조합처럼 대안적인 사회기구들을 하나씩 나가는 활동들, 부르디외가 '국가의 왼손'이라 명명한 바 있는 하위직 공무원들의 자치활동들 등이 사실상 녹색정치의 주역들이 아니겠는가? 이들이야말로 녹색정치의 전방위적 이념을 가지고 대중적 기반을 키워가며 주민자치를 실천하는 녹색정치의 씨앗 아니겠는가? 생태적 감수성을 가지고 사회적 정의를 위해 운동하며 풀뿌리 민주주의를 실천, 확산해 가는 그들이야말로 한국사회 녹색정치의 씨앗이 아니겠는가? (물론 이러한 지역운동체들과 지역주민들은 환경운동진영에 있고 지역 사회 곳곳에도 있다. 다만 지역에 있다고 해서 다 '주민자치'를 실천하고 있다고 볼 수는 없다. 오히려 지역운동을 함에도 불구하고 중앙의 '대변형' 운동을 복사해서 재생산, 재활용하는 곳이 대부분이다).

또한 '적녹연합'도 회자되고 있다. 적녹연합의 핵심은 '연정 집권을 위한 정치적 타협'이나 '노동운동의 요구에 환경운동의 요구를 기계적으로 합산하는 것'에 있지 않을 것이다. 그 핵심은 사회운동에 있어서 적색적 요소와 녹색적 요소의 통일에 있다. 서구 유럽의 적녹연합도 여기에서 크게 벗어나지 않는다고 본다. 구좌파 패러다임의 한계를 절실히 깨닫던 신좌파와 막연한 생태주의 운동의 한계를 인식한 녹색파가 운동적 통일의 필요성에 따라 연합한 결과가 집권으로 나타났을 뿐이다(여기에서 적색과 녹색이 어떻게 다르고 동시에 어떻게 통일될 수 있는지 이론적으로 논하는 것은 필자의 한계를 넘는 일이다). 적과 녹은 분명히 다르다. 다르되 동시에 통한다. 녹색적 가치가 자연주의적 환원론에 빠지지 않고 적색적 가치가 기계적인 생산력주의에 빠지지 않는다면, 달리 말해서 녹색적 가치가 사회적 정의에 입각해서 생태적 지속가능성을 확보하려 하고, 적색적 가치가 생태적 활력을 통한 사회적 생산력을 보장하려 할 때 운동적 통일이 이루어진다고 할 수 있다. 물론 완전고용의 사회적 비용 문제, 지역에서의 개발과 보존의 충돌 문제, 노동조합의 권리 문제와 생태적 지속가능성의 충돌 문제, 중화학공업단지의 보존과 폐쇄문제, 녹색 정치철학으로는 용납되지 않는 핵발전소의 존폐 문제 등등 구체적인 지점에서 결코 쉽게 화해할 수 없는 난제들이 도사리고 있을 것이다. 이미 집권에 성공한 서구 유럽에서 조금은 지겹게 목도하듯이 그 난제를 풀어나가는 과정 자체가 하나의 기나긴 정치과정을 요할 것이다. 그것은 보수정당간의 소모적인 정쟁처럼 비칠 수 있지만 얼마든지 사회적 관리능력을 높여나가는 생산적인 정치 학습 과정이 될 수도 있다. 더구나 국가적 차원의 적녹연합 전망이 현실적으로 먼 이후의 일이라면 이러한 국가정책 차원의 충돌 문제는 현단계에서 우리의 고민이 될 필요조차 없다.

무엇보다 적과 녹이 연합하지 못하는 것의 핵심은 서로간의 무관심이나 이해부족, 애정부족과 같은 것들이 전혀 아니다. 결국 연합할 '정치적 능력'이 없기 때문에 하지 못하는 것이다. 이 정치적 능력이란 협상의 기술이나 헤게모니를 장악하는 전술에서 나오는 것이 아니며 근본적으로는 '자치'를 실천할 수 있는 실력에서 나온다. '자치'를 실천할 수 있는 적과 녹이 있다면 연합은 다 지어진 밥이다. 따라서 적과 녹을 짝지워주는 중매장이가 필요한 것이 아니라 적과 녹을 '자치'로 내몰도록 채찍질하고 훈련시킬 수 있는 조련사가 필요한 것이다.

더구나 지금은 적과 녹이 독립적으로 서 있는 상황도 아니다. 따라서 굳이 적녹연합을 거론하고 싶다면 그 소중한 씨앗인 지역운동체들을 건설하고, 활동하고 있는 지역운동체들을 지원하며 자치를 실천하고 있는 전형들을 보급하고, 지역에서의 자치운동에 투신하는 것이 유일한 길이다. 예컨대 2002년 지방자치선거를 통해 지방정치권에 진출하고자 준비하는 환경운동진영, 민주노동당, 지방자치개혁연대이든지 또는 그 누구를 막론하고 지역운동의 주민자치 활동을 고양시키기 위한 구체적인 방안과 그 맥락에서 '주민을 위한 대변인'이 아닌 '주민에 의한 대리인'을 진출시킬 방법을 고민해야 하고 실제로 당선되었을 경우 그 지방정치인을 어떻게 주민자치를 위한 안내인으로 부려먹을 것인지 구체적인 계획을 세워야 한다. 지역에서는 적색 정책이든 녹색 정책이든 모두가 '자치'의 관점에서 재구성될 수밖에 없다. 적녹연합의 희망을 지역에서부터 찾고자만 한다면 이미 자치의 프리즘을 통해 적색과 녹색은 모두 수렴되는 것이다.

예컨대 2001년 3월 일본 지바현 지사 선거에서 <21세기 지바현을 창조하는 현민모임>이 후보자로 추천해서 당선된 도모토 아키코(當本曉子) 후보의 정책을 보자. 도모토 아키코 후보는 정보공개·시민참가의 확대, 세금의 효과적인 사용과 부채절감, 지방기업과 NPO 위주의 마을만들기, 환경보전, 자동차 위주의 도로행정 개혁, 다양성을 인정하는 교육, 소비자의 권리 강화, 정주외국인에게 지방공무원 문호개방(국적조항 철폐), 비핵평화선언도시에 어울리는 평화정책의 적극적 전개 등의 정책을 내세웠다. 특히 정보공개·시민참가의 확대를 제 1공약으로 내세운 것은 시사하는 바가 크다. 이 공약의 세부계획은 정책평가나 계획수립에 시민참가를 확대하고 주민이 참여하는 조례제정위원회를 남녀동수로 구성하며 모든 심의회에 남녀쿼터제를 채택하고 여성관리직을 적극적으로 채용한다 등을 포함하고 있다. 이러한 정책이야말로 적녹연합이 꿈꾸는 내용 아니겠는가?

이것은 한가한 외국의 사례라고? 그렇다면 한국 노동운동의 메카였던 구로를 보자(지역인이 아닌 외부인으로서의 실례를 무릅쓰고 <구로시민센터>를 언급해 보자). 90년대 초, 맨땅에 헤딩하는 정신으로 4명의 전(前)노동운동가들이 6개월 동안 보육사 자격증을 따는 것으로 진지를 마련했다. 94년 서울시 최초의 영아전문보육시설인 다우리 어린이집이 세워지고 96년 '공공보육'의 명분으로 공기관의 지원을 따냈다. 97년 <구로시민센터>가 창립되고 이어서 다우리 어린이서점을 열고 노동법률상담소를 열기에 이른다. 주부들이 모이기 시작하고 일거리가 폭주하기 시작했고, 지역에서 다른 단체와 연대하여 어린이날 행사를 진행하기 시작했다. 98년 녹색가게를 열고 본격적인 환경사업을 펼치게 되었고 자원봉사센터를 설립했다. 2000년, 실업극복지원센터를 열고 다시 자활후견기관을 개소한다. 방과후 어린이학교인 다우리 창조학교를 열고 지역의 학부모들이 교사진으로 뛰게 되었다. 총회원은 1,300여 명이며 각종 부설기관 곳곳에 포진한 상근자만 25여 명에 이른다. 현재 2002년 구로구의회 선거에 2명의 후보를 출마시킬 예정이다. 그중 한 명의 육성을 전한다. "온갖 민원이 쏟아지고 있는 상황에서 지방정치는 해결사 노릇만 하고 있다. 역설적으로 시민의 주체적인 힘, 자치하고자 하는 의지를 갉아먹고 있는 것이 작금의 정치다. 그 전형이 지방의회 구의원들이다. 주민을 객으로 전락시키는 역사를 이제는 바꾸어야 한다. 주민을 주체로 만들고 주민이 자치를 할수 있도록 도와주는 정치가 필요하다."

결론적으로 한국사회에 필요한 녹색의 정치세력화나 적녹연합은 현실에 존재하고 있는 운동세력간의 타협의 산물이나 관념적인 고공 담론의 조합일 수가 없다. 그것은 하나의 사회적 파장으로서, 실천적인 상호작용의 결과로서, 갖가지 사회적인 모순을 놓고 자치를 연습하는 주체들의 집합적 실천으로서만 출현할 것이다. 현단계에서 그러한 집합적 실천이 가시적으로 펼쳐질 수 있는 무대는 구체적인 단위로서의 지역이다. 그리고 그 집합적 실천의 방법론은 자율적인 정치, 시민의 자치이다. 자치는 사회적 정의, 평등, 생태적 감수성, 풀뿌리 민주주의 등과 같은 가치에 입각한 실천들을 풀어나가는 수단인 동시에 정치적 목표이다. 필자는 국가 차원에서의 대안적인 정치세력화가 불투명하다고 전망한다. 굳이 그 전망을 찾고 싶다면 지역에서 자치를 실천하고 있는 풀뿌리 단체들에 주목해 보라고 권할 수밖에. 구체적인 지역 곳곳에서 자치를 실천하고 있는 활동들이 있다면 이미 그 맹아는 살아숨쉬고 있는 것이다.


## 지방정치 진출의 정공법 : 제대로 된 머슴 만들기

"우리의 혁신자치체는 사실상 '혁신계 수장 자치체'의 한계에 갇혀있었다. 혁신의 자치가 아니라 자치의 혁신이 필요했다." 일본의 혁신자치체 운동을 반성하는 한 구절이다. 60년대부터 거세게 일어났던 일본의 혁신자치체 운동은 일본 자치체의 3분의 1을 장악하는 개가를 올리고 승승장구하다가 80년대 들어 퇴조하기 시작했다. 이를 타산지석으로 삼아 지방자치의 개혁을 꿈꾸는 사람들로서, 그래서 자신이 직접 지방정부나 지방의회에 진출하거나 누군가를 진출시키고자 하는 사람들로서 해야 할 것들은 무엇인지 생각해 보자.

'자치'란 지방정부나 지방의회가 차려주는 밥상일 수 없고, 시민이 직접 참여해서, 연습하고, 실험하며 성취해 나가는 과정 그 자체이다. 이러한 '상식'을 수용한다면 먼저 분명해지는 것은 출마자는 지방정치의 몸통이 아니라 깃털이라는 사실, 그리고 그 지역의 시민이 몸통으로 되어야 한다는 사실이다. 또는 출마자는 도우미일 뿐이며 시민이 주체라는 것이다. 물론 수사적인 차원에서 출마자들은 다들 머슴을 자처하고 시민을 주인으로 치켜세운다. 이것은 보수적이거나 진보적인 인사를 막론하고 보편적으로 나타나는 현상이다. 그러나 이러한 '수사'나 출마자의 '의지'는 몸통과 깃털의 역할분담을 보장해 주지 못한다. 중요한 것은 먼저 몸통을 정립하는 일이 선행되었는가의 여부이다. 몸통이 몸통답게 서지 못할 때 깃털 역시 그저 깃털로 머무를 수밖에 없다. 따라서 머슴은 '자처하는 것'으로 보장될 수 없고 제대로 된 주인만이 제대로 된 머슴을 '세울 수' 있다.

하지만 현실은 대부분 그렇지 못하다. 머슴을 자처했던 이들이 당선 이후에 보이는 행태는 이것을 적나라하게 입증한다. 그렇게 되면 또다시 머슴 노릇을 제대로 하지 않는 것에 대한 개탄과 비난만이 있을 뿐, 과정을 제대로 밟지 않았던 것에 대한 구조적인 분석과 비판은 실종된다. 따라서 시민자치를 성취하기 위한, 제대로 된 머슴을 만들기 위한 지방정치로의 진출과정은 본질상 몸통과 깃털의 집단작업일 수밖에 없다.

많은 경우에 머슴을 파견해야 하는 주체의 실체 자체가 전무하거나 미약한 것이 엄연한 사실이다. 이 경우에도 위의 원칙은 그대로 지켜져야만 한다. 우선 그럴 경우에는 주체가 뚜렷하게 형성되어 있지 않은 상황에서 과연 머슴을 파견해야 하는지를 엄밀하게 되짚어 보아야 한다. 그런 후에 그럼에도 불구하고 파견할 가치가 있다고 생각될 경우에는 머슴의 파견을 주체 형성을 위한 전략의 하나로서 고려해야 한다. 머슴의 역할을 주체의 형성과 정립과 전진에 종속되는 종속변수로서 생각하는 자세가 항상 중요하다. 이러한 원칙은 원칙주의자가 되기 위해서 중요한 것이 아니라 애초에 지방정치의 무대에 진출하고자 하는 의미를 성취하기 위해 필수적인 원칙이기 때문에 강조되어야 한다. 몸통과 깃털, 주체와 머슴을 엄격하게 구분해서 역할분담하는 것은 출마를 고려하기 시작하는 시점부터 당선 이후에도 일관되게 관철되어야 하는 원칙이다.

(더욱 근본적으로 따져 볼 때 몸통이 되어야 할, 주체가 되어야 할 시민이라는 것 자체가 추상적인 범주이기 때문에 더 큰 어려움이 있다. 시민은 단일한 주체가 아니라 복합적인 구성체이며 그 자체로서 개혁적이거나 진보적인 것이

아니다. 그렇기 때문에 많은 경우 이러한 추상적인 '시민' 대신에 그 지역의 시민단체를 시민으로서 등치시키곤 한다. 물론 시민단체가 그 지역의 시민의 입장과 의견을 기계적으로 반영하지 않고 개혁적이며 진보적인 시민을 형성하는 일 자체가 시민단체의 역할이라고 전제한다면 이러한 등치는 이해할 수 있는 일이다. 그러나 오히려 시민단체가 비민주적인 요소에 좌우되거나 퇴행적인 정책을 펴나가는 경우에는 이러한 등치를 경계해야 할 것이다. 근본적으로 말해서 지역의 진정한 주체는 그 주체가 지향하고 지켜야 할 바람직한 이상과 규범을 전제로 자치를 연습하고 실천히는 지난한 과정을 통해서 형성될 수 있다.)

## 1. 시민이 주체로서 만들어가는 지역 청사진

선거를 생각하면 가장 먼저 무엇을 준비해야 하는가? 이런 질문 앞에서 우리는 흔히 후보, 선거 조직, 선거 이슈, 선거 공약, 선거 자금 등등을 거론하게 된다. 그러나 가장 먼저 생각해 보아야 할 것은 도대체 왜 선거에 나가고자 하는가 라는 문제이다. 시민이 몸통이고 출마자가 깃털이라면, 지역의 과제가 우선적인 것이며 선거에서의 당선은 그 지역의 과제를 이루기 위한 하나의 수단에 불과하다.

먼저 시민이 주체가 되어 지역의 청사진을 만들어 나가야 한다. 많은 지역에서 복지·환경·보육·교육·문화·노동 등 여러 분야에 걸쳐 시민사회운동이 활발하게 전개되고 있지만 그것을 하나의 지역 청사진으로서 형성시킨 곳은 거의 없다고 해도 과언이 아니다. 이미 각 지자체에서는 관이 주도하여 지자체의 장기발전계획을 수립하고 이 계획에 따라 행정절차를 밟아가고 있는 실정이다. 이제는 시민이 주도하여 지역의 절실한 과제들을 발굴하고 민주적이며 생동감 넘치는 토론을 통해 지역의 청사진을 형성해야 한다.

물론 이러한 청사진의 수준 자체가 각 지역의 조건에 따라 상이할 수 있다.

각 분야를 망라한 종합적인 것이 될 수도 있고 대단히 구체적인 몇 가지 각론적인 과제일 수도 있으며 단순히 특정 프로젝트를 저지하는 과제일 수도 있다. 이러한 청사진을 만들어가는 과정 자체가 하나의 운동이다. 이 과정에서 그 청사진을 실현하기 위해 지역정치로의 진출이 필요하다는 판단이 서면 자연스럽게 선거에 대한 논의도 촉발될 수 있을 것이다. 따라서 이러한 지역 청사진을 만들어가기 위해서 지역 사람들이 모이고, 관의 발전계획도 입수하여 평가하고, 또 각 분야별로 과제들을 도출하고 토론을 활성화시키고, 이러한 과정을 통해 형성되는 지역 청사진의 초안을 가지고 지역설문조사도 하고 다른 지역의 사례도 연구하는 일들에 가장 먼저 착수해야 함이 마땅하다. 선거 공약 역시 지역주민들에게 얼마나 인기를 끌고 득표력을 가지겠는가의 기준이 아니라 이러한 지역 청사진의 틀에서 도출되어야 한다.

## 2. 지역 청사진을 실현하기 위한 주체로서의 지역운동과 그 내에서의 역할분담

그 다음에 해야 할 일은 무엇이겠는가? 그러면 이제 지역 청사진을 가장 잘 실현할 것 같은 좋은 후보를 발굴해야 하는가? 그러나 지역 청사진을 실현한다는 것 자체가 집단작업일 수밖에 없고 장기적인 운동의 과제라고 한다면 후보 발굴보다 마땅히 앞서야 할 일이 있다. 이러한 지역 청사진을 실현하기 위한 주체와 전략을 세우고 이에 따라 사령부로서의 지역운동 주체와 파견하는 머슴간의 역할분담에 착수하는 일이다.

우리는 당선 자체가 목적이 될 수 없고 선거에 있어서 결과보다 과정을 중시해야 한다고 말하면서도 은연중에 일단 경쟁력 있고 좋은 후보를 내세워서 당선되고 봐야 하지 않는가 라는 이중성에 자주 빠지곤 한다. 이것은 선거의 목적이 무엇인지에 대해서 구체적인 입장 없이 추상적이고 막연하게 생각할 때 언제나 빠지게 되는 함정이다. 일단 진출에 성공하고 나면 어떻게든 여러 가지로 도움이 되겠지 라고 생각한다면 오산이다. 이러한 어설픔과 허술함이

팔팔했던 지역활동가를 당선 이후에는 오히려 무력한 개인으로 고립시키거나 꾀바른 정치꾼으로 변신시키게 되는 것이다. 지역정치의 무대는 기성정당의 원심력과 이권 브로커들, 지역 토호들이 판을 치는 아수라장이다. 이러한 판에서 머슴 노릇을 제대로 수행하려면 기본적으로 정확한 역할분담과 체계적인 프로그램이 마련되어야 한다(지역 청사진을 달성하기 위한 지역운동 주체의 형태는 다양할 수 있으며 또한 각 지역별로 그것이 단일체가 아닐 수도 있다. 단체들간의 협의체일 수 있고 개인들간의 네트워크일 수도 있으며 지역정당체의 성격을 가질 수도 있으며 상황에 따라서는 기존의 특정 지역단체일 수도 있다. 지역의 상황과 조건으로부터 가장 적합한 형태가 형성될 것이다.)

지역운동 쪽에서는 지역 청사진을 만들고 이에 따라 정책을 수립하며 선거에 임해서는 이를 공약으로 풀어내야 한다. 그리고 선거 이후에는 이를 실현시키기 위해서 여론을 형성하고 지역정치에 파견한 쪽을 지휘해 나가야 한다. 지역정치인 쪽에서는 제도권 내 활동의 장점을 최대한 살려서 중요한 고급정보를 입수하여 공유하고 제도권 내 인사에게 부여되는 사회적 신용을 선용하여 이를 지역주민과 지역인사들의 적극적인 조직과 교류에 활용해야 하며 조례 발안, 예산 감시, 행정감시를 위한 제도권 내의 정치적인 통로로서의 역할에 충실해야 한다. 이때의 역할분담은 활동을 좀더 효율적이고 입체적으로 펼치기 위한 것인 만큼 서로가 속한 장의 특성을 상호간에 존중하며 정확하게 이해하는 자세가 대단히 중요하다. 이러한 과정 자체는 지역에 대한 포괄적이며 심도있는 이해를 높이는 좋은 공부가 된다. 또한 토론을 통해 기성정당과의 관계는 어떻게 할 것인지, 지역지배집단의 성격과 특성을 파악하여 어떻게 접근할 것인지에 대한 구체적인 원칙과 방법론도 마련되어야 한다. 흔히 볼 수 있듯이 지역운동과 출마자의 관계설정은 주로 선거에서의 협력을 어떻게 할 것인지에만 초점을 맞추는 것이 현실이다. 그러나 더 중요한 것은 당선 이후에 어떤 관계를 설정하는가 하는 점이다.

## 3. 지역운동 대리인으로서의 지역정치 출마자 노선과 철학의 정립

이러한 과정을 거쳐 역할분담에 따라 지역정치 쪽의 역할을 맡기기에 적합한 사람을 찾는 일이 시작되어야 한다. 이 단계에서는 출마를 희망하거나 출마를 권유받는 사람이 가져야 할 정치철학과 정치노선이 중요하게 된다. 한마디로 지역운동 대리인으로서의 자기 정체성을 분명하게 가질 필요가 있다. 일본의 <가나가와 네트워크>에서는 대리인으로서의 설정을 분명히 하기 위해서 지역정치인의 수당을 모두 조직에 반납하고 다시 조직에서 활동비를 지급 받아서 활동하는 제도를 시행하고 있다.

이러한 제도를 그대로 복사할 필요는 없더라도 그 정신을 살릴 수 있는 방법을 찾아야 한다. 당선된 이후 오히려 당선자가 출마시킨 조직보다 더 큰 권력과 결정권을 갖는 것처럼 행동하는 것을 당연하게 보는 지금의 현실을 감안할 때에는 더더욱 그러하다. 기본적으로 정기적인 의정, 시정보고가 진행되어야 하고 이에 대한 지역운동의 판단과 결정이 뒤따라야 하며 이에 지방정치인은 따를 수 있어야 할 것이다. 또한 출마자의 정치적인 진퇴를 결정할 수 있는 권한이 지역운동에 위임되어야 한다. 사실상 기성정당의 공천권보다 한층 더 강력한 통제수단과 관리방안이 필요하다. 그렇지 않으면 출마자는 기껏 잘해야 제도권 내에서 립서비스를 하는 역할 정도에 그치고 말 것이다. 자신이 획득한 사회적 신분을 무기로 스스로 몸통이 되거나 하나의 정치적 주체를 자처하면서 지역운동을 선심 쓰듯이 지원하는, 필요에 따라 오히려 자신의 정치적 목적에 지역운동을 활용하려 드는 정치인을 더 이상 용인할 이유는 없다.

그렇기 때문에 출마자는 지역운동으로부터 파견된 자로서의 정치의식, 지역의 복잡다단한 이해관계들 속에서 전개되는 치열한 지상전에서 생겨나는 정치적 에너지를 자신의 주요한 동력으로 할 것인가의 여부를 스스로 결정해야 하고 이를 집단적으로 확인하는 과정을 거쳐야 한다. 특히 지역운동 쪽에서 대리인을 파견하고자 할 때에는 파견할 무대의 적정한 규모와 범위를 신중하게 결정지어야 한다. 이를 위해 기초의회 · 광역의회 · 기초단체장 · 광역단체장 등 성격상 이질적인 공간에 대한 이해가 선행되어야 하며 그 특성을 고려하여 집중할 필요가 있다. '더 상위의 공간을 점령하면 무조건 좋은 것'이라는 인식을 버리고 지역운동의 통제가 미칠 수 있는 적정 범위를 지혜롭게 설정해야 한다. '좋은 후보'의 첫째 기준은 멀쩡한 허우대나 뛰어난 연설 선동력, 개인적인 자금력이나 학벌, 지연과 같은 득표력의 요소들이 아니라 지역과제에 대한 이해와 그에 따르고자 하는 의지가 되어야 할 것이다.

### 4. 지역정치 무대의 다양한 이해당사자들에 대한 정확한 파악

지역정치의 무대만큼 '지피지기'의 교훈이 중요한 곳은 없다. 그 동안의 사회운동은 지나치게 자기중심적인 사고를 가져 왔다. 자신의 역량을 어떻게 키워나갈 것인가 하는 점에 못지 않게 자신이 상대해야 할 상대자에 대한 파악과 이해 역시 중요하다. 특히 지역정치의 현장은 대부분 반개혁적이고 보수적이며 이권에 개입된 브로커들로 채워져 있다. 하지만 현재 지방자치를 풀뿌리 민주주의가 아니라 풀뿌리 보수주의로 오염시키고 있는 세력에 대한 분석은 대단히 미미한 상태이다. '지역유지들', '지역토호세력', '지역기득권층', '지역지배집단' 등으로 뭉뚱그려서 불려지고 있지만 이 정도의 파악으로는 그들의 실체를 이해하고 대응하는 데 있어 무력하기 짝이 없다.

먼저 이들은 한 단어로 규정되지 않는 복합적인 구성체임을 알아야 한다. 쉽게는 소위 관변단체들이 떠오를 것이다. <자유총연맹>, <바르게살기협의회> 까지는 누구나 쉽게 언급한다. 다음에, '새마을' 자가 들어가는 단체만 지역별로 10개 이상은 될 것이다. 또 보훈과 관련된 단체만도 <무공수훈자회>, <재향군인회>, <전몰군경유족회>, <상이군경회>, <전몰군경미망인회> 등 등이 있다. <예총>과 산하협회들도 있다. '젠더(gender)' 이슈에는 아무런 관심이 없는 여성단체들도 즐비하다. 종교별로 하나씩 연합회들도 있다. 웬만한 지역에서는 이러한 단체들만도 70여 개를 훨씬 상회한다.

그 다음에 단체장 이하 수백 명의 공무원이 두터운 관료사회를 형성하고 있다. 지방의회의 경우가 가장 심각하다. 대부분의 지방의회는 지역기득권 세력의 좋은 겉옷에 불과하다. 그 다음에 비리와 가장 관계가 없어야 할, 그렇지만 대부분은 비리와 더불어 사는 시립(구립)어린이집, 사회복지관과 같은 사회복지시설들이 있다. 그리고 지역에서 사업의 방패막으로 활용되는 지역언론들이 있다. 꾼들이 판치는 정당 사무국들이 있고 교육과 별로 관계없는 일들로 바쁜 교육기관들이 있다. 각 동에 있는 주민자치위원회는 이전의 동정자문심의위원회의 사람들이 거의 그대로 옮겨와 앉아 있다(노파심에서 한마디. 위에서 언급한 대상 중에서 열심히, 그리고 헌신적으로 사회에 기여하는 곳도 물론 있다. 그러나 대다수는 풀뿌리 보수주의의 주인공들이라는 것이다.)

이러한 곳을 무대로 불철주야 바쁘게 뛰면서 자신들의 기득권을 지키고 키우며, 이를 위해 여론을 형성하며 적지않은 회의도 열고(각 지자체에는 주로 이들이 위원인 위원회가 50여 개 이상씩 있다) 밤늦게까지 풀타임으로 활동하고 있는 것이다. 서민들이 바쁘게 직장다니면서 노동의 땀을 흘릴 때에 이러한 풀뿌리 보수주의의 주역들은 지역을 채우고 부동산 정보를 주고받으며 지역의 갖가지 이권에 개입하면서 자신들의 아성을 쌓고 있는 것이다. 이들에 대한 이해와 파악 없이 지역 청사진을 성취할 재간은 없다. 시민자치의 정신을 실현하고자 하는 개인들, 그룹들, 단체들이 이들의 아성을 허물고 새로운 성을 쌓지 않고서는 아무리 '혁신적인 자치단체장, 지방의원'이 들어서도 '자치를 혁신'할 수 없음은 물론이다.

## 5. 지역운동과 지역정치가 협력하는 동적인 활동의 전형

끝으로, 지역운동과 지역정치가 협력하여 어떤 일을 어떻게 할 수 있는지에 대한 구체적인 상을 확보해야 한다. 지역의 과제를 풀고 지역을 개혁하기 위해 지역정치에 진출하고자 한다면 당선되었을 경우 그 지역정치의 장에서 무엇을 할 수 있고 할 수 없는지, 어떤 새로운 무기가 있는지를 정확하게 이해할 필요가 있다. 이를 위해서는 먼저 지방자치법에 대한 기본적인 이해부터 조례, 예산, 행정에 대한 사전 지식을 쌓아야 한다. 그리고 지역행정에 있어서도 사회복지, 도시계획, 환경, 지역경제, 여성문제, 보육문제, 교육문제 등 각론적인 영역들을 공부해야 한다. 이러한 공부 역시 몸통과 깃털 모두가 함께 해나가야 한다. 원래 부려먹는 사람이 부려먹히는 사람보다 더 잘 알아야 제대로 부려먹을 수 있는 법이다. 그리고 이러한 기본적인 공부를 바탕으로 조례를 어떻게 제정하는지, 예산 심의는 어떻게 하는지, 행정에 대한 파악은 어떻게 하는지 그 역동적인 메커니즘을 이해하는 일 또한 중요하다. 그 과제들을 간략히 정리하면 다음과 같다.

- 조례와 같은 자치입법의 방법론에 대해서 공부해야 한다. 조례의 한계와 가능성에 대해서 파악하고 있어야 하고 여러 지역의 모범조례들을 공부해야 하며 그 조례가 어떤 과정과 운동을 거쳐서 시도되었는지 또 좌절되었는지를 배워야 한다. 특히 많은 한계에도 불구하고 현재 시행중인 '주민조례제정청구권'과 같은 주민발안의 방법론을 필요할 때 활용할 수 있어야 한다.
- 지역 예산의 수립과정과 문제점, 개선방안에 대해서 공부해야 한다. 어떤 비중으로 얼마만큼의 예산들이 책정되고 있는지, 대표적으로 낭비되거나 악용되고 있는 예산은 어떤 항목들이 있는지, 예산안의 작성과 심의는 어떤 과정으로 이루어지는지, 예산을 감시하고 대안을 제시하는 운동은 어떻게 펼칠 것인지에 대한 지식이 필요하다. 이를 위해 <예산감시네트워크>의 활동들이라든지, '참여예산제' 등을 참고할 수 있다.
- 정보공개의 방법론에 대해서 공부해야 한다. 많은 경우 알아야 할 정보를 제대로 알지 못하기 때문에 생기는 문제가 많다. 이런 의미에서 '정보공

개운동'은 다른 모든 운동에 우선해서 필요한 운동이다. 미흡하게나마 시행 중에 있는 정보공개법을 공부하고 직접 정보공개청구를 시도하며 효율적인 활용법을 익혀야 한다. 이를 위해서 <판공비 정보공개 네트워크>의 활동들을 참고할 수 있다.

- 주민투표, 주민소환과 같은 주민의 지역정치에 대한 직접적인 통제권들을 공부해야 한다. 현재 주민투표가 제도화되어 있지 못한 현실 속에서 어떤 운동을 통해서 이를 권리로 획득할 수 있는지 고민해야 하고 설령 법제화되어 있지 않더라도 지역에서 이를 조례로 제정할 수 있는 가능성을 타진할 수 있으며 나아가 고양시에서 시도되었던 '초고층복합주상건물에 대한 주민투표'와 같이 자발적인 주민투표의 조직화 사례에 대해서도 공부해야 한다.

- 일상적인 행정·의정감시의 방법론에 대해서 공부해야 한다. 이를 위해서 자기 지역의 지자체 구성과 부서별 담당업무를 파악하고 있어야 한다. 지자체의 각종 위원회들 현황과 각종 공공시설에 대한 파악이 있어야 한다. 지방의회가 갖는 행정에 대한 감사권의 실상을 이해하고 있어야 하며 주민의 직접 감사청구를 위해서 현재 시행되고 있는 '주민감사청구제'의 방법론을 익혀야 한다.

그 동안 우리가 '선거' 하면 떠올렸던 모든 준비들, 선거 전략을 짜는 일, 선거 조직을 구성하는 일, 선거 이슈를 개발하는 일, 선거 공약을 만드는 일, 선거 자금을 모으는 일 모두는 위와 같은 지역운동 차원의 집단 작업이 선행된 이후에 시작할 일이다.

# 11장
# 일본의 지역정당(Local Party)운동과 대리인운동

하승수

## 왜 일본의 지역정당에 주목하는가?

한국의 정치 경험으로 볼 때, 지역정당(Local Party)은 약간 생소한 느낌을 준다. 한국에서는 '지역정당'이라는 용어가 주로 지역주의에 뿌리를 둔 지역할거정당을 의미하는 용어로 사용되어 왔다.[1] 그리고 외국의 경우에도 그러한 지역할거형 정당이 존재한다. 1990년대에 이탈리아에서 정치적으로 급성장했었던 이탈리아의 북부동맹[2]이 대표적인 예이다. 그리고 스페인의 바스크, 캐나다의 퀘벡, 영국의 스코틀랜드 등에도 특정 지방을 기존 국가로부터 분리시

---

1) 장을병의 「한국의 새로운 정당제도의 모색: 지역정당의 극복을 중심으로」(성대 사회과학 41호) 등에서 이와 같은 용어 사용의 예를 볼 수 있다.

2) 뿌리깊은 남북문제에 대한 불만으로부터 출발하여 경제적으로 풍요한 북부지역의 분리를 주장하는 북부동맹은 1980년대 후반 롬바르디아 연맹으로 출발해 점점 더 세력을 확장하여 1990년대 들어 전국정당(National Party)으로 성장한다(박현주 1998, 59)

키려고 하거나 중앙정부로부터 광범위한 자치권을 부여받으려고 하는 정당들
이 존재한다.

그러나 이 글에서 분석하려고 하는 일본의 지역정당은 그러한 토착형 지역
정당이 아니라 1980년대 이후 일본에서 등장한 지역 차원의 네트워크형 정치
운동조직을 의미한다. 한국의 지역할거정당은 지역주의에 기반하고 있지만,
중앙권력의 장악을 목표로 하고 있다. 그리고 한국의 지역할거정당은 지역주
민들의 생활에 기반을 두고 있거나, 분권이나 자치를 추구하는 것도 아니다.
한국의 지역할거정당은 오직 중앙권력의 장악을 위해 지역주의를 정치적 선동
의 도구로 이용하고 있을 뿐이다. 그러나 일본에서 주목받고 있는 지역정당은
중앙집권적이고 산업우선주의에 빠진 사회를 벗어나서 분권, 자치형 사회로의
역사적 전환을 추구하는 새로운 개념의 정치조직이다. 그리고 일본의 지역정
당은 낡은 정치의 패러다임을 버리고, 시민의 참여에 의한 새로운 정치 패러
다임을 만들어 나가려는 시도를 하고 있다.

물론 일본에서도 지역정당에 관해 이론적으로 뚜렷하게 정리된 것은 없다.
그리고 실천적으로도 다양한 흐름이 존재한다. 그러나 현재 일본에서 지역정
당과 관련하여 나타나고 있는 다양한 흐름들은 "지역으로부터 정치를 변화시
키는 것"을 추구한다는 공통점을 가지고 있다. 즉, 일본에서 지역정당운동을
실천하고 있는 사람들은, "일본의 정치가 잘못되었다고 하는 이야기를 하기는
쉽지만, 그것이 일본의 중앙정치에 대한 대안 없는 공허한 비판에 머물러서는
안 된다"는 생각을 가지고 있다.

그리고 그 중에서 가장 큰 성과를 보이고 있는 대리인 운동계열(생활클럽
생협3) 계열)의 지역정당은 스스로를 "시민들의 정치생활의 도구"라고 정의한

---

3) 생활클럽 생협은 일본에 있는 생활협동조합(생협)중에서도 새로운 사회운동으로서의 성격을 강
   하게 띠고 있는 생협조직이다. 생활클럽 생협이 다른 생협과 다른 특징은 점포를 갖지 않는 무
   점포주의를 취하고 있다는 것이다. 즉 점포를 갖지 않고 지역에 5~10가구의 반(班)을 만들어

다. 즉 지역정당은 정치를 통해 생활상의 문제를 해결하고자 하는 생활자가 만들어 낸 '정치적 생활도구'라는 것이다. 정당에 대해 "정치적 생활도구"라는 개념을 붙이는 것은 시민과 정치의 관계를 근본적으로 변화시키겠다고 하는 의지를 담고 있다. 즉 직업적 정치인에게 요구를 해서 문제를 해결하는 청부형 (請負型) 정치가 아니라 시민이 아마추어(amateur)로서의 관점과 감각을 가지고 정치의 장에 들어간다고 하는 관점을 가지고 있다.

그렇다면 지금 한국에서 일본의 지역정당 운동에 대한 관심이 높아지고 있는 이유는 무엇인가? 그것은 일본의 사회운동이 기쳐온 경험이 한국에 주는 시사점 때문이다. 그리고 일본의 지역정당 운동을 보면서, 시민사회운동과 정치운동간의 관계가 어떠해야 하는지, 새로운 정치를 위한 정치운동의 주체, 의제, 정책은 무엇인지, 여성의 정치참여는 구체적으로 어떻게 이루어질 수 있을지, 새로운 정치를 위한 정치운동조직의 조직방식과 운영방식은 어떠해야 하는지에 대한 해답의 실마리를 찾을 수 있기 때문이다.


## 혁신자치체의 성장과 쇠퇴

1950년대만 해도 일본에서는 혁신세력 내부에서도 체제변혁에 있어 국가의 비중을 중요시하고 분권과 자치의 진전이 미래의 변혁의 발판인 '중앙집권'을

---

반별(班別) 공동구매활동을 하며, 예약, 분배, 수금활동을 반내(班內)의 협동을 통해 수행함으로써 지역의 주민조직을 형성해 가는 것을 목적으로 하고 있다. 그리고 1970년대 이후에는 공동구매활동이라는 소비활동을 넘어서서 '생활전체'로 운동을 확산하게 되었다. 즉 공동구매라는 물질의 네트워크를 그대로 유지하면서 생활과 지역을 네드워크로 연결하는 지역생활운동으로 발전했다. 생활클럽 생협은 1980년대에 자신을 모체로 하여 여러 새로운 조직들을 결성하는데, <워커즈 컬렉티브>(Worker's Collective, 일종의 생산자협동조합이라고 할 수 있다), 복지클럽 생협, 환경기금, 지역정당 등을 만들었다. 그리고 합성세제추방운동, 폐유회수와 비누만들기 운동, 쓰레기와 자원재활용운동, 반핵평화운동, 반핵운동 등 다양한 사회운동을 전개하였다(이시 재 외 2001, 468~9).

침해하는 것으로 보는 교조적인 사회주의사상이 지배적이었다. 따라서 이러한 영향 때문에 이론적인 면에서도 지역이나 자치체는 독자적인 분야로 간주되지 않았다. '전후개혁' 이라는 제도적 성과에도 불구하고, 자치체라는 영역은 국가나 사회운동 측으로부터 정당한 주목을 받지 못하고, 국가라는 '더 큰' 단위에 부속되는 것이자 그런 한에서만 문제로 취급되었다(이지원 1999, 39).

그런 가운데 혁신자치체가 1947년 제1회 통일지방선거에서 홋카이도, 후쿠오카에서 처음 탄생하여 1950년대 들어 조금씩 늘어나다가, 1963년과 1967년의 통일지방선거에서 폭발적으로 증대함으로써 이른바 혁신자치체 시대가 막을 열게 되었다(최종만 1998, 206). 혁신자치체란 혁신정당, 즉 사회당이나 공산당 또는 양당의 공동추천을 받은 후보가 수장(首長)이 된 지방자치단체를 말한다.4)

혁신자치체의 숫자는 급증하여, 1964년에 42개의 지방자치체가 혁신시장회의(革新市長會議)의 회원시(會員市)였는데, 이 숫자는 해마다 늘어 1971년에는 도쿄, 쿄토, 오사카의 3대 도시 및 인구 100만의 카와사키시를 비롯하여 100개를 돌파하였다. 나아가 1973년에는 혁신자치체의 숫자가 132개에 이르게 됨으로써, 일본 도시지역 주민의 3분의 1에 해당하는 인구가 혁신자치체에 거주하는 상황으로까지 발전하였다.

그러나 이 시기에 혁신자치체가 탄생할 수 있었던 것은 주민들이 혁신정당의 이념을 지지했기 때문이라기보다는, 주민들이 제기하는 생활상의 문제(공해, 도시문제)를 혁신정당의 후보자들이 결국 수용했기 때문이었다. 당시에 일본의 도시들은 주택·도로·상하수도 등의 미비, 보육원과 초등학교의 부족, 교통체증 등의 문제로 몸살을 앓고 있었고, 공업생산의 급격한 확대로 대기오염, 수질오염, 소음, 진동 등의 공해문제가 심각해지고 있었다. 이처럼 공해, 환

---

4) 수장들은 혁신이었어도, 지방의회는 보수파가 다수를 차지하고 있었기 때문에 엄밀하게는 '혁
　신수장자치체' 라고 불러야 할 것이다(최종만 1998, 206)

경파괴, 도시문제의 격화, 산업 우선에 따르는 복지의 경시 등에 대한 주민들의 불만과 반발로 일어난 주민운동에 혁신정당의 후보자들이 적절하게 대응하면서 혁신자치체가 성공을 거둘 수 있었다(구보 다카오 1996, 14).

그러나 고도성장기가 끝나고 저성장기로 접어들면서 일본에서는 저항형의 주민운동이 감소하게 된다. 그리고 혁신자치체의 성공에 자극받은 보수세력이 공해, 복지, 도시문제 등을 해결하는 데 노력을 쏟게 됨으로써 혁신계와 보수계가 제시하는 정책이 상당히 근접하여 쟁점이 분명하지 않게 되었다. 또한 혁신자치체는 공해, 환경, 도시문제를 해결하는 데 있어서 새징을 投입하는 대증요법에만 급급했을 뿐 체계적인 정책비전이나 생활비전을 만들어 내지 못했다. 그 뿌리에는 자치체를 시민자치 내지 국민주권의 기초기구로서가 아니라 국가권력의 말단기구로 보는 진부한 좌익적 사고가 자리잡고 있었다는 비판도 있다(구보 다카오 1996, 15).

오일 쇼크 이후 일본경제가 저성장기로 접어들자 혁신자치체는 재정면에서 막대한 부담을 안게 되었고 더 이상 적극적인 대응을 하기가 어렵게 되었다. 한편 당시의 주민운동은 스스로 정책 대안을 제시하고 문제 해결 과정에 주체적으로 참여할 만큼 성숙되지 못하여 문제의 해결을 행정에 요구하는 '진정형 운동', '요구형 운동'에 머물러 있었다. 따라서 자치체가 이들의 요구를 수렴해서 예산을 배분하여 문제를 어느 정도 해결하게 되면 운동이 쉽게 정체되어버리는 약점을 내포하고 있었다.

이와 같은 약점 때문에 1970년대 후반부터 혁신자치체는 급속히 감소하여 1978년에는 교토부, 79년에는 오사카부 등 주요 자치체에서도 혁신계 후보가 패배함으로써 혁신자치체의 시대는 거의 막을 내리게 되었다. 혁신자치체의 퇴조에는 보수계의 혁신 무너뜨리기 전략, 사회당·공산당과 총평을 축으로 한 혁신계의 통일전선의 분열, 혁신자치체의 재정위기 등 여러 가지 요인이 작용했으나, 가장 중요한 요인은 혁신자치체 및 주민운동의 한계였다.[5]

## 지역정당의 탄생과 전개

1980년대 일본에서는 지역 차원에서 시민들의 네트워크형 조직들이 많이 형성되었다. 1980년대와 1990년대에는 인권이나 국제화 같은 문제들도 지역의 구체적인 생활과 관련된 과제로서 파악하고 그것을 풀어가려는 지향들이 나타났으며, 일상생활권인 지역을 근거로 해서 다양한 활동목표를 갖는 시민운동 그룹들이 형성되었다. 1980년대 이후 일본의 시민운동은 쟁점이 다양화되고 참가와 대안제시를 중시하게 되었으며 풀뿌리 차원의 네트워크형 운동으로 확산되었다.

이러한 흐름 속에서 일본의 지역정당이 출현하게 되었다. 1980년대 이후 일본에서 지역정당이 출현한 의미에 대해서는 한번 살펴볼 필요가 있다. 우선 지역정당의 출현은 국민국가가 문제해결의 주체로서 한계를 갖는다는 인식의 확산을 보여준다. 1994년 <지방의원정책연구회>(LOPAS : Local Party Study)가 주최한 강연에서 혁신자치체의 대표적 이론가였던 마쓰시타(松下圭一)는 「전국적 쟁점주의를 피하고 자치체에서 가능한 정책전개를」이라는 구호를 강조한다. 그는 자치체가 국가와 대등한 하나의 정부라는 지방정부론을 전개한다. 즉 "국가는 농촌형사회로부터 도시형사회로의 이행을 추진하는 소위 '근대화'의 과도매체에 지나지 않는다. 도시형사회가 되면 국가의 분권화, 국제화가 시작된다. 도시형 사회에서는 자치체, 국가, 국제기구가 각각 독자의 관계 혹은 기준을 가진 정부로서 자립하여 정부는 3분화하여 간다"는 논리이다. 월러스틴(I. Wallerstein)은 지난 150년간의 세계사는 민족국가를 통해 모든 것을 해결하려는 프로젝트였다고 말한 바 있다. 그만큼 우리의 사고는 민족국가를 벗어나기가 어려웠다는 이야기이다. 그럼에도 불구하고 이제 국가라는 것이 더 이

---

5) 물론, 그럼에도 불구하고 혁신지자체는 시민 참가를 통한 직접민주주의의 실현, 분권화의 촉진, 복지·환경 우선의 정책추진이라는 성과들을 남겼다고 할 수 있다.

상 다양한 생활상의 문제를 해결해 줄 수 없다는 점은 점점 더 명확해 지고 있다. 따라서 국가가 변해야 지방이 변한다는 의식에서 벗어나, 지방을 변화시킴으로써 국가를 바꾼다고 하는 방향으로 전환이 일어나고 있는 것이다.

둘째, 시민참가를 중시하는 지역정당의 출현은 기존의 정당정치와 대의제 민주주의가 시민들의 정치적 무관심을 극복할 수 없다는 것을 의미한다. 특히 1955년 이래 자민당, 사회당의 양대정당제가 무너지고 보혁대립구도마저 붕괴한 상황에서, 일본의 시민들은 정치에 대해 더욱더 무관심하게 되었다. 이러한 상황에서 지역정당은 시민들의 정치적 무관심을 극복하고 시민참가를 이끌어 낼 수 있는 하나의 대안으로 등장하고 있다. 기존 정치에 대한 실망이나 무관심이 존재하지만, '생활자'인 시민들은 자신이 살고 있는 지역에서 생활상의 문제들을 해결해야 할 필요성을 느끼고 있다는 것이다. 따라서 시민들을 새로운 정치의 주역으로 이끌어 내기 위해서는 그에 맞는 지향점을 가진 정치조직이 필요하고, 그것이 바로 지역정당이라는 것이다.

현재까지 일본에서 나타나고 있는 지역정당들의 형태는 몇 가지로 구분된다(최종만 1998, 223). 첫째, 지역토착형 정당으로 오키나와에 근거를 둔 <오키나와 사회대중당>이 있다. 둘째, 대리인 운동이라고 불리워지는 생활클럽 계열 지역정당들이 있다. 대표적인 예로는 <가나가와 네트워크 운동>, <도쿄생활자네트워크> 등을 들 수 있다. 셋째, <무지개와 녹색 500인 리스트> 계열이다. 무지개와 녹색(虹と綠)에서 무지개는 다양성과 개성을 존중하는 연대와 협동을 상징하고, 녹색은 자연환경과 공존하는 경제사회로의 전환을 희망하는 것이다. 이름에서도 짐작할 수 있듯이, <무지개와 녹색 500인 리스트>가 지향하는 것은 자치체 개혁, 지방분권화, 환경우선의 정책이다. 1999년 8월에 결성된 <무지개와 녹색 500인 리스트 운동>에는 139명의 현역 지방의회 의원과 100여 명의 시민이 참여하고 있다(박원순 2001, 354). <무지개와 녹색 500인 리스트>의 전신은 지방의원정책연구회이다. 지방의원정책연구회는 1993년 5월 시즈오카시(靜岡市)의원 마쯔야(松谷淸) 등이 중심이 되어 전국혁

신의원회의나 대리인운동, 환경문제지방의원연맹에 참가하고 있는 지방의원 30여 명으로 구성되었다. <지방의원 정책연구회>는 정책연구[6]를 중심으로 하면서 지역정당으로서의 정치적 실천을 도모하는 이중성을 가지고 있었다. <지방의원정책연구회>에 참여했던 사람들은 각 지역에서 학자나 시민운동가, 학생 등을 모아 <시민신당 니이가타>[7] 등의 지역정당을 만들었다(최종만 1998, 223~4).

그 중에서 특히 주목할 만한 것은 두 번째의 대리인운동 계열 지역정당들이다. 그 이유는 대리인 운동은 지역정당으로서의 역사도 오래되었고, 점차적으로 정치적 성과를 확대시켜 가고 있으며, 정책이나 조직과 관련해서도 시사하는 것이 많기 때문이다. 또한 대리인 운동 계열 지역정당들은 일본의 생활협동조합 중에서도 사회운동으로서의 성격이 강한 <생활클럽 생협>[8]을 기반으로 하고 있다는 점에서도 다른 지역정당들과는 다른 특징들을 가지고 있다.


## 생활클럽 생협 계열 지역정당(대리인운동)

### 1. 생활클럽 생협 계열 지역정당의 현황

현재 일본의 여러 도도부현(都道府縣)[9]에는 생활클럽 생협 계열 지역정당

---

6) 주로 지역정당(Local Party)의 가능성과 지방분권화, 그리고 지역수준에서의 환경, 인권, 정보공개, 시민자치 정책을 연구하는 활동을 전개하였다.

7) <시민신당 니이가타>는 1994년 10월 '인권과 환경, 평화의 과제와 요구를 실현하고 민주적이고 안심할 수 있는 인간적인 사회와 세계를 만들기 위하여, 그것을 위한 법률과 제도를, 그것을 위한 자치체와 정부를 만들기 위하여' 창립하였고, 지역정당을 표방하였다. 1995년 4월 치뤄진 보궐선거에서 현의원 1인, 시의원 1인을 당선시켰고, 그해 7월의 참의원선거에서 약 1만표(7%)를 얻었다. 그러나 1999년 4월에는 현의원 선거에 2명, 시의원 선거에 2명이 출마했지만, 시의원 선거에 1명만이 당선되었다(박원순 2001, 382~3).

8) 생활클럽 생협은 1965년에 일본 사회당 출신 운동가인 이와네(岩根邦雄)부부가 도쿄 세타가야구에서 우유공동구입운동을 한 것으로부터 시작되었다(이시재 외 2001, 468).

들이 존재한다. 그 중에서 가장 많은 지방의원들을 배출한 지역정당은 도쿄도
(東京都)에 소재한 <도쿄생활자네트워크>와 도쿄경 인근의 가나가와(神奈川)
현에 위치한 <가나가와 네트워크 운동>이다. 2002년 1월 현재 <도쿄생활자
네트워크>는 현재 6명의 도쿄도의원(東京都議員)[10]과 55명의 시, 구의원[11]을
진출시키고 있고, <가나가와 네트워크 운동>은 4명의 현의회 의원과 40명의
시(市)·정(町)[12] 의원을 진출시키고 있다. 특히 <도쿄생활자네트워크>는 자
민당이 '고이즈미 바람'을 타고 압승한 2001년 6월 24일의 도쿄도의회선거에
서 6명의 후보자를 내어 출마하여 전원 당선되는 성과를 거두기도 했다. 그 이
외에 지바현, 홋카이도 등에 생활클럽 생협을 기반으로 한 지역정당이 결성되
어 있다.

## 2. 지역정당의 성립과정(<가나가와 네트워크 운동>과 <도쿄생활자 네트워크>의 사례)

생활클럽 생협 계열의 지역정당들 중에서 가장 먼저 지역정당으로 자기규
정을 한 것은 <가나가와 네트워크 운동>이다. <가나가와 네트워크 운동>은
'생활자 정치', '참가형 정치', '참가·분권·자치·공개'를 그 정치이념으로
하며 주부·여성이 그 중심이 된 지역정당이다.

생활클럽 생협의 구성원들이 지역정치에 참여하게 된 직접적인 계기는
1980년에 벌어진 「합성세제추방대책위원회의 설치 및 운영에 관한 조례」의
주민발의 운동이었다. <가나가와 생활클럽 생협> 조합원들은 지방자치법에

---

9) 우리의 광역시도에 해당하는 것이 도도부현인데, 都는 도쿄에, 道는 홋카이도에, 府는 오오사카
   에 쓰며, 나머지는 모두 縣이다.
10) 한국으로 치면 광역의원이라고 볼 수 있다.
11) 한국으로 치면, 기초의원이라고 할 수 있다.
12) 한국의 기초지방자치단체격에 해당하는 것으로, 시정촌(市町村)과 특별구(特別區)가 있다.

보장된 조례 제·개·폐청구권을 활용해서 22만 명의 시민들로부터 서명을
받아서 가나가와현의 7개 시의회에 조례(안)을 제출했다. 그러나 이 조례(안)은
모든 시의회에서 제대로 심의되지 않고 부결되었다. 이 과정에서 생활클럽 생
협 조합원들은 '의회 내에서 우리들 생활자(生活者)의 목소리를 낼 정치적 대
리인이 필요하다'는 것을 깨닫고, 그 이후의 지방선거에서 지방의원(대리인)을
당선시키기 위한 운동을 벌이게 된다.

그 결과 1983년 지방선거에서 가와사키 시의원으로 최초의 대리인을 내보
내게 되었고, 1984년 7월에는 지속적으로 정치활동을 하기 위한 조직(정치단
체)으로서 <가나가와 네트워크 운동>(NET)을 결성하게 된다. 이것은 일본 최
초의 여성·시민 중심의 지역정당이었다. 그리고 그 이후로 <가나가와 네트
워크 운동>은 꾸준히 조직을 확대하고, 소속 지방의원의 숫자를 늘리면서 성
장해 왔다. 현재 <가나가와 네트워크 운동>은 35개의 지역조직(지역NET)에
4,800명의 멤버를 가진 지역정당으로 성장했다.

한편 <도쿄생활자네트워크>는 1977년 「생활방식을 바꾸자」를 슬로건으로
네리마구(練馬區)에서 도의회선거에 처음으로 도전하였고, <도쿄생활자 네트
워크>의 전신인 <클럽 생활자>를 결성했다. 1979년 처음으로 구의회 의원을
네리마구(練馬區)에서 탄생시켰고, 1985년에는 「정치를 생활의 도구로」라는
슬로건으로 최초로 도쿄도의회 의원을 당선시켰다. 1988년에 들어서서는, <클
럽 생활자>로부터 <도쿄생활자 네트워크>로 조직을 개편했다.

## 3. 지역정당의 조직과 활동

<도쿄 생활자 네트워크>와 <가나가와 네트워크 운동>을 구성하는 기초
조직은 행정구역(市,町,村,區)을 단위로 하여 구성되는 지역네트(NET)이다.13)

---

13) 가나가와 네트워크 운동 예를 보면, 회원은 원칙적으로 지역네트의 구성원이 되어야 한다. 따

<도쿄 생활자 네트워크>는 32개 지역네트, <가나가와 네트워크 운동>은 35개의 지역네트로 구성되어 있다. 아래에서는 <가나가와 네트워크 운동>을 중심으로 해서 생활클럽 생협 계열 지역정당들의 조직과 활동에 대해 살펴보고자 한다.

<가나가와 네트워크 운동>의 최고의사결정기구인 총회는 각 지역네트에서 선출된 대의원들로 구성되며, 대표, 부대표, 사무국장, 각 부장, 운영위원, 감사위원을 비롯한 임원은 총회에서 선출된다. 특이한 것은 대표, 부대표뿐만 아니라 사무국장, 정책부장, 조직부장, 홍보선전부장, 총무부장, 사회운동연대부장 등의 직위도 총회에서 선출된다는 것이다.

선거에 내보낼 대리인(지방의원) 후보자는 각 선거구마다 구성되는 전형위원회에서 결정된다. 전형위원회는 지역네트, 생활클럽 생협의 다른 조직,14) 본부 NET의 운영위원회에서 선출된 전형위원들로 구성된다. 이 전형위원회가 전형기준을 만들고 각 지역네트 등에서 추천된 후보자를 기준에 비추어 심의하여 정식으로 결정한다.

<가나가와 네트워크 운동>은 '의원보수의 공동관리'와 '의원 로테이션 제도'를 취하고 있다. 이 점은 <도쿄생활자네트워크>를 비롯한 다른 생활클럽 생협 계열 지역정당들도 마찬가지이다. 우선 소속된 지방의원이 받는 보수(세비)는 가나가와 네트워크 운동이 관리하고, 당선된 의원은 그 중의 일부만을 활동비로 받는다. 지방의원이 원칙적으로 무보수로 되어 있는 우리나라와는 달리, 지방의원이 상당히 많은 보수를 받는 일본에서 이런 방식은 상당한 의미를 가진다.15) 이를 통해 지역정당의 재정자립을 이루고 있기 때문이다(<가나

---

라서 지역네트는 조직의 가장 기초라고 할 수 있다.

14) 생활클럽 생협 계열 운동조직으로는 생협조직외에도 노동, 소유, 경영의 구분이 없는 '생산자협동조합'인 워커즈 컬렉티브(Worker's Collective) 등이 있다.

15) 일본의 지방의원들은 지방자치단체의 인구규모 등에 따라 차이가 있지만, 많게는 월 100만엔

가와 네트워크 운동>의 경우, 1997년에 지방의원 보수로만 3억엔의 수입이 있었다). 이렇게 의원보수를 공동관리하는 이유는 <가나가와 네트워크 운동>에 소속된 지방의원은 대리인으로서 지방의원이 된 것이기 때문에, 그 보수도 개인적으로 사용할 수 없다는 생각에 바탕을 둔 것이다. 이렇게 모아진 의원보수는 지역네트의 활동비, 본부 네트의 운영비, 의원활동비, 선거자금 적립금으로 운용된다.

그리고 <가나가와 네트워크 운동>은 동일 지방의회에 후보자로 출마할 수 있는 횟수를 2회(8년)로 제한하고 있다. 따라서 이미 2회에 걸쳐서 지방의원을 한 대리인은 3회째에는 <가나가와 네트워크 운동>의 후보로 출마할 수 없다.16) 이 원칙은 <도쿄생활자네트워크> 등 다른 생활클럽 생협 계열 지역정당들도 채택하고 있다. 다만, <도쿄생활자네트워크>나 <시민네트워크 지바>의 경우에는 3회(12년)로 제한하고 있다. 이렇게 '로테이션 제도'를 취하고 있는 이유는 시민들에게 지방의원이 될 수 있는 기회를 폭넓게 부여하고, 지방의원이 직업화되는 것을 막는다는 것이다. 그리고 지방의원을 물러난 사람은 그 동안의 경험과 능력을 활용하여 다른 형태로 운동에 기여할 수 있다는 것이다. 이러한 로테이션 제도는 독일 녹색당의 것을 참고해서 도입한 것이라고 한다.

선거운동에 있어서도 특색이 있다. <가나가와 네트워크 운동>은 '기부와 자원봉사에 의한 참여형 선거'를 지향한다. 즉 당선이라는 목표에만 집착하지 않고, 시민이 정치에 관심을 가지게 되는 최대의 기회로서 선거를 활용한다는 것이다. 그런 점에서 <가나가와 네트워크 운동>은 선거가 '축제의 장'이 될

---

이 넘는 보수를 받는다. 그리고 대리인 운동이 대리인 1명을 내면 연 평균 약 700만엔의 수입이 생긴다고 한다(이시재 외 2001, 513).

16) 다만 2회에 걸쳐서 시의원을 한 사람이 현의회 의원으로 출마하는 것은 관계가 없다고 한다. 동일 지방의회가 아니기 때문이라는 것이다.

수 있도록 노력하고 있다. 재활용품 바자회를 열어서 선거비용을 모금하기도 하는 등 다양한 방법으로 선거비용을 모금하고 철저하게 자원봉사에 의해 선거운동을 진행한다.

<가나가와 네트워크 운동>은 선거시기 이외의 기간에도 일상적인 활동들을 활발하게 펼치고 있다. <가나가와 네트워크 운동 본부>는 매월 기관지인 『NET』를 발행하여 각 지역NET의 활동과 현안들을 소개하고 있다. 그리고 시민들의 정치적 역량을 키우기 위하여 가나가와 NPO대학을 설립하여, '지방자치단체 개혁론', '참가형 복지론', '정보공개세도 활용법' 등의 강좌를 운영하고 있다. 그리고 각 지역 NET에서도 독자적인 기관지를 발행하면서, '의회보고회' 개최, '미니포럼' 개최 등의 활동을 하고 있다. 여기서 '미니포럼'이란 지역의 문제나 과제를 시민참여형으로 해결하기 위하여, 시민, 행정공무원, 전문가 등이 모여서 토론하는 모임을 말한다. 이런 미니포럼을 통해서 시민생활상의 문제를 해결하기 위한 다양한 모색을 하고, 의견이 모아지면 시민들이 집행과정에까지 참여하게 된다. 이런 미니포럼의 대상이 되는 사안들은 주로 대형백화점 건설에 따른 교통체증문제, 쓰레기 분리회수방법의 문제, 시민교류센터 이용방식의 문제, 공립유치원 보육연한 연장 문제, 통학로 보도설치 문제들이다(최종만 1998, 226).

<가나가와 네트워크 운동>은 중앙정치에 대해서도 '정치계약'을 통해 영향력을 행사하고 있다. '정치계약'은 <가나가와 네트워크 운동>에 속하지 않은 중의원, 참의원 입후보자 등과 체결하는 것이다. 예를 들어 1986년 중의원 선거에서 <가나가와 네트워크 운동>은 사회당 후보를 후원하는 조건으로 정치계약을 체결했는데, 그 내용으로는 자치체 개혁, 원자력발전소 건설중지, 군사비 삭감, 교육위원회 공선제 실현, 모자보건법 개익 저지 등이었다. 이러한 정치계약을 통해 지방으로부터 국가를 통제하려는 시도를 하고 있는 것이다.

## 생활클럽 생협계열 지역정당의 성장요인과 한계

### 1. 성장요인에 대한 분석

#### (1) 조직적 요인

일본의 지역정당 중에서도 대안적 모델로 눈길을 끄는 생활클럽 생협 계열 지역정당 조직의 힘은 어디로부터 나오는 것인가? 가장 중요한 것은 소비를 매개로 한 사회운동인 생활협동조합 운동, 생산을 매개로 한 사회운동인 <워커즈 컬렉티브>가 존재한다는 것이다. 생활클럽 생협은 14개 도도부현에 조직되어 있으며, 1993년 말 현재 조합원 수는 23만, 반(班)수17)는 2만7천, 연간 공급액 741억 엔에 달했다(이시재 외 2001, 470). 이러한 기반 조직은 새로운 정치세력의 형성에 있어서 중요한 역할을 수행하고 있다. 우선 기반 조직은 정치조직이 아직 초기에 있을 때에 인적, 물적 자원을 지원해 주는 역할을 수행할 수 있다. 또한 기반 조직은 지역정당에 참가할 시민들과 리더들을 양성하는 역할을 자연스럽게 할 수 있다. <가나가와 네트워크 운동>의 회원중 상당수는 생활클럽 생협 조합원이나 <워커즈 컬렉티브> 출신이다. 이러한 기반 조직들은 시민들로 하여금 참여와 자치의 경험을 쌓게 하는 살아 있는 교육기관으로서의 역할을 하고 있다. 또한 기반 조직에 참여하는 시민들 속에서 검증된 리더가 자연스럽게 길러져 나오기 때문에, <가나가와 네트워크 운동>의 임원이나 지방의원 후보자의 충원이 자연스럽게 이루어지게 된다. 따라서 기반 조직의 존재는 보수적인 일본의 풀뿌리 지역사회 속에서 성장하고 있는 지역정당의 비밀을 설명하는 가장 큰 열쇠이다.

#### (2) 제도적 요인

---

17) 다른 생활협동조합(생협)과는 달리, 생활클럽 생협은 5~10가구 규모의 반(班)을 조직하여 반별로 공동예약 구매를 하는 방식을 취해 왔다.

한편 일본의 지방선거제도도 지역정당의 성장에 유리한 조건을 제공하고 있다. 일본의 지방자치단체들은 중·대선거구제를 택하고 있다. 한국의 기초의회 격인 시·정·촌 의회의 경우에는 대선거구제이고, 도도부현 의회의 경우에는 중선거구제라고 볼 수 있다. 이러한 선거구제도는 신생 정치조직의 진출에 유리한 토양을 제공하고 있다. 반면 한국의 경우에는 광역의회든 기초의회든 소선거구제를 취하고 있기 때문에, 선거구에서 1등을 해야만 당선이 가능하다는 어려움이 있다.

또한 의원보수가 재정수입원이 될 수 있는 것도 실제로는 중요한 성장요인이다. 한국의 경우에는 지방의원을 원칙적으로 무보수로 정하고 있기 때문에 다른 직업이 없는 지방의원들의 경우 생활조차 어려운 실정이다. 따라서 한국의 경우 지방의원 보수는 새로운 정치세력의 재원이 될 수 없다. 그러나 일본의 지방의원 보수는 상당한 수준이기 때문에 이것이 지역정당의 주요 수입원이 될 수 있는 것이다. 그리고 이러한 안정된 수입원을 바탕으로 해서 안정된 성장을 도모할 수 있는 것이다.

(3) 정책의 문제

<가나가와 네트워크 운동>에 대해 정책적 능력이 떨어진다는 지적도 있었다. 즉, "작은 요구, 다시 말해 「부엌의 소리를 정치로」라고 주장하며 출발했지만 현의원을 내고 요코하마, 가와사키 같은 대도시의 시의원을 낼 정도가 되면 그 주장은 이미 한계가 나타난다. 적어도 가나가와 현정에 참여할 정도가 되면 산업 경제, 환경문제까지 포함하는 포괄적인 대책이 필요하다"는 것이다(구보다카오 1996, 26). 그러나 생활클럽 생협 계열 지역정당들은 정책연구에 상당한 노력을 기울이고 있다. 각종 연구회를 통해서 정책과 제도를 연구하고 있으며, 지방선거 때에 내는 정책자료집의 내용을 보더라도 복지, 여성, 지역경제, 교육, 환경, 도시계획, 지방정치개혁, 지구사회 등 종합적인 내용을 담고 있다.[18] 따라서 정책적인 능력이 떨어진다는 문제는 해소되어 가고 있는 것으로

보인다. 그리고 근본적으로 보더라도, 정책적인 능력은 해소가능한 문제이다. 전문가의 지원이 활성화되고 지방의원 경험을 쌓은 멤버들의 숫자가 늘어나면서 정책적인 능력은 고양될 수밖에 없기 때문이다.

오히려 생활클럽 생협 계열 지역정당들은 정치이슈의 변화와 정책 생산 메커니즘의 변화를 만들어 내고 있다. 이들은 보육문제, 고령자 개호(介護) 등의 복지문제, 환경문제, 교육문제, 식품안전문제, 시민활동지원 등 시민들이 생활 주변에서 겪고 있고, 또한 공동으로 해결하지 않으면 안 될 문제들을 정치이슈화하고 있다. 그리고 이전처럼 시민이 국가나 자치체에 요구만 하는 것이 아니라, 시민들이 생활 속에서 부딪치는 문제들을 미니포럼 등에서 토론을 통해 제기하고 연구회 등을 통해서 정책화하는 정책생산 메커니즘을 개발하고 있다. 이것은 말로만 시민참여를 말하는 것이 아니라, 실제로 정책의 생산과정 자체에 시민이 참여하게 하는 것이다. 이러한 정치이슈의 변화와 정책생산 메커니즘의 변화는 시민이 '방관자'의 지위를 벗어나 정치의 주체가 될 수 있다는 가능성을 보여주는 것이다. 그리고 생활클럽 생협 계열 지역정당들이 가지고 있는 강점도 바로 이런 점들로부터 나오는 것이다.

### (4) 주체의 문제

생활클럽 생협 계열 지역정당들은 정치주체의 측면에서 보아도, 시사하는 점들이 많다. <가나가와 네트워크 운동>을 비롯한 일본의 생활클럽 생협 계열 지역정당들은 회원의 대부분이 여성, 특히 주부들이다. 그리고 선거에 내는 후보자들도 거의 100% 여성이다. '여성의 정치참여'는 결국 여성들이 자신들의 생활과 관련된 문제들에 관해 관심을 갖고, 정치의 이슈와 정책이 여성들

---

18) 1999년 통일지방선거를 앞두고 나온 『정책 99』(<가나가와 네트워크 운동>)이나 2001년 도쿄 도의회 선거당시에 나온 『도쿄정책 21』(<도쿄생활자 네트워크>)을 보면 이 점을 확인할 수 있다.

의 생활과 연결될 때에 본격화될 수 있다는 것을 시사해 주고 있는 것이다.

그리고 여성이 주된 주체라는 것은 여러 가지 장점을 가진다. 우선 생활정치의 주제인 생활에 대해 가장 잘 알고 있는 주체가 여성이다. 또한 지역에서 많은 시간을 보내는 것은 여성이기 때문에 여성이 참여해야만 실질적인 시민참여가 가능하기도 하다. 그리고 '남성사회'라고 불리는 산업우선형 사회로부터 복지우선의 시민사회로의 전환을 실현하기 위해서는 여성이 주체가 될 수밖에 없다.

## 2. 한계

가장 문제가 되는 것은 중앙정치의 변화에 대한 구체적인 비전이 없다는 것이다. 물론 정치를 '권력장악' 중심으로 사고하는 것에서 탈피해야 한다. 그러나 지역에서 실천하고 있는 새로운 정치는 궁극적으로 중앙정치 수준에서도 실천되어야 한다. 그런데 그것에 대한 구체적인 전망이 없는 것이다. 유럽이나 미국의 녹색당은 전국정당으로 자기존재를 자리매김하고 있고, 중앙선거에 후보를 내고 있으며, 국가 차원의 정책들을 제시하고 있다. 그러나 일본의 생활클럽 생협 계열 지역정당들은 전국정당으로서의 발전전망을 명확하게 하지 않은 상태에서 지역정당으로만 머무르고 있다.

생활클럽 생협 계열 지역정당의 계층적 기반을 지적하는 시각도 있다. 대리인 운동의 멤버에 고학력자(전문대졸 이상이 약 60%), 고수입자가 많다는 점이 소수자나 약자에 대한 차별반대 등의 인권문제에 대한 관심과 노력을 적게 하고 있지 않느냐는 것이다. 이러한 시각에서는 정주 외국인에 대한 지방참정권 문제에 대해 생활클럽 생협 계열 지역정당들이 비교적 무관심하다는 예를 들고 있다. 어쨌든 부정할 수 없는 사실은, 현재 생활클럽 생협 계열 지역정당들은 도쿄를 중심으로 한 도시 지역(중산층 밀집 지역이라고 할 수 있다)을 주된 근거지로 하고 있다는 것이다. 따라서 아직까지는 지역적, 계층적으로 포괄하고 있는 범위가 협소한 것은 분명하다.

한편 생활클럽 생협 계열 지역정당들은 지방정치의 영역에서도 현실의 벽을 넘어서지 못하고 있다. 비록 지방의회 내에 안정적 교두보를 확보했다고 하나, 보수적인 지방의원들이 다수 의석을 차지하고 있는 상황에서 지역정당 소속 의원들의 역할은 상당히 제한될 수밖에 없다. 현재까지는 조례를 제안해도 통과될 가능성이 없으며, 심지어 조례를 발의할 요건[19]을 채우지 못하고 있는 지방의회도 많다. 또한 <가나가와 네트워크 운동>의 경우만 하더라도, 아직까지는 지방자치단체장 선거에 있어서 무력한 모습을 보이고 있다. 1998년 요코하마 시장선거에서 16만 표를 얻었으나 낙선했고, 2001년 가을에 있었던 가와사키 시장선거에서도 가나가와 네트워크 운동이 추천·지지한 시민운동 출신 후보가 큰 표차로 낙선했다.


## 글을 맺으며

물론 일본의 지역정당들이 아직 완성형에 도달한 것은 아니다. 이들의 성장은 아직 진행중이며, 과연 이들이 일본정치를 근본적으로 변화시킬 수 있을지는 앞으로의 실천에 의해 검증될 것이다. 다만, 이들이 지금까지 이룬 성과만으로도, '시민자치'의 실현하려는 한국의 실천에도 많은 참고가 될 수 있을 것이다.

작년에 생활클럽 생협에서 30여 년간 일한 노년의 활동가를 만날 기회가 있었다. 그는 30여 년 전에 생활클럽 생협운동을 시작하면서, "100년을 보고 운동을 하자"고 동료들과 결의했었다고 말했다. 그리고 이제 30여 년이 지났으

---

19) 일본의 지방자치법은 지방의원 정수의 1/12 이상의 발의가 있어야 의원발의(안건상정)이 가능하다.

니, 앞으로도 가야 할 길이 멀다고 이야기했다. 그러한 철학과 마음가짐이 있었기에, 우유배달부터 시작해서 생활클럽 생협 조직, 지역정당 건설, <워커즈 콜렉티브> 조직 등의 일들을 해 왔고, 그것을 통해 시민사회의 성장을 일관되게 추구해 온 것이다. 그들은 많이 고민해 왔고, 많이 실천해 왔고, 앞으로도 많이 노력할 것이다. 그렇기 때문에 우리는 그들을 보면서, 우리의 길을 고민해야 한다.



□ **참고문헌**

구보 다카오(久保孝雄). 1996. 「일본 시민운동의 발전과 지방자치」. 크리스챤아카데미 사회교육원 엮음.『일본의 시민운동과 지방자치』. 한울.

박원순. 2001.『일본시민사회기행』. 아르케.

박현주. 1998. 「1990년대 이탈리아 정당체계 재편에 관한 연구: 지역균열과 지역정당을 중심으로」. 이화여대 대학원 정외과 석사논문.

이시재 외. 2001.『일본의 도시사회』. 서울대학교 출판부.

이지원, 1999. 「현대 일본의 자치체 개혁운동: 혁신자치체와 시빌미니멈을 중심으로」. 서울대 대학원 사회학과 박사논문.

최종만. 1998.『일본의 자치체 개혁』. 나남출판사.

神奈川ネットワ-ク運動. 1998.『NET 98』.

神奈川ネットワ-ク運動. 2001.『規約・規定集』.

地方議員政策研究會. 1998.『地方から政治を變える』. コモンズ.

# 12장
# 독일의 지방자치와 시민운동

이기우

　지방자치는 지방분권적인 요소와 주민 참여적인 요소가 결합되어야 실현 가능하다. 독일의 지방자치는 지방자치단체의 업무수행에 주민들을 참여시키기 위한 제도적인 장치로서 출발했다. 그럼에도 불구하고 오늘날 시민 개개인이 처한 여러 가지 여건은 주민의 참여 계기를 충분히 부여하지 못하고 있다. 오늘날 지방자치단체에 대한 주민의 참여는 사실상 주민의 대표자에 의한 간접적인 참여에 한정되고 있으며 주민의 직접적인 참여는 예외적으로 이루어진다. 현대사회에서 이해관계가 분화됨에 따라 대의제도는 다양한 사회계층의 이익을 대변하지 못하는 경우가 늘어나고, 대중 민주주의 하에서 정당은 다양한 집단의 이익을 수렴하지 못하는 경향이 늘어간다. 이에 주민들은 자신들의 요구를 직접 정치적으로 관철시키기 위한 수단으로 시민운동을 결성하여 활동하게 되었다.

　독일의 시민운동은 1960년대 말부터 본격적으로 진행되었고 현재는 정치

사회적인 일상생활이 되고 있다. 통일 이후 독일은 지방자치단체 단위에서 단체장의 직선, 주민투표, 주민소환과 같은 직접민주주의적 요소를 대폭적으로 도입했다. 나아가 독일은 지방문제를 해결함에 있어 주민의 참여를 활성화시키려는 노력을 폭넓게 진행하고 있다. 이는 시민사회가 정부의 한계를 보완하게끔 하려는 것이다. 지방자치와 시민운동이 매우 역동적으로 전개되고 있지만 아직 역사가 짧은 우리로서는 독일의 경험에서 적지 않은 시사점을 얻을 수 있을 것이다.


## 독일지방자치의 성립과 발전

독일의 지방자치제도는 오늘날 다른 국가의 모범이 되고 있다. 근대적인 의미에서 독일의 지방자치제도가 성립된 시기는 절대주의 말기에서 입헌군주시대 초기이다. 지방자치제도가 1808년의 프로이센 도시법을 통하여 도입되기 이전에 모든 국가권력은 절대군주제도 하에서 왕을 정점으로 하는 중앙정부에 집중되어 있었고 지방은 단지 중앙의 지시를 실행하는 중앙의 지방행정관서에 불과하였다. 이 당시의 국가체제는 고도의 중앙집권적인 관료주의 국가로 특징지을 수 있다. 이러한 절대주의 체제가 변화하는 직접적인 계기는 1806년 10월 프랑스혁명군과의 전쟁에서 프로이센이 군사적인 패배를 경험한 것이었다. 전쟁의 패배는 정치가들로 하여금 국가체제에 대한 근본적인 반성을 가져왔으며 곧이어 개혁조치로 나타나게 되었다. 이 개혁조치의 가장 중요한 기초는 시민의 참여였다. 시민이 더 이상 관료의 지배객체로 되어서는 안 되며 시민을 공공사무의 처리에 참여시킴으로써 국가발전의 기초로 삼으려 했다. 이러한 개혁정치는 당시 재상이었던 쉬타인(Freiherrn vom Stein)의 주도로 이루어졌고 그의 개혁정치의 일환으로 지방자치제도가 도입되었다.

## 1. 쉬타인의 개혁구상

쉬타인은 정치적인 개혁을 위하여 절대주의적인 관료국가를 전반적으로 변화시키는 데 촛점을 맞추었다. 쉬타인의 개혁구상은 지방자치단체는 물론 국가 전체에 걸치는 것이었으나 그의 재임기간 동안에는 도시에 관한 것만이 실현을 보았다.

쉬타인 개혁안의 근본사상은 공공업무의 수행에 일반 시민의 참여를 강화하는 데 있었다. 쉬타인의 의도는 행정업무의 처리를 직업관료에게만 맡기고 시민의 참여를 배제시킴으로써 나타나게 되는 폐단을 극복하기 위해 시민에게 행정의 일부분을 맡기는 데 있었다. 그의 참여구상은 공공 업무수행에 장식적으로 시민을 참여시키는 데 그치는 것이 아니라 사회적 세력과의 효율적인 협력을 추구하였다. 그는 자신이 비록 관료출신이고 오랫동안 관료로서 활동해왔지만 절대군주적인 관료주의에 대하여 격렬한 비판을 서슴지 않았다. "순전히 직업관료로만 구성된 행정관청에는 머슴정신이 스며들기 쉽다"고 비난했다. 이를 극복하기 위해 그는 현실적 삶의 활력을 지닌 시민을 끌어들여 관청에서의 서류뭉치와 근무체질을 바꾸려 했다. 다만 그가 참여시키려고 했던 시민계층은 모든 주민이 아니라 재산을 가지고 교육을 받은 시민계층에 한정되었다는 점에서 그의 개혁구상은 시대적인 한계를 갖고 있다. 그가 일정한 주민을 참여시켜 공공업무를 처리하려고 했던 것은 다음과 같은 여러 가지 측면을 고려한 의도가 포함되어 있다.

### (1) 행정급부의 질적개선

행정관청이 공공업무 수행에 시민을 참여시킴으로써 업무에 필요한 지식을 배가할 수 있으며 시민사회의 욕구를 더 잘 반영하고 그 수행에 필요한 수단을 더 잘 확보할 수 있다고 그는 보았다. 만약 시민이 행정으로부터 배제된다면 그들의 재산과 직업활동 및 동료시민에 관련하여 갖고 있는 지식은 사장된

다고 비판하였다. 공공업무의 수행에 시민을 참여시킴으로써 그들이 갖고 있
는 지역에 관한 정보, 그들의 일상생활과 관련된 사물적인 정보를 더 잘 활용
할 수 있게 되고 지배의 객체인 시민을 동료의 지위에 올려놓을 수 있다고 보
았다. 그는 행정기술적인 지식과 행정서류뭉치보다는 실제적이고 현장적인 지
식, 사람들에 대한 정보와 업무에 대한 열정적인 관심이 훨씬 더 중요하다고
확신했다.

### (2) 공동체정신과 시민정신의 배양

쉬타인은 그의 개혁을 통하여 정치교육적인 효과를 추구하였다. 그의 글에
서 유독 자주 나타나는 "시민정신"이라든가 "공동체정신"이라는 말은 그의 개
혁사상을 이해하는 데 단서가 된다. 시민을 국가업무의 수행에 참여시킴으로
써 도덕성의 향상을 가져오며 윤리적인 완성에 기여하여 시민정신과 공동체정
신을 신장하게 된다고 했다. 1808년의 프로이센 도시법의 서문에는 시민의 정
치적인 참여가능성의 보장은 공동체정신을 자극하며 이를 유지시킨다는 말이
포함되어 있다. 쉬타인의 개혁시도는 단순히 행정조직의 기술적인 개편에 있
었던 것이 아니라 광범한 국가공동체의 혁신에 있었다. 시민의 정치적인 참여
를 태도와 성격 및 인격의 교육수단으로 보았다. 특히 그는 재산가들을 공공업
무의 수행에 참여시킴으로써 당시를 풍미하던 개인적인 탐욕과 향락주의적인
풍조를 개선해 보려고 시도했다. 개인은 공익적인 활동을 하게 됨으로써 도덕
적이고 지성적인 인격을 갖출 수 있게 된다고 보았다.

### (3) 국가의 통합과 안정의 강화

쉬타인은 사회적인 세력이 공동체의 업무에 참여하고 협력하게 되면 국가
와의 연계가 강화된다고 보았다. 즉 그는 시민의 참여를 정치적인 통합의 촉진
과 국가적인 정당성의 강화수단으로 보았다. 모든 국가작용이나 심지어 지방
업무에 관한 행정으로부터 소외될 경우에 국민은 정부에 대하여 무관심해 지

고 경우에 따라서는 적대적인 자세를 갖게 된다. 쉬타인의 관심은 공권력에 의한 결정이 주민의 의사와 관심에 합치되도록 하는 것에 있었다. 참여를 통하여 그는 시민의 정신과 목표 및 욕구를 국가관청의 그것과 일치시키려고 했다. 그는 국가활동에 있어서 여론을 파악하고 고려하는 것을 가장 중요한 정치적인 지혜로 생각했다. 나아가서 쉬타인은 사회적인 세력을 공공안건의 결정과 집행에 참여시킴으로써 나폴레옹 군대와의 패전으로 침체된 조국애를 다시 부활시키려 했다.

### (4) 경제적인 행정

쉬타인은 참여정치적인 개혁과 명예직 활동으로 인한 행정비용의 절감도 동시에 추구했다. 그러나 그에게 있어서 비용의 절감이 결정적인 비중을 차지하는 것은 아니었다. 그것보다는 공동체정신과 시민정신을 일깨우고 잠자거나 잘못 인도되고 있는 힘을 이용하며 분산된 지식을 선용하고 조국애를 재생시키는 것이 훨씬 중요하다고 생각했다.

### (5) 시민의 자유의 보장

쉬타인의 개혁은 개인이 맡을 수 있는 사안에 대한 정부의 불필요하고 유해한 간섭을 폐지하는 것을 목표로 했다. 그는 개인적인 영역과 지방영역에 대한 국가관청의 침해가 중단되어야 하며 서류와 형식에 의해 활동하는 관료의 자리를 현장에서 역동적으로 살아가는 시민이 대신해야 한다고 강조했다.

## 2. 1808년의 프로이센 도시법

쉬타인의 개혁구상은 1808년의 프로이센 도시법으로 결실을 보게 되었다. 프로에센 도시법은 독일 역사에서 국가 행정조직의 새로운 기원으로서의 의미를 갖는다. 이 법에 의해 절대주의 시대의 권위주의적이고 관헌적인 공공행정의 전통은 심하게 동요되었다. 프로이센 도시법은 그 개별적인 내용보다도 그 정신적 정치적인 의미 때문에 오늘날까지 매우 큰 영향을 미치고 있다. 지방분권적인 행정조직이 공공업무를 그에 특별한 이해관계를 가진 자들이 국가의 간섭을 받지 않고 독립하여 스스로 처리할 수 있는 가능성을 부여하였다는 점에서 역사적인 의미를 갖는다.

프로이센 도시법은 지방적 수준에서의 자유영역을 엄청나게 확대했다. 행정적인 독자성이 지역적인 공동체에게 부여되었고 지방적인 영역에서 범람하던 국가의 관료주의가 사라졌다. 이 법에 의하여 도시는 국가에 속해 있기는 했지만 국가로부터 상당히 독립된 공공단체로 구성되었다. 도시는 상당히 넓은 활동 분야에서 그의 업무를 독자적으로 수행할 수 있는 권리를 부여받았다. 다만 전통적으로 국가의 업무로 간주되어 온 경찰권과 재판권은 제외되었다. 프로이센 도시법 제 66조에 의하면 경찰권은 국가행정청을 통하여 직접 행사하거나 혹은 도시의 시청에 위임하여 행하도록 하였으며 위임하는 경우에 시청은 국가의 하급 행정청으로서 활동하게 함으로써 오늘날 자치사무와 위임사무의 구별을 이미 명문화하였다.

하지만 경찰개념에 있어 도시가 자기책임하에서 처리할 수 있는 업무의 범위를 명확하게 하지 않아서 확정하기 어려웠다. 당시의 법학서적에는 경찰을 위험방지 업무에 국한시킬 것인지 아니면 지역공동체의 모든 내무행정을 포함시킬 것인지에 대한 논쟁이 끊이지 않았다.

도시의 기구로는 시민에 의하여 선출된 시의회와 그에 의하여 선출된 시청이 있었다. 시청은 합의제 집행기관으로 구성되었다. 특정한 지역사무를 처리하기 위하여 대표자나 위원회를 설치하도록 하였는데 이것에는 시청구성원이나 시의원 외에 시의회에서 선출되고 시청에 의해 승인된 시민도 포함되었다. 이로써 시민은 시의회의원 선거만이 아니라 지방적인 업무의 처리에 대해서도 직접적으로 참여할 수 있었다. 도시법의 전반부는 국가감독에 관한 규정을 하고 있는데 이는 중세의 도시와는 달리 도시를 하나의 공화국으로 인정한 것이 아니라 국가의 한 구성부분으로 보았기 때문이다. 감독수단으로는 지방자치단체에 대한 회계감사권, 시민의 행정심판제기에 대한 심사, 새로 제정되는 조례와 시청구성원의 선출에 대한 승인 등이 규정되었다. 이로써 프로이센 도시법은 도시에 대한 국가 감독권의 한계를 좁게 설정하였다.

## 3. 지방자치제도의 변천

프로이센 도시법에 의하여 실시되기 시작한 지방자치제도는 곧이어 등장한 반동적인 정치 경향으로 인해 더 이상 발전하지 못했다. 자유수의적인 시민계층이 지방자치제도를 전통적인 군주국가에 대한 투쟁수단으로 이용하려 하자 보수적인 관료와 정치세력은 위협을 느꼈고 주도권을 다시 되찾으려 했기 때문이다. 1815년 프로이센의 확장된 영토에 도시법이 도입되었지만 1831년의 개정된 프로이센 도시법에서는 자유주의적인 요소가 상당히 후퇴하였다. 특히 국가에 의해 승인을 받는 시청의 지위가 시의회에 비해 강화되었고 국가감독의 확장을 가져왔다. 또한 쉬타인은 농촌지역에서 지방자치를 실현하려고 했지만 그의 실각과 정치적인 영향력이 큰 영주들의 반대로 실현되지 못하였다. 1841년이 되어서야 비교적 봉건영주의 영향력이 적었던 베스트팔랜(Westfalen)에서 농촌지역에 대한 지방자치법이 선포되었다. 1853년에 개정된 프로이센 도시법에서는 국가의 감독권과 시청의 지위가 강화되면서 시민 대표의 권한 약화를 가져왔다. 이는 도시 노동자계층의 성장에 대한 국가적인 대응이었고 실패로 끝난 시민혁명의 소요에 대한 국가의 반응이었다.

이러한 보수적인 지방자치제도에서 다시 자치권을 확대하는 방향으로 전환히게 된 것은 제1차 세계대전에 패배한 후 1919년 8월 11일 제정된 바이마르(Weimar) 공화국 헌법 제 127조가 지방자치를 명백히 선언함으로써 나타났다(바이마르 헌법 제 127조는 "지방자치단체와 지방자치단체조합은 법의 한계 내에서 자치권을 갖는다"라고 규정했다). 초기 학설은 지방자치단체의 자치권이 법의 한계 내에서만 인정되므로 입법자의 자치권에 대한 제한이 무제한 인정되는 것으로 받아들여졌으나, 칼 쉬미트(Karl Schmitt)의 이론이 학설과 판례의 지지를 받게 됨에 따라 자치권은 현저히 강화되었다. 칼 쉬미트에 의하면 비록 입법자라고 할지라도 전통적으로 발전되어 온 지방자치의 본질적인 내용을 침해하거나 왜곡시킬 수 없다. 이로써 지방자치에 대한 입법자의 입법 한계가 설정되었고, 그만큼 지방자치단체의 고유한 핵심 내용은 의회의 다수당이 훼손할 수 없게 되었다.

그럼에도 불구하고 바이마르 공화국 하에서의 지방자치제도는 경제공황과 조세체계의 변화 등이 가져온 지방재정의 위기 때문에 감독관청에 의한 직무대행자의 선임을 자주 경험했다. 이는 "지방자치의 위기"라는 표현을 낳았다. 뒤이어 등장한 히틀러의 나치당 지배체제가 모든 국가권력을 국가로 집중시키고 지도자의 의사를 충실히 이행하는 지방행정조직으로 지방자치단체를 변화시켜서 지방자치제도는 또다시 수난을 겪게 된다.

독일에서 지방자치제도의 부활은 제2차 세계 대전에서의 패망과 함께 '밑에서 위로'의 국가건설을 시도한 것에서 비롯된다. 점령군인 연합국은 나치적인 요소를 제거하는 독일 민주화의 일환으로 지방자치제도를 도입하게 되었고 지방자치단체가 독일의 폐허를 딛고 일어서는 데 중추적인 역할을 수행하게 했다. 독일의 각 주는 히틀러 하의 지방자치법에서 나치적인 요소를 제거하고 점령국의 지방자치제도와 전통적인 제도를 가미하여 지방자치법을 개정했으며, 뒤이어 독일 기본법(Grundgesetz)은 헌법 제28조에서 지방자치를 헌법적으로 보장하였다. 통일 후 독일은 동독지역에 지방자치제도를 도입했고 또한 서독지방의 지방자치법도 적지 않은 변천을 겪게 된다. 그 중에서 특히 주목할 것은 제2차 세계대전 이후 유보적인 입장을 취했던 주민참여제도를 대폭 수용함으로써 지방정치의 새로운 전기를 마련하고 있다는 점이다.

독일의 지방자치가 우리에게 시사하는 바는 크다. 우선 독일은 국가가 결정적인 위기를 맞이할 때마다 이를 극복하기 위한 방안으로 지방자치제도를 채

택하였다는 점이다. 다음으로 정통성이 약한 독재적인 정치세력이나 보수반동적인 정권은 지방자치제도를 후퇴시키거나 명목적인 것으로 전락시켰다는 점이다. 그와 반대로 정통성이 강한 개혁지향적인 정권은 지방자치단체의 자치권을 강화하고 지방의 정치적인 결정을 중시했다.


## 독일의 시민운동(Bürgerinitiative)

### 1. 시민운동의 의의

시민운동은 직접민주주의와 공적생활에 대한 시민참여의 다양한 형태 중 하나이다. 시민운동단체는 정치적인 조치나 공적인 계획, 부작위, 사회 문화적인 문제의 왜곡, 환경 문제 등에 관련된 시민들의 자발적인 조직이다. 이들은 직접적인 자조(Selbsthilfe)나 공공여론의 형성을 통한 정치적인 영향력 행사 등을 통하여 문제해결을 시도한다. 오늘날 시민운동은 지방을 "아래로부터" 변화시키는 대표적인 형태로 간주되고 있다(Roth 1994, 228). 시민운동의 주된 기능은 의회민주주의의 여러 문제영역과 관련된 국가의 활동을 방어하거나 수정하는 활동에 있다.

사회국가가 강화되면서 국가의 활동이 양적으로나 질적으로 현저하게 증가되고 자연히 사회적, 자연적인 환경에 대해 기술관료적인 계획이 증대되었다. 이에 적지 않은 시민들이 이러한 국가활동을 통제해야 한다고 생각하게 되었다. 오늘날 공공업무의 규모나 범위가 급증함에 따라 국회의원이나 정부의 내각은 과부하에 시달리게 되었으며, 분화되고 전문화된 이해관계를 대변하기에는 부적합하게 되었다. 이에 전통적인 민주적 정당성의 의미가 상실되어 가고 있다.

또한 기성정당이 대중정당화 함으로써 독일의 정치시스템에서 정당의 기능이 약화되어 가고 있다. 대중정당은 상반된 이익을 대변해야 하고, 다양한 그룹의 이익을 대변해야 하며, 또한 일반복리를 대변해야 한다는 부담을 갖게 된다. 만약 특수한 이익에 관계된 집단이 정당에 관여하게 되는 경우에 대중정당의 내부에는 이익의 충돌이 일어난다. 그렇기 때문에 정당은 어떠한 입장도 취할 수 없게 된다. 시민운동의 발생은 이와 같이 정당의 이익 대변적인 기능이 마비되는 것에서 그 이유를 찾을 수 있다. 게다가 사회적인 특수 이익을 대변하는 중요 조직은 그 대화상대자를 교체한다. 그들은 전통적으로 의회를 상대하였으나 이제는 직접 국가를 상대한다. 이에 상응하여 시민은 점진적으로 의회의 대표자를 기피하고 국가관료에게 직접 의견과 요구를 제출하게 된다.

## 2. 독일 시민운동의 역사

지방자치단체나 주정부 혹은 연방정부의 특정한 정치적인 결정이나 행정적인 결정에 대하여 시민들이 직접 영향을 미치려고 한 시도는 1960년대 이전에도 산발적으로 있어 왔으나 1960년대 말에 와서야 비로소 폭넓게 확산되기 시작했다. 최초의 대규모 시민운동단체는 1969년에 결성된 시내버스의 요금인상에 반대하는 하노버의 운동단체(Rote-Punkt-Aktion)였다.

1970년대에 들어와서 독일에서는 사회적, 정치적, 복지적인 문제해결을 위한 시민들의 조직화가 본격적으로 나타나기 시작했다. 사람들은 정치구조와 그 결정에 더 많은 영향력을 행사하고자 하였다. 이 시기에 독일은 정부수립 후 가장 큰 대의민주적인 정치체제의 위기에 봉착하였다(Buck 1991). 원외 재야활동이 정치에 대한 영향력의 행사를 요구하던 시기였다고 볼 수 있다.

특히 환경 분야에서 에너지공급을 위한 원자력발전소의 건설에 반대하는 과정을 통해 시민운동은 중요한 의미를 갖게 되었다. 이 점에 관하여 정치적인 정당이나 의회는 특화된 국민들의 이해관계와 수요를 수렴할 수 있는 위치에 있지 못하였다. 더 이상 많은 사람들이 모든 희생을 감수하면서 성장제일주의에 동조하지 않게 되었고 오히려 인간과 자연적인 삶의 터전에 관한 새로운 이해를 추구하게 되었다. 정치적인 논쟁에서 '제로성장(Nullwachstum)'과 '질적 성장(qualitatives Wachstum)'의 개념이 대두하였다. 많은 사람들이 원자력문제뿐만 아니라 환경파괴에 대하여 점차로 반대하게 되고 도시경관을 파괴하는 도시계획에 대하여 저항하게 되었다.

시대적으로 학생소요와 원외 재야세력 및 더 많은 민주주의를 실현하려는 첫 번째 사회민주적 연방정부의 호소에 따라 시민운동은 급속히 확대되었고 급속히 하나의 물결을 형성하였다.

1980년대에 6.7%의 독일국민만이 시민운동에 참여한 경험을 가지고 있다고 답하였으나 1989년에는 14.1%에 달하였다(Kasse·Neidhardt 1990, 17). 시민운동은 일상화되었고 더 이상 이례적인 사건으로 취급되지 않았다. 시민운동은 주로 항의적인 성격을 띠는 경우가 많았다.

대다수의 주민은 시민운동을 긍정적으로 평가하고 있으며 주민의 43%는 시민운동에 참여해서 기꺼이 협력하려는 마음가짐을 가지고 있다(Roth 1994, 231). 환경보호에 관한 한 설문조사에 의하면 시민운동에 대한 신뢰는 정치가에 대한 것보다 훨씬 높게 나타났다. 48%의 주민이 환경보호에 효과적인 기여를 할 수 있을 것이라고 응답한 것에 비해 정당이나 노동조합에 대한 신뢰는 각각 8%와 2%로 나타났다(Rüdig 1980, 175). 1989년의 한 여론조사에 의하면 32%의 국민만이 정당원이 되거나 정당에 협력하겠다는 의사를 밝힌 데 비해 시민운동에 참여하거나 협력하겠다는 숫자는 51%에 이른다(Kasse·Neidhardt 1990, 18). 이러한 설문자료가 그 동안 어떻게 변화하였는지에 대해서는 구체적인 연구가 없어서 말하기 어렵다.

대략 1978년을 전후하여 일부의 시민운동과 환경운동연대는 정치적인 영향력을 증대시키기 위하여 의회의 진출을 시도하기 시작했다. 우선은 지방적 혹은 지역적인 차원에서 다양한 시민운동협의회가 구성되고 어려운 협상과정을 통하여 독일연방수준의 녹색당으로 결집하였다. 녹색당은 짧은 기간 내에 독일의 지방의회, 주의회, 연방의회 선거에서 괄목할 만한 성과를 거두었고 유럽의회에도 진출하였다. 녹색당은 상반된 방향에서 논쟁을 불러일으켰다. 한편으로는 의회 내에 환경운동의 기지를 세운다는 의미와 또 다른 한편으로 의회 내에서의 성과가 미지수인 상황 속에서 원내화를 시도함으로써 저항운동의 약화를 가져올 우려가 있다는 주장이 이에 해당한다. 이는 현재 한국의 시민단체 정치세력화, 녹색당 창당 등을 둘러싼 논쟁과 같은 맥락에서 이해될 수 있다.

## 3. 시민운동과 지방정치와의 관계

독일에서 시민운동과 지방정치의 상호관계는 다음과 같이 5단계로 구분될 수 있다(Roth 1994).

### (1) 1단계

1960년대 중반에 이르기까지 간헐적인 항의운동이 있어 왔지만 지역에 영향력을 가진 운동세력을 형성하기에는 동력이 부족했다. 항의운동은 정당이나 사회단체의 자원에 의존했다.

### (2) 2단계

원외 재야세력과 결합하여 지방의 시민운동은 양극화현상을 보였다. 하나는 문화적인 측면이나 권력정치적인 측면에서 기존 질서를 정면공격하는 극단적인 반대운동(radikale Opposition)으로 나타났다. 다분히 이탈리아에서 수입된 듯한 "도시를 접수하자!(Nehmen wir uns die Stadt!)"라는 구호를 내걸었다. "일상생활의 혁명", "반대세력", "해방구역", "도시게릴라", "생존본능의 반란", "도시 내의 투쟁" 등이 선동개념이었다.

그와 동시에 또 다른 성격의 "시민적(Bürgerschaftlich)"인 성향의 사회활동이 적지 않은 비중을 차지했다. 이들은 극단적인 반대운동을 격렬히 비판하면서 지방행정과 협력적인 방향을 선택했다.

### (3) 3단계

1970년대 후반 도시의 저항환경은 안정화되고 극단적인 시민운동의 기반이 약화되었다. 이에 시골로 떠나거나 혹은 마약 또는 신비주의로 탈출하는 것이 유행했다. 동시에 여성운동이 특화되고 차별화되었다. 원전건설반대운동이 성공하면서 시민운동의 생태지향적인 경향이 나타났다. 반면 1970년대의 행정구역개편은 시민의 참여를 악화시켰다. 행정구역개편은 행정의 효율극대화를 목표로 진행되었다. 행정구역개편은 지방자치단체의 민주주의를 위하여 제도화된 참여가능성을 황폐화시켰다. 구역의회(Ortsräte)나 대도시의 구의 도입으로 참여를 확대하려고 하였지만 그 권한이 미약하기 때문에 실효성이 없었다.

### (4) 4단계

1980년대 초에 진보적인 도시정치인들은 시민운동과 지역운동여건을 개혁의 자원으로 생각하게 되었다. 시민단체들은 지방정부의 여러 창구를 통하여 개혁적인 제안을 하게 되었다. 녹색당의 창설은 대안적인 정당으로 의미를 가지면서 지방정치의 새로운 발전을 가져왔다. 특히 보건 및 사회정책을 자조조직(Selbsthilfeorganisation)에 대한 지원을 통하여 보충적으로 실현시키는 방법을 선호했다.

### (5) 5단계

독일의 통일 이후 1990년대에 들어 독일의 시민운동은 연방과 주정부의 참여정책에 힘입어 새로운 전기를 찾고 있다. "활성화시키는 국가, 활성적인 시민"의 구호 아래 국가적인 역할의 공백을 시민사회가 메우도록 하고 있다 (Heinze · Olk 2001). 이러한 움직임은 특히 사회복지 분야에서 시민의 참여를 확대하여 한편으로 공공재정의 결핍문제를 극복하고 다른 한편으로는 시민에게 공동체의식, 즉 공동체를 책임지는 시민정신을 함양하려는 데 있다. 1960년대 이후의 저항적인 시민운동의 기조가 약화되거나 쇠퇴된 것은 아니지만, 정부와의 협력 속에서 정부정책과정의 집행과정에 참여를 확대하려는 노력이 시민의 측과 정부의 측에서 진행되고 있다.

### 4. 구동독지역의 시민운동

구동독 지역에서 지역적인 시민운동을 논의함에 있어서 항상 고려되어야 할 점은 서독의 시민운동운동이 지방자치단체를 주대상으로 하는 반면 사회주의 국가였던 동독 지역에는 지방자치가 실시되지 않았으므로 지역적 시민운동이 지방의 국가기관을 상대로 했다는 점이다. 구동독은 국가정당이 지배하는 체제였기 때문에 항의나 저항이 허용되지 않았다. 이를 시도하는 자는 잔혹한 형벌을 예상해야 했다. 광범하게 퍼져 있는 스파이망이 반동적인 집단을 색출하는 상황에서 시민운동 활동이나 저항은 생각할 수 없었다. 그럼에도 불구하고 교회의 비호 하에 대두된 소규모의 반대집단들이 있었다. 이들은 지역적인 색채가 강한 "평화적 혁명"의 물결을 불러일으켰다. 1970년대 말에 동독에서는 지역적인 반대세력이 폭넓게 나타났고 이들은 동독의 변화를 추구했다. 이에 속하는 것으로서 독립적인 평화운동, 환경운동 등을 들 수 있다.

#### (1) 독립적인 평화운동

동독정부가 교회의 반대를 무릅쓰고 학교에 교련과목을 도입하고, 무장평화정책을 고수하게 되자 신교교회를 중심으로 평화지향적인 반대그룹이 생겨났다. 이들의 관심사는 본질적인 면에서 서독의 평화운동("비무장평화", "무기를 쟁기로" 등의 구호로 상징됨)과 방향을 같이 하는 것이었다. 특히 평화주의, 병역거부, 개인적인 평화지향적 행위(예컨대 평화교육) 등을 강조했고 핵전쟁에 대한 위험과 무장에 소요되는 사회적 비용에 대한 윤리적인 반성(예컨대 제3세계의 기아문제) 등이 그 동기였다.

여기에 정치적인 자치의 요구와 종교적인 관점이 간접적으로 일조를 했다.

이 평화운동의 내부구조는 일년에 한 번씩 집회를 거행하는 지역적인 집단으로 구성되었다. 이러한 지역적 집단은 도시 물론 시골에도 있었다. 그들은 대개 신교와 밀접한 관계를 가진 집단이며 국가의 박해를 피하기 위하여 외부적으로 종교적인 동기나 교회의 이익보장을 가장하였다. 이들의 활동형태는 경고, 단식, 평화의 기도, 정보센터, 교회에서 주기적 집회, 공적기관에 청원 등이었다. 1982년 2월 19일의 드레스덴(Dresden) 평화포럼 이후 거의 매월 동독의 어느 곳이든 최소한 수백 명이 참여한 기독교적 평화모임이 끊이지 않았다.

### (2) 환경운동

1980년부터 동독에는 주기적으로 활동을 하는 환경그룹이 있었다. 이들은 나무심기, 자동차 없는 주말, 자전거행렬, 쓰레기 수집 등의 활동과 여론조성에 동참했다. 이들도 대개 교회의 범주에 한정되었으며 구체적인 산업프로젝트에 대한 영향력은 매우 제한적이었다. 서독에 비하여 동독의 환경운동은 광범한 국민의 지지가 결여되어 크게 활성화되지는 못한다.

1986년에 약 50개의 환경그룹이 동독에 있었고 그 활동은 제안, 유인물배포, 교회에서의 전시, 공공기관원과의 대담 등의 수준이었다. 1989년에는 이미 약 80여 개의 환경연합이 결성되어 서독으로부터의 쓰레기 반입 저지운동을 시민불복종의 형태로 전개했다. 체르노빌사건 이후에 원자력에너지에 대한 논의가 활발해 졌지만 원전의 반대에는 이르지 못했다. 이들 그룹의 문제인식은 서독의 문명비판과 상당히 비슷했다. 평화운동과 마찬가지로 개인책임, 윤리, 생활스타일의 측면에 관한 생태적 비판이 대부분을 차지했다.

### (3) 여성운동

서구사회의 경험에 비추어 동독의 여성운동은 매우 미미하였다. 그럼에도 불구하고 문명비판적인 평화운동과 환경운동은 가부장적 지배체제에 대한 비판을 부추겼다(예컨대 평화를 추구하는 여성, 여성신학 등).

## 5. 시민운동의 내부구성

시민운동의 조직은 폐쇄적인 조직과 개방적인 조직으로 구분된다. 시민운동 중 1/3은 개방적인 조직형태를 갖고 있고 나머지 2/3는 정관이나 회장단을 갖추거나 혹은 등록된 법인으로서 지위를 가진 폐쇄조직으로 되어 있다. 흥미로운 것은 늦게 만들어진 시민운동일 수록 개방적 조직의 비율이 높다는 사실이다. 그러나 이들 조직도 시간이 지남에 따라 조직적으로 고정화될 수 있다. 회원이 200명 이상 되는 대규모의 시민운동은 거의 대부분이 폐쇄적인 조직형태를 갖고 있다. 외부적인 조직형태는 내부적인 조직형태와 대개 일치한다. 시민운동 중 1/3은 유연한 조직으로 되어 있고 나머지 조직은 회장단, 위원회 등과 같은 고정된 업무분담으로 이루어져 있다.

많은 시민운동은 소수운동이고 그 내부조직은 과도적이다.

- 핵심그룹은 원래의 연대자, 기획, 기조들로 대개 12명 전후 혹은 그 절반이다.
- 보조자, 조언자 및 관계자들은 그 재량과 필요에 따라 핵심그룹에 의해 영입된다.
- 그 밖의 동조그룹은 이들 그룹과 확고한 결속을 갖지 않으면서 집회에 참여하고, 시위에 참여하거나 재정적인 기여를 한다. 일반적으로 이들은 수백 명을 넘지 않는다.
- 끝으로 느슨한 관계를 가진 수천 명의 추종자가 있다. 시민운동에 대한 이들의 관계는 성명에 대한 서명, 동조선언, 청원 등이며 가끔 시위행렬에 가담하는 정도이다.


## 6. 시민운동단체의 구성원의 구조

시민운동의 출현은 정치적 무관심의 극복과 밀접한 관계를 가진다. 구성원의 연령, 직업, 사회적인 계층, 이해관계자로서의 역할, 정치적. 사회적인 활동 등과 같은 시민운동의 구성의 구조에 대한 분석은 "시민"이라는 개념 뒤에 숨겨진 의미를 밝히는 데 도움이 된다. 특히 시민운동이 공익대변을 위한 조직인지, 사적이익의 보호를 위한 조직인지의 여부와 소외된 계층의 기회부여 여부를 이해하는 데 중요하다. 대부분의 경우 시민운동의 구성원 숫자는 20명 전후이다. 이 규모는 모든 구성원이 인간적인 접촉을 유지하고 효과적인 의사소통을 할 수 있는 구조이다. 약 44%의 시민운동이 시민운동을 조직하게 된 문제와 직접적으로 관계된 사람들로, 약 21%가 가까운 장래에 그 문제에 직면하게 될 사람들로 구성되어 있다. 관계자 이외의 지가 조지한 것은 8%에 이르고 15%는 관계자를 옹호하는 사람들로 구성되어 있다. 이들 시민운동은 모두 산업화된 도심지역에서 일어난다. 그 중 2/3는 주택 분야의 문제를 중심으로 활동하고 있다.

대부분의 시민운동은 정당의 당원과 함께 활동한다. 많은 시민운동에서 두 정당 혹은 세 정당의 당원들이 참여하고 있다. 특정 정당의 정치적인 목적을 배제시키고 시민운동에서 혹은 시민운동과 더불어 "정당정치"를 하지 않도록 하기 위한 시도로 볼 수 있다.

시민운동 구성원의 연령층은 대부분이 25세내지 40세이고 25세 미만과 40세 이상의 비율은 거의 같다. 직업별 분포로는 변호사, 건축가 등과 같은 자유직종이 47%로 가장 많고 다음으로 피고용인, 교육계 등이다. 노동자계층의 비율이 낮고 특히 예상과는 달리 사회관련직 종사자의 비율이 낮다.

시민운동의 계층별 구성을 보면 2/3 가량이 중산층 내지 상류층에서 충원되므로 그 구성 면에서 특권층의 이익을 대변한다는 비판이 가해질 수 있다. 하층계층으로 이루어진 시민운동은 거의 없으며 비공식적인 지도계층의 분석은 이러한 경향을 더 분명하게 해준다. 하층세층이 시민운동을 통하여 조직화되는 예는 거의 없다.

## 7. 외부관계

시민운동들은 그 목적을 달성하기 위하여 외부적인 접촉을 시도하고 지원과 결속을 추진한다. 행정기관, 정당, 여론 및 언론기관, 다른 시민운동과 어떤 관계를 맺고 활동하는 지를 살펴본다.

### (1) 여론 및 언론기관과의 관계

시민운동활동의 성과는 신문, 텔레비전, 정당, 결합능력이 있는 이익단체를 관여시키는 방식 또는 법률적인 대응방안 등에 의존한다. 시민운동의 외부적인 활동은 여론의 지지를 가능한 많이 확보함으로써 정당성을 획득하고 운동의 대상(대부분은 행정기관)에 대하여 정치적인 압력을 행사하려는 데 있다. 시민운동은 통상 대중언론매체와 여론에 의하여 받아들여지고 적극적으로 지지를 받는다. 언론에 의한 지지가 클수록 여론의 관심도 커지고 성과를 거둔다. 언론과 여론을 동원함으로써 시민단체는 비로소 사회조직인 행정기관, 의회, 정당에 압력을 행사하여 변화시킬 수 있다. 왜냐하면 사회적인 문제는 자동적으로 정치문제로 되지 않고 언론에 의해 정치화되어야 비로소 정치과정에서 논의될 수 있기 때문이다. 다양하고 많은 개인 혹은 집단이 관계되어 있고 정치적인 역량이 한정되어 있기 때문에 극히 일부의 사회 문제만 정치화된다. 시민운동은 공공언론기관과 결합함으로써 사회적인 문제를 정치화할 수 있고 관할 사회기관에게 정치적인 영향력을 행사할 수 있게 된다.

### (2) 행정과의 관계

오늘날 시민단체는 행정기관에 대하여 동반자 혹은 반대자로서 관련을 맺는다. 시민운동이 추진하려고 하는 것, 저지하려고 하는 것은 거의 모두가 행정청의 처분과 관계가 있다. 한 조사(Werner 1975, 264)에 의하면 베를린의 시민운동은 거의 50%가 행정과 부정적인 관계를 맺는다. 출발부터 적대적인 경우가 많으며 활동과정에서 관계가 악화되는 경우도 있다. 행정에 대한 반대 관계는 비관계자로 구성된 시민운동의 경우에 가장 크게 나타난다. 이것은 사안과 직접 관련되지 않은 시민들이 강하게 정치화되어 있기 때문이라고 설명할 수 있다. 그들은 행정청의 도움으로 자신의 문제를 해결하려는 것이 아니기 때문에 행정청과의 긴장관계를 견뎌낼 수 있다.

약 40%의 시민단체는 행정청과 긍정적인 관계를 맺고 있다. 행정위원회로의 참여, 청문 등과 같은 수동적인 협력으로부터 행정 측의 물질적, 재정적인 지원을 받는 긴밀한 관계를 이루는 시민운동에 이르기까지 다양하다. 행정과 긍적적인 관계를 맺고 있는 시민운동은 관계인의 옹호자에 의해 형성된 시민단체가 가장 많고 다음으로 이해관계자 자신에 의하여 조직된 시민단체이다.

### (3) 정당 및 그 밖의 조직과의 관계

대도시나 중간규모의 도시에서는 대개 사회민주당(SPD)과의 관계가 우호적이다. 자유민주당(FDP)은 중산층의 시민운동과 밀접한 관계를 맺고 있으며 기독교민주당(CDU)은 주로 소도시에서 관계를 맺고 있다. 사회민주당과 부정적인 관계를 맺고 있는 시민운동이 가장 많은데 비해 자유민주당과 부정적인 관계의 시민운동이 가장 적다. 하지만 일반적으로 특정한 정당과 시민운동의 관계는 특정한 경향의 관계를 맺지 않고 있다. 시민운동은 정당이나 단체의 정치적인 성향과는 무관하게 단편적으로 지지를 얻을 수 있는 정당이나 단체와 접촉하고 협력관계를 맺는다. 이는 시민단체와 정당의 관계가 비정치적인 경향을 갖는다는 것을 의미한다.

시민운동 중 23%는 노동조합, 경제단체, 직업조합, 교회, 소비자단체 등의 사회단체와 접촉하지 않는다. 1/3은 여러 사회정치적인 조직과 긍정적인 관계를 가지고 있으며 13%는 이들과 마찰을 빚고 있는 것으로 나타났다. 그러나 교회의 경우 조직으로서가 아니라 사제나 교구가 시민운동과 개별적으로 협력하며 그 분야가 대부분 임차나 주택이다.

⑷ 다른 시민운동과의 관계

초기에는 다른 시민운동과의 협력관계는 매우 낮은 것으로 나타났다. 접촉이 있다고 하더라도 내용적으로 유사한 것이 적다. 유사조직의 회원이라고 하여 다른 시민운동과 반드시 접촉하는 것은 아니다. 왜냐하면 회원의 소속이 다분히 형식적인 경우가 많기 때문이다. 지방수준에서 80%의 시민운동이 조직상으로 중복되지 아니한다. 시간이 지남에 따라 시민운동들은 그들의 목적을 보다 효율적으로 실현하기 위하여 지방별, 지역별, 연방수준 등에서 결속을 강화하고 있다. 예컨대, 1,000여 개의 환경단체가 연방수준에서 결합하여 환경운동 시민운동 전국연합(BBU)을 결성했다.

## 8. 재정

시민운동이 그 활동에 소요되는 비용을 어떻게 조달하고 외부의 후원을 받는지 알아보자. 시민운동이 활동하는 데 소요되는 비용은 대부분 그 회원들에 의해 충당된다. 하지만 많은 시민운동이 외부로부터 지원을 받는다. 직접 금전을 기부 받는 경우도 있고 회의장소의 제공이라든지 기술적인 설비의 무료사용과 같은 간접적인 경우도 있다. 지원기관으로는 노동조합, 산업회의, 무역회의, 직업단체, 산업단체 등이 가장 중요하다. 시민운동은 양적으로 비슷하게 국가로부터도 지원을 받고 있으나 대개가 간접적이다. 국가는 대부분 대학이나 전문대학의 회의실이나 기술적 설비를 제공해서 지원한다. 정당은 매우 드문 경우에만 물질적인 지원을 한다.

## 9. 활동형태

시민운동은 정치적 영향력을 행사하기 위하여 가능한 모든 수단을 동원한다. 통상 시민운동은 정치적인 결정자나 행정적인 결정자에게 직접 접근을 시도하고 여론의 관심을 얻기 위하여 노력한다. 시민운동이 선호하는 방식으로는 시위와 공공집회, 서명의 수집, 선전인쇄물의 배포 등이다. 더 자주 사용되는 방법은 문제된 사안에 대해 법원에 소송을 제기하여 다투는 방법이다. 대다수의 시민운동은 엄격하게 법규를 지키는 합법적인 운동방식을 고수하고 비폭력적인 노선을 고수하지만 건물봉쇄나 보이콧과 같은 한정된 범위 내에서의 질서위반을 가끔 행하기도 한다. 이는 그들 스스로 규정위반(Regelvergtöße)이라고 부르고 있다. 시위 규정위반이나 폭력은 극히 예외적인 경우에만 행사되고 있다. 예컨대 원전의 건설, 대형교통시설의 건설, 청소년센타의 철거와 같은 지방자치단체의 처분 등에 항의하는 경우가 이에 속한다.

많은 시민단체가 공공기관으로 하여금 특정한 활동을 하거나 하지 말도록 요구하는 데 비하여 또 다른 형태의 시민운동은 필요한 사업을 스스로 수행하기 위하여 조직된다. 이러한 형태의 시민운동 중에서 중요한 것은 자조조직(Selbsthilfe)을 들 수 있다. 이에는 순수하게 구성원 자신의 이익을 실현하기 위한 자조조직과 타인을 돕기 위한 자조조직이 있다. 대부분 사회·문화적인 분야에서 활동하며 대부분 상담실이나 회합장소 등과 같은 시설을 갖추고 있다.

## 10. 시민운동의 성과와 한계

기능적인 측면에서 시민운동은 독일의 정치체계를 보완하는 의미가 크다. 시민운동은 시민의 정치적인 참여 기회를 증대시키고 이제까지 정당이 흡수하지 못했고 흡수할 수 없었던 증대된 참여의 잠재력을 통합시킨다.

시민운동은 헌법에 합치되는 방식을 통하여 이익을 대변하고 정치적으로 사회화하는 기능을 하였다. 이런 점에서 시민운동은 독일의 정치체제를 민주화시키고 안정시키는 중요한 인자로 의미를 갖는다.

그럼에도 불구하고 시민운동이 정치체제(특히 중앙정부의 정치체세)의 문제해결능력을 확대하는 데는 한계가 있다. 시민단체가 이익집단의 범위를 확대하는 데 기여하긴 했지만 정당이나 사회단체와 마찬가지로 여전히 제한된 집

단의 이익을 대변한다. 영향력 없는 국민들의 상황은 시민운동의 등장으로 본
질적으로 개선된 것은 아니다.

시민운동의 또 다른 한계는 정당의 대체물이 아니라는 데 있다. 시민운동은
정당의 약점을 발견하고 기능적인 공백을 메워 줌으로써 정당에 대하여 정치
적으로 도전할 수는 있지만 정당을 대체할 수는 없다. 또한 시민운동은 직접적
인 민주주의를 실현하는 적합한 수단은 아니다. 시민의사의 중개하는 대의제
도는 불가피하다. 시민운동조차도 대의적 혹은 엘리트적인 활동을 통하여 활
동하는 경우가 많다. 이러한 경우에 시민운동은 정당이나 기성단체와 마찬가
지로 조직 내부적인 행위에 있어서 직접성과 자발성을 상실한다. 권한과 활동
을 계층화하는 것이 불가피하게 되고 구성원간의 영향력에 격차가 벌어지게
되며 마침내 대의적인 구조가 형성된다.


## 11. 사례의 소개

• 과밀학급해소를 위한 학부모연대의 사례(Hartlaub 1971)

다음에 소개하는 사례는 1970년에 프랑크푸르트에서 "지금 학교를 바꾸자"
는 구호를 내걸고 활동했던 시민운동에 대한 스케치이다.


### (1) 출범배경

프랑크푸르트의 한 유치원생 8명은 1970년 9월에 취학연령에 달하게 되었
다. 이 유치원의 학부모모임에서는 자기규제의 원칙에 따라 탈권위적인 교육
을 받은 유치원생을 기존의 억압적인 초등학교에 보내지 않기로 결정했다. 동
시에 사립학교에 보내는 개별적인 행동도 하지 않기로 했다. 학부모모임의 기
본적인 요구는 다음 세 가지였다.

① 이 8명의 원생을 다른 학생들과 더불어 한 학급에 배치시킬 것

② 20명을 넘지 아니하는 작은 학급일 것
③ 학부모모임에서 결정된 교사들에 의해 수업할 것

관할 초등학교 교장과의 첫 번째 만남에서 학부모 모임은 협상을 통해서는 이들의 요구가 관철될 수 없다는 것을 확인하였고 투쟁을 할 수밖에 없다는 결론을 내려다. 이들은 좌파 교사연맹과 결합하여 그들의 기본 요구사항과 학교투쟁을 위한 전략을 교사들과 토론하였다. 토의의 진행과정에서 일부의 교사들은 학부모의 요구를 거부하였고 다른 일부의 교사들은 학부모들과 함께 활동하겠다고 선언했다. 학부모와 교사로 이루어진 15명은 프랑크푸르트에서 초등학교의 열악함을 개선하기 위해 투쟁하기로 결정했다. 그리고 첫 번째 목표는 프랑크푸르트에 있는 약 80개의 초등학교에서 신학기 전까지 더 작은 학급을 도입하는 것이었다.

### (2) 첫 번째 조치

유치원의 학부모모임은 우선 기존 여건이 개선되지 않는 한 자신의 자녀를 초등학교에 보내지 않기로 했다. 그들은 자신의 자녀를 관할구역의 학교에 등록하지 않았다. 같은 뜻을 가진 학부모들과 접촉을 위하여 관심 있는 취학자녀를 둔 학부모와 교사를 제1차 토론의 밤에 초청하는 짧은 신문기사를 내보냈다. 여기에 약 40명의 학부모와 교사들이 모여 초등교육 여건의 열악성에 대하여 여론의 관심을 제고시키고 적극적인 대응을 한다는 공감대가 형성되었다. 정당한 방법을 통하여 정치적인 영향력을 미칠 수 있도록 관여층을 넓히는 데 합의했다. 교육청과 협상하거나 이나 기존의 제도, 정당, 학부모회의 등과의 협력은 거부당했다. 이들의 한결같은 변명과 논거는 재정, 교사, 학교공간의 부족이었다.

학부모모임은 취학 적격 검사 일을 택하여 기자회견과 제1회 대규모에 전 프랑크푸르트의 초등학생 학부모와 교사를 초청하는 유인물을 준비했다. 학부모모임에 소속된 구성원은 기꺼이 소요비용을 충당하기 위한 금전을 기부하고 활동을 분담하였다. 학부모인 한 출판업자는 유인물 10,000장을 인쇄하였고 다른 학부모들은 이를 약 8,000명의 다른 학부모들에게 배포하는 일에 조직적으로 참여하였다. 여기에 사범대학생들과 자원봉사자들의 도움을 받을 수 있었다. 기자회견을 통해서 알게 된 많은 주부들이 자발적으로 유인물을 각 유치원, 놀이터 및 주택가의 남편들에게 전달했다. 신문과 방송에서는 이러한 활동을 우호적이고 상세하게 보도했다.

유인물 작전은 일반인들이 학교문제에 대한 관심을 불러일으켰고 학교는 어수선해졌다. 배포를 막아야 한다는 주장에서부터 교장이 직접 배포해야 한다는 주장에 이러기까지 학교의 반응은 다양했다.

### (3) 기반의 확대

유인물 배포작전이 있은 이틀 후 첫 번째의 공공집회가 있었는데 여기에 300명이 넘는 학부모와 교사가 참석하여 주최자들을 놀라게 하였다. 발표를 통하여 학교여건의 열악함과 그 경험담이 보고되었고, 학부모회의가 제역할을 못했다는 비판이 제기되었으며, 학부모들의 걱정과 비겁함이 거론되었다. 집회는 지속적으로 기획, 조직, 사업수행을 위하여 활동위원회를 구성하기로 합의하였다. 활동위원회에는 20명의 학부모와 교사가 지명되었다. 또한 참석자들은 경찰청과 프랑크푸르트의 도심에서 어린아이들과 함께 시위를 하기로 결정했다(물론 겁을 먹은 몇 주부의 반대가 있었다). 활동위원회는 이 시위를 준비하도록 위임받았다. 또한 참석자들의 명단이 만들어지고 기부금이 거두어졌다. 이로써 초기의 핵심그룹은 지금학교를 바꾸자는 시민운동을 출범시키는데 성공했다. 신문과 방송은 이 작전을 자세히 보도했다.

### (4) 첫 번째 투쟁조치

활동위원회는 유인물을 만들고 발송, 배포하는 등 시위준비를 했으며 경찰서에 시위신고를 했다. 첫 번째 시위는 퇴근시간에 이루어 졌다. 500명의 어린 아이들이 부모의 손을 잡고 다른 손에는 피켓을 들고 시위하는 모습은 정치가들이나 행정가들에겐 낯설었고 불안감과 불쾌감을 느끼게 했다. 요구사항은 스피커를 통해 전파되었고 1,500여 명의 행인들이 서명대에서 서명을 했다. 그 밖의 일반시민들은 신문, 방송, 텔레비젼 등을 통하여 관심을 가지게 되었다. 격앙된 토론이 유발되었지만 교육청이나 다른 기관에서는 아직 큰 반향이 나오지 않았다. 연일 신문에 보도되고 교사단체, 학교학부모회의, 노동조합지부 등 여러 기관이 동조연대선언을 하였다. 신문에는 독지란을 통하여 학교여건의 열악함이 고발되고 개선방안이 제안되었다.

　교육청은 여전히 문제의 핵심을 회피하였다. 교육청관계자나 시민운동은 서로 접촉을 시도하지 않았다. 당시 야당이었던 자유민주당(FDP)이 정당으로서는 처음으로 이에 관심을 가지고 주의회의장에게 주정부로 하여금 확산되는 프랑크푸르트 학부모의 저항에 유의할 것을 요구하도록 주장했다. 그 동안 활동위원회는 두 번째 공공집회를 준비했다. 해결안과 1970년도 신학기에 대한 요구사항이 수렴되고 투쟁조치와 학교스트라이크가 임박했음을 암시되었다. 두 번째 집회가 알려지자 많은 단체와 기관이 연대를 선언하였다. 시민운동의 대표자는 언론사와 자주 인터뷰를 하였다.

### (5) 여름방학 전의 제2차 집회

　관할관청의 상투적인 주장을 반박하기 위하여 시민운동은 반박자료를 수집했다. 항상 거듭되는 교육청 교사의 부족이라는 논거는 학부모와 교사들에게도 시민운동의 주장이 비현실적인 것으로 생각되게 만들기 때문에 이를 반박할 자료가 필요했다. 이에 시민운동의 활동위원회는 교사지격을 가진 자 중에서 현재 학교에서 근무하지는 않지만 여건이 개선되면 근무의사가 있는 자의 신고를 접수했다. 이를 통하여 수많은 지원자들이 근무여건의 개선이 있는 경우에 학교에서 근무하겠다는 의사를 밝혔다. 이에 교사부족 때문에 과밀학급

을 해소할 수 없다는 교육청의 주장이 근거 없는 것이라는 것이 밝혀졌다. 재
정부족과 학교공간의 부족이라는 논거는 대중적인 설득력이 약했다.

언론기관들은 주의원 선거와 프랑크푸르트 시장 보궐선거를 앞두고 시민운
동의 활동에 대하여 깊은 관심을 가지고 있었기 때문에 두 번째 시위는 매우
큰 성과를 거두었다. 1,500명의 서명자들과 그들의 아동들이 벌이는 시위 행렬
은 약 30분간 도심의 교통을 마비시켰다. 피켓, 플랭카드 및 유인물은 시선을
끌었고 격렬한 토론을 유발했다. 시위가 있은 직후 활동위원회는 다음 단계의
작전을 개시했다. 지금까지의 활동이 교육관청의 먼 장래에 대한 미사여구의
약속을 받아 내는 데 그쳤기 때문에 성과가 없는 것으로 판단하고 즉각 실현
될 수 있는 구체적인 요구를 발표하였다.


(6) 성공적인 결과

여름방학 직전에 사회당은 신문의 전면광고를 통하여 젊은 학부모들을 공
개토론회에 초대했다. 공개토론회에 시민운동의 대표자들이 참석했다. 여기서
프랑크푸르트 대학의 쉬바르쯔 교수는 시민운동의 구체적인 요구를 검토하고
그 실현가능성을 학문적으로 입증하는 신뢰할 만한 발제를 하였다. 결론은 활
동위원회가 주장하는 바와 일치하였다. 이 토론회가 끝난 후 시교육청은 시민
운동이 주장한 즉각적인 조치를 수용할 의사를 밝혔다.


맺는 말

독일의 지방자치발전과 시민운동활동의 경험은 지방자치의 경험이 일천한
우리에게 여러 가지 시사점을 줄 수 있을 것으로 보인다. 특히 1980년대 말을
기점으로 하여 지역문제에 관심을 가진 새로운 시민단체와 운동이 전개되고
있는 상황 속에서 독일 시민운동의 경험은 비교의 대상이 될 수 있을 것으로

보여진다. 그러나 시민운동의 활동이 기존 정치체제와 문명질서에 대한 비판
으로부터 출발한다는 점에서 앞으로 어떤 대안적인 정치시스템을 찾아낼 수
있는 지에 대하여는 아직 여전히 미지수이다. 분명한 것은 시민들이 기존 정치
체제가 정상적으로 기능하지 못하여 정치적인 결정으로부터 소외된 시민계층
은 스스로 정치적인 영향력을 회복하기 위하여 시민운동의 형태로 목소리를
내려고 한다는 점이다. 특히 한국처럼 국민의 대표기관인 국회가 국민의 신뢰
를 받지 못하고 정당이 국민의 의사를 결집하는 능력을 갖지 못한 상황 속에
서 시민단체의 활동영역은 매우 크다고 할 것이다.


## □ 참고문헌


Buck, R. 1991. *Bürgger machen Politik*, Weinheim.

Hartlaub, M. 1971. 「Bürger verändert die Schule-Jetzt」. Grossmann, H. (Hrsg:). *Bürgeriniti-
ative, Schritte Zur Veränderung*. Frankfurt am Main.

Heinze, Rolf G · Olk, Thomas. 2001. *Bürgerengagement in Deutschland*. Opladen.

Kasse, M. · Neidhardt, F. 1990. Schwind, H. D. (hrsg.). *Ursachen, Prävention, und Kontrolle
von Gewalt Bd IV: politische Gewalt und Repression, Ergebnisse von Bevölkerungsumfragen*.
Berlin.

Roth, Roland. 1994. 「Lokale Demokratie "von unten"」. Roth, Roland · Wollmann, Hellmut
(Hrsg.). *Kommunalpolitik*, Opladen.

Rüdig, W. 1980. 「Bürgerinitiativen im Umweltschutz. Eine Bestandsaufnahme der empirisc-
hen Befunde」. Hauff, V.(Hrsg.). *Bürgerinitiativen in der Gesellschaft*, Villingen.

Werner, A. 1975. 「Bürgerinitiativen, Versuch einer Bestandsaufnahme theoritischer Position
und empirischer Befunde」. Wehling, H.G.(Hrsg.). *Kommunalpolitik*. Hamburg.

# 주민자치 관련 단체들 홈페이지[*]

## 자치관련 지원단체 및 네트워크

● 공동육아연구원        http://www.gongdong.or.kr

공동육아와 공동체교육를 연구하는 단체. 공동육아 어린이집의 설립과 운영을 지원하고 공동육아
와 공동체교육, 공동육아 조합협의회, 공동육아 교사협의회 등의 사업을 진행하고 있다. 공동육아,
공동체 교육과 관련된 자료들을 많이 구할 수 있다.

● 볼런티어 21        http://vol21.peacenet.or.kr

자원봉사 교육을 실시하는 자원봉사 실천연구교육 비영리민간단체. 21세기를 자원봉사의 새로운
시대로 만들기 위해 자원봉사 인프라를 구축하고 자원봉사자와 전문 관리자들의 능력개발을 위한
교육과 훈련을 실시하며 조사연구 및 새로운 프로그램에 헌신하고 있다.

● 아파트 관리마당        http://www.apteng.pe.kr

올바른 아파트문화 정착을 위하여 노력하는 단체. 아파트 공동체와 관련된 회계상담, 법률상담,
입찰 공고 등 아파트 문화와 관련된 각종 정보를 공유할 수 있다.

● 예산감시 시민행동        http://www.0098.or.kr

1999년 11월 구성된 단체로 2000년, 2001년 전국납세자대회 개최했다. ① 납세자 주권 회복운동을
통한 재정민주주의 구현, ② 정부와 지자체의 예산 수립과 집행의 효율성, 투명성에 대한 감시 활
동 및 대안제시, ③ 지역운동 및 각 부문의 전문화 및 활성화에 기여, ④ 예산 편성, 집행, 결산 과
정의 정보공개 및 납세자로서의 시민참여 보장이라는 목표를 가지고 있다.

---

[*] 시민자치정책센터 홈페이지에 링크되어 있습니다.

● 의료생활협동조합　　　　　　　　　　　　　　　　http://www.medcoop.or.kr

한국에서 가장 낙후된 분야로 여겨지는 의료체계를 개혁하고자 하는 모임. 치료 중심의 거대한 병원이 아니라 삶의 현장인 지역사회를 건강하게 만들고, 공동체를 회복함으로써 질병 발생 자체를 줄이기 위해 노력한다. 주민들과 의료인이 함께 지역사회를 건강하게 만들어 나가자는 목표를 가지고 있고, 지역사회의 주민들이 스스로의 건강, 의료와 관련하는 생활상의 문제를 다루고자 조직되었다.

● 전국공무원직장협의회총연합　　　　　　　　　　　http://www.gongmuwon.or.kr

단순히 중앙정부의 명령과 지시에 봉사하는 기계가 아니라 시민에 대한 봉사자이자 스스로 한 명의 시민으로서 주체로 당당히 서고자 하는 단체. 잘못된 조직문화와 부조리한 관행 개선, 양심에 의거한 공무담임권 행사 등을 목표로 삼고 있다.

● 주민자치센터 활성화를 위한 풀뿌리 네트워크　　　　http://www.grassroot.net

2000년 11월 15일 열린사회시민연합, 한국도시연구소, 한국기독교사회발전협회가 중심이 되고 전국 82개 풀뿌리시민단체들이 결합해서 공식적으로 출범했다. 주민자치센터의 참여와 운영에 대한 정보의 교류와 상호협력을 위해 활동하고, 이에 기초하여 주민자치센터에 대한 조사연구와 프로그램 개발, 주민자치형 센터운영의 모델 정립, 운영주체들의 체계적인 교육 등의 사업을 전개하며, 관련 법규의 정비, 민·관 파트너쉽에 기초한 협력방안 모색 등 주민자치센터 활성화를 위한 환경조성을 위해 노력하려 한다. 2001년에는 주민자치센터 박람회를 진행했다.

● 주민자치연구모임　　　　　　　　　　　　　　　　http://www.juja.net

주민참여와 지역자치를 위한 주민자치연구모임이다. 하지만 지금은 '회원들끼리' 게시판을 제외하면 활성화되지 않고 있다.

● 참여자치지역운동연대　　　　　　　　　　　　　　http://localngo.net

독립적인 지역시민사회단체로 권력감시형 시민운동을 전개해 온 지역운동단체들의 수평적이고 개방적이며 자율적인 연대조직. 지역운동을 강화하고 발전시켜 지역운동의 의제와 과제가 한국시민사회의 의제와 과제가 될 수 있도록 만들어 가는 한편, 전국적 시민사회운동의 책임 있는 주체로 지역시민사회운동을 우뚝 세워 나가고 있다. 판공비공개운동 네트워크 등의 활동을 전개하고 있다.

● 한국도시연구소　　　　　　　　　　　　　　　　　http://www.kocer.re.kr

1986년부터 도시빈곤 지역에서 현장실천을 위주로 활동했던 '도시빈민연구소'와 1988년 설립되어 공간환경 분야의 연구활동을 지속해 온 '한국공간환경연구회'가 힘을 합해 1994년 10월에 설립했

다. 한국의 도시가 안고 있는 문제를 과학적으로 분석하고, 이를 해결하기 위해 합리적인 정책대
안을 제시하며, 시민이 주체가 되는 도시사회운동을 모색하고자 한다.


● (사)한국생협연대(21세기생협연대)　　　　　　　　　　http://www.coop.co.kr
건강한 사회를 실현하기 위해 지역의 생활협동조합들이 공동으로 출자하여 만든 사단법인단체로
회원조합을 지원하는 단체.


● 한국주민운동정보교육원　　　　　　　　　　　　　　http://conet.or.kr
한국주민운동정보교육원(CONET)은 주민(Community People), 주민지도자(Community Leader), 주민
조직가(Community Organizer)를 교육하고 훈련하여 지역사회의 민주화와 주민공동체 건설의 기본
동력이 되도록 양성하는 주민운동 교육훈련 기구이다.


## 지역주민단체


● 건강한 도림천을 만드는 주민모임　　　　　　　　　　http://www.dorimchun.or.kr
서울시 관악구 신림9동 238-10　　　　　　　　　　　　02)875-4511
관악구를 가로지르는 하천인 도림천이 그 동안의 개발과정에 의해 주차장 혹은 도로확장의 대상
으로만 인식되어진 것에서 벗어나 자연의 생태적 서식공간으로서의 참모습을 되찾고 인근지역 주
민들에게 건강한 자연을 돌려줌으로써 삶의 질을 한단계 높이는 것을 목적으로 하는 단체. 도림천
을 자연형 하천으로 바꾸어가는 사업, 건천을 지천으로 만드는 사업, 생태적인 가치와 생활을 구
현하는 사업, 환경의식 발전을 위한 환경교육 및 캠페인 사업, 자연형 하천으로서의 도림천에 대
한 정책연구 사업 등을 진행하고 있다.


● 관악사회복지　　　　　　　　　　　　　　　　　　　http://www.kasw21.or.kr
서울시 관악구 신림1동 1631-19 평희빌딩 2층　　　　　02)830-8515, 853-8732
"행복할 권리! 관악구에서 실현합시다"라는 모토를 가지고 활동하는 단체. 주민들의 '삶의 질' 향
상을 위해 다양한 요구를 탐색해 내는 복지지표 개발, 다양한 사회복지기관 및 모임간의 네트웍
구축을 위한 정보유통 및 사업을 기획, 주민들의 사원봉사활성화를 통한 지역공동체를 지향, 참여
와 연대를 통해 행복할 권리, 관악구에서 실현한다는 목표 하에 활동하고 있다.


● 관악주민연대　　　　　　　　　　　　　　　　　　　http://www.pska21.or.kr
서울시 관악구 신림1동 1631-19 평희빌딩 2층　　　　　02)854-9322

1995년 3월 창립. 주요 창립멤버들은 서울의 대표적인 달동네인 관악구에서 어머니교실, 공부방, 놀이방, 쉼터 등을 꾸려가며 적게는 10년, 많게는 30년 가난한 이웃들과 함께 삶을 나누어 오던 활동가들이었다. 연대와 책임, 그리고 더불어 사는 삶이라는 기본정신에 따라 관악주민연대는 사회적 약자를 지원하고 주민의 참여와 자치가 살아 있는 생활정치를 활성화하며 건강한 주민공동체 문화를 만들기 위한 활동을 펼쳐 나가고 있다.

● 광주참여자치21　　　　　　　　　　　　　　http://www.kcm.or.kr
광주광역시 동구 금남로 3가 1-5 삼호빌딩 별관 5-B층　　　062)225-0915
참여자치21은 21세기 지역비전과 발전 패러다임 창출, 올바른 지방자치실현, 새로운 정치문화형성, 참여민주주의에 입각한 시민운동을 통해 민주적인 지역사회실현에 기여하는 것을 목적으로 1998년 4월 13일에 창립되었다.

● 광진주민연대　　　　　　　　　　　　　　http://my.netian.com/~kjcenter
서울시 광진구 노유동 8-1 성수빌딩 4층　　　　　02)462-2181
성수지역을 중심으로 진료활동을 하던 '동부지역보건의료인회' 회원들이 지역의료운동을 목표로 1991년에 공동출자하여 설립한 성동주민의원과 1990년에 세종대 해직교수 중 한 분이 주축이 되어 설립한 '내일을 위한 지역환경연구소'의 두 단체가 1997년부터 통합논의를 거쳐 1998년 4월 3일 출범. 건강한 마을, 친환경적 마을, 복지마을이라는 세 가지 줄기를 가지고 활동하고 있다. 그 외에도 '도예교실'을 운영하고 있으며, 자원봉사영역을 확대하고 있는 중이다.

● 구로시민센터　　　　　　　　　　　　　　http://kuro.ngokorea.org
서울특별시 구로구 구로4동 734-15　　　　　02)838-5627
지역주민들 스스로 자신들의 삶의 질을 향상시키며, 구로지역사회의 발전, 사회의 민주주의와 통일에 기여함을 목적으로 탄생했다. 주민의 삶의 질 향상을 위한 제반 사업, 주민의 복지와 자주적 권리를 실현하기 위한 제반 사업, 지역사회 순영역의 민주개혁과 조국의 통일을 실현하기 위한 제반 사업, 민족문화의 계승과 건강한 지역문화를 형성하기 위한 제반 사업, 지역사회의 발전, 사회의 민주주의와 통일을 위해 노력하는 세력과의 연대를 강화하기 위한 제반 사업 등을 목표로 진행하고 있다.

● 군포환경자치시민회　　　　　　　　　　　　http://www.ecofamily.net
경기도 군포시 광정동 1136-1 청송프라자 506호　　　031)398-4243
1990년대 초반 쓰레기소각장을 둘러싼 지역운동에 기반해 만들어진 단체. 환경보전, 주민자치 실현, 아름다운 생활공동체 구성, 수리산 지키기 운동 등을 목표로 한다. 현재 수리산자연학교, 군포 생활협동조합, 환경자치학교, 정책연구, 회보편집, 수리살림, 시민자치, 수리산자연학교 교사모임, 자전거마을, 수리산 지킴이 등의 활발한 활동을 전개하고 있다.


● 노원시티                                               http://www.nowoncity.net

노원구에서 일어나는 일들을 알리고 각자의 정보를 공유하는 사이버 공간으로 노원지역의 주민들 이 함께 운영해 가는 사이버 공동체를 실천하려 한다. 노원구에 사는 남녀노소 누구나 기자단에 가입해서 기사를 쓸 수 있다. 릴레이 칭찬과 자료실을 제외하고는 모두 개방형으로 운영된다.


● 녹색삶을 위한 여성들의 모임                            http://cafe.daum.net/glife95
서울시 강북구 수유3동 134-69호                          02)903-6604, 903-8773

1995년 4월 22일 창립. 활동가들에 의한 선도적인 단체가 아니라 직접 주민들과의 접촉과 대화 등을 통해 주민들의 욕구를 파악하는 한편, 지역을 돌아다니면서 기초적인 지역상황 파악해서 운 동을 시작했다. 그 과정에서도 주민들의 욕구를 중시했고 조직화를 위한 촉진집단을 형성해 자발적 인 모임을 확대시켰다. 현재 열린 숙제방, 청소년 공부방, 청년모임 해울, 각종 소모임 활동, 녹색가 게, 아노사, 주민도서관, 동화사랑방, 문화복지센터, 주부 환경극단 등의 프로그램을 운영하고 있다.


● 도란도우 거리공연네트워크                             http://my.miriman.co.kr/dorandow
대구시 중구 삼덕3가 91-1                                053)421-7572

대구지역 시민과 예술인들이 벌이는 거리공연운동이며 도시의 거리에서 자신의 삶을 표현함으로 써 서로의 생각과 맑은 기운을 나누는 시민들의 모임(network). 회비를 내면 누구나 회원이 될 수 있으며, 회원이 되면 정기적인 모임 그리고 도란도우회원이 만들어가는 거리공연 및 전시 또는 기 타 다른 형태의 이벤트에 대한 정보를 소식지를 통하여 얻을 수 있고 기타 여러 방법으로 참여하 실 수 있다.


● 마들주민회                                            http://my.netian.com/~hiyej90
서울시 노원구 중계4동 137-3 송림빌딩 2층                02)938-2609

1990년 10월 저소득, 저학력의 열악한 환경에 있는 여성들에게 쉼터를 제공하고 기초교육을 함께 배울 수 있는 공간인 상계 어머니학교에서 출발. 지역 주민이 직접 참여하고 만들어 가는 단오제, 마을신문 발간 등 주민 공동체운동과 자치운동에도 적극적으로 참여했고, 도시빈민여성운동뿐만 이 아닌 지역운동을 주도하는 단체로서 활발한 활동을 벌여왔다. 지역문화제, 마들창조학교처럼 지역의 문화, 아동으로 관심 영역을 넓혀가고 있다.

● 목포시정지기단　　　　　　　　　　　　　　　http://mokpo-paca.ce.ro

전남 목포시 북교동 46번지 (천주교북교동성당 內)　　　　061)242-4785

시정이 민주적이고 능률적으로 이루어지도록 활동하여 시민 모두가 적극적인 관심을 갖고 참여할
수 있도록 함으로써 지방자치를 꽃피우는 한편, 목포시정이 공평하고 올바르게 수행되도록 하여
정의로운 지역공동체를 구현하도록 하는 데 목적을 둔다. 이를 위해 의정활동에 대한 분석 및 평
가, 집행기관의 활동에 대한 분석평가, 시정에 대한 시민의 참여유도, 자치행정의 모범적인 사례
발굴 및 홍보, 행정서비스의 향상을 위한 대안 제시, 기타 본회의 목적을 이루는 데 필요한 사업
등을 진행하고 있다.


● 민주개혁을 위한 인천시민연대　　　　　　　　http://inews.org/icpu

인천시 부평구 섭정2동 418 기문빌딩 4층　　　　　032)426-1055

1996년 날치기 노동법, 안기부법 입법시도가 있었을 당시 구성된 '날치기 노동법·안기부법 개악
철회를 위한 인천시민대책위'를 계승해 1997년 출범(56개 단체)했다. 사회의 민주주의와 통일을
위하여 지역 제 단체와 연대하며, 시민 각계각층의 자발적인 참여로 국가 및 지방자치 권력을 감
시하고, 정책과 대안을 제시하며, 시민 행동을 통하여 정의가 실현되고, 참여적 민주사회를 건설
하는 것을 목적으로 한다.


● 성남시민모임　　　　　　　　　　　　　　http://www.snpd.net

경기도 성남시 분당구 야탑동 366-1 관보스포츠 510호　　　031)702-9464

1995년 3월 30일 창립대회를 통해 결성되었고 성남지역 내 산적한 환경, 교통, 주택, 교육, 행정
등 현안 문제들을 개선하고 올바른 대안을 모색하기 위해 조사, 연구 및 분석활동을 하며, 이를
지역 내에 여론화하기 위한 공청회, 토론회 개최 등을 활발히 진행하고 있다. 이 땅의 민주화와
풀뿌리 민주주의 실현을 위해 지방자치 주민참여운동을 전개하며, 부정부패 없는 사회 만들기와
깨끗한 환경 가꾸기에 노력하고 있다.


● 안양시민대학　　　　　　　　　　　http://www.siminschool.or.kr/index1.htm

경기도 안양시 만안구 안양1동 622-3　　　　　　031)444-7811

1996년 9월 뒤늦게 한글과 영어, 한자 등 생활에 필요한 공부를 원하는 성인들을 위해 학교를 설
립. 제도교육에서 소외된 성인들에 대한 문해교육(문자해득교육)과 그것을 통하여 지역 사회 발전
에 참여하며 삶의 질을 높이는 새로운 공동체를 건설하는 데 의의를 두고 있다. 생활나눔 바자회
(연1회), 무료 구강·한방·부인과 검진, 선·후배와의 만남, 교사·학생수련회, 소풍, 공동체 식
사, 벼룩시장과 결식노인을 위한 한마음 식사, 안양천 살리기, 저소득가정 자녀들을 위한 무료공
부방 등과 타시민단체와의 연대 속에서 지역사회발전을 위한 봉사활동에 참여토록 노력하고 있다.

● 열린사회시민연합                                    http://www.openc.or.kr

* 홈피에 들어가시면 각 지부의 홈피로 연결됩니다.

1980년대 중반 6 · 10 민주항쟁을 이끌었던 민주통일민중운동연합의 서울지부인 서울민주통일민
중운동연합과 민주쟁취국민운동본부의 서울지부인 민주쟁취국민운동 서울시본부가 각각 시민운
동단체로 전환된 서울민주시민연합과 서울겨레사랑지역운동연합이 통합하여 1998년 4월 26일 창
립. 시민들의 권익과 환경, 복지, 주거문제 해결 등 삶의 질 향상, 민주개혁과 사회정의 실현, 그리
고 우리사회가 사람을 존중하는 공동체사회로 발전하는 데 기여하기 위해 활동하고 있다. 각각의
지회가 더 활발한 활동을 전개하고 있다.


● 위례시민연대                                        http://skugo.or.kr
서울 송파구 송파2동 185-6 인우빌딩 4층                02)413-2112

1989년 전교조 합법화를 위한 지역내 시민 · 사회단체의 상설적인 모임을 계승하고 더 책임 있게
다가가기 위해 조직. 지역공동체의 실현, 참여와 자치실현, 지역발전의 방안 제시, 지역사회에 대
한 봉사, 정치적 중립, 시민사회단체와 연대, 회원의 성장과 발전 도모 등을 목표로 삼고 있다.


● 전남동부지역사회연구소                              http://www.sunchonbay.or.kr
                                                     061)723-7134

1989년 창립했고 전남 동부권을 대상으로 지역의 건강한 발전과 사회적 정의실현을 위한 미래지
향적 실천방안을 연구하여 시민과 함께 인간다운 삶의 터를 이룩하자는 데 그 목적을 두고 있다.
창립이후 수립 차례의 세미나 및 토론회 개최, 20여건의 각종 조사사업, 여순사건 등 지역사 연구
와 정기자료집 발간 등 지속적인 활동. 연구소 산하에 '순천포럼', '한얼답사회', '야생동물구조센
터', '자전거사랑시민의 모임'등 분야별 전문기관을 설립해서 시민들의 참여의 폭을 넓히고 있다.


● 제주참여환경연대                                    http://cca.jinbo.net
제주도 제주시 이도2동 1077 2층                        064)753-0844

1991년 '제주도개발특별법' 반대를 위해 창립되었다. 도민주체개발과 제주환경보전 및 제주사회
제반문제의 민주적 해결을 위해 노력해 왔으며 도민과 함께 하는 제주의 대표적 시민단체. 제주도
개발특별법세징 반대 운동, 4 · 3 명예회복 및 진상규명 활동, 작은권리찾기운동, 골프장건설 반대
운동, 한라산케이블카설치 철회 운동, 제주동부지역 송전탑건설 반대 운동, 오픈가지노 · 개경주장
등 도박산업 반대 운동, 지방자치단체 활동 모니터 및 감시활동, 어린이 오름학교, 국가보안법철
폐 운동 등을 전개하고 있다.

● 평택시민아카데미　　　　　　　　　　　http://www.simin.org/pca

경기도 평택시 신장동 227-13　　　　　　　031)663-9622

지역의 건강하고 진보적인 가치관을 가진 젊은이들이 미군기지 주둔으로 척박한 지역의 현실을 고민하고 올바른 교육과 시민문화계몽을 위해 1988년 8월 창립된 시민교육문화단체. 지역사회교 육운동의 하나로 시민 아카데미 '상록수 시민학교'와 문화역사기행 '누리 배움', 시민영화제, 송탄 관광특구 지정 철회 운동, 지방의제 21 만들기, 미군기지문제 연대 활동 등을 전개하고 있다.


● 푸른시민연대　　　　　　　　　　　　　http://purun.jinbo.net

서울시 동대문구 이문2동 345-7호 2층　　　02)964-7530, 3293-7530

1994년 지역주민들과 더불어 함께 살아가는 지역공동체를 목표로 설립. 갈수록 개인주의화되고 이기적이 되어 가는 지역사회를 더불어 함께 살아가는 지역공동체로 바꾸어 보려는 목표를 갖고 시작했다. 주부 한글교실, 무의탁노인 돕기, 무료건강상담사업을 기반으로 주부들에게 올바른 글 쓰기와 독서를 지도하고 있고 외국인 노동자들에게 한국과 생활방식을 가리키고 있다. 이를 기반으 로 지역의 문화, 교육, 복지와 지방자치단체의 감시사업 등 다양한 영역으로 활동을 넓혀 가고 있다.


● 하남민주연대　　　　　　　　　　　　　http://hanam21.org

경기도 하남시 덕풍2동 421-6　　　　　　031)794-5518

하남과 한국사회를 정의와 평화 그리고 연대의 정신으로 가득 찬 공동체로 만들자는 뜻을 가지고 있는 하남시에 거주하거나 혹은 활동하시는 분들에 의해 만들어진 모임. 한국 및 지역사회를 참여 와 공생의 사회로 만들고, 대안적 가치와 행동, 평화와 공존을 위한 운동, 민주주의의 실질화라는 목표를 가지고 있다. 현재는 투명하고 민주적인 시정 운영이라는 시정개혁, 그리고 납세자 소송제 나 주민소환제나 주민투표제의 도입 등 제도 개선 차원에서 환경박람회에 대한 진상 규명에 힘을 기울이고 있다.


● 앞으로 계속 채워나갈 공간입니다.

# 공동육아 터전 연락처

공동육아 협동조합 어린이집은 0세부터 10세까지의 아동을 둔 30여 가구가 한 지역조합의 단위가 되어 300~500만 원씩(지역 전세금에 따라 차이가 있음: 경기도 평택의 경우 100만 원)의 출자금을 내서 이웃에서 비교적 큰 마당이 있는 집을 전세로 얻어 부모들이 직접 어린이집을 설립하고 운영하는 주민자치적인 육아방식이다.

생후 2개월부터 취학前 아동을 종일 보육하고 있으며, 각 가구의 출자금은 아동이 10세가 되어 더 이상 보육의 필요성이 없어졌을 때 반환하게 되는데 이러한 출자금 형태의 자금동원 방식은 궁극적으로 유동적인 상태이지만 어린이집을 유지하고 설립할 수 있는 상당기간 동안 안정된 자금(약 1억 이상의 수준)이 확보되는 자발적이고 자주적인 민간역량 동원 방법이라 할 수 있다. 또한, 아동의 연령에 맞는 적절한 수의 교사를 확보하고 주식과 간식의 질을 높이고, 필요한 교구, 교재를 마련하는 일에 소요되는 일상 운영경비는 모두 부모들의 매월 보육료(아이의 연령과 부모의 소득에 따라 차등적으로 책정)로 충당되고 있다. 월 보육료는 현재 국가의 재정지원을 받는 곳보다는 높은 보육료 부담이 있지만, 영리적인 일반 어린이집, 놀이방과는 같은 수준이거나 낮다. 교사대 아동의 비율은 정부기준보다 훨씬 높고 (1년 8개월 미만 영아 - 1:3, 1년 8개월 이상 3년 미만 - 1:4, 3년에서 4년 1:10, 4년 이상 1:15의 수준) 교사의 처우도 상대적으로 현실화하고 있다. 1997년부터 초등학교 저학년을 대상으로 방과 후 교실을 운영하고 있으며, 1999년부터는 그 동안 축적된 경험을 바탕으로 IMF의 영향으로 사회적·정서적으로 고통받고 있는 초등학생을 대상으로 저소득층 방과 후 교실 지원사업을 시작했다.

공동육아 시설은 2001년 12월 현재 전국적으로 어린이집 39곳, 방과후 17곳(보육시설에서 같이 운영하는 곳 포함), 저소득층을 위한 방과후 4곳, 20여 곳의 준비모임이 있다.

# 공동육아 터전 현황

| | | |
|---|---|---|
| 개구리 | 02) 691-7338 | (157-886) 서울시 강서구 화곡8동 391-2 |
| 꿈꾸는 | 02) 995-1802 | (142-090) 서울시 강북구 우이동 154-9 |
| 나으는 | 02) 323-4796 | (121-240) 서울시 마포구 연남동 239-3 |
| 소리나는 | 02) 358-7725 | (122-050) 서울시 은평구 갈현동 494-12 |
| 우리 | 02) 324-0933 | (121-240) 서울시 마포구 성산동 249-6 |
| 재미난 | 02) 442-0065 | (134-100) 서울시 강동구 강일동 314-2 |
| 산들 | 02) 458-7122 | (143-200) 서울시 광진구 구의동 34-13 |
| 즐거운 | 02) 458-0659 | (143-222) 서울시 광진구 중곡2동 141-1 |
| 통통 | 02)3391-2889 | (139-814) 서울시 노원구 상계3동 137-11 |
| 함께크는 | 02)3462-7599 | (137-140) 서울시 서초구 우면동 28-7 |
| 붕붕 | 02) 824-3753 | (156-845) 서울시 동작구 상도4동 279-460 |
| 열리는 | 02) 507-1798 | (427-060) 경기도 과천시 과천동 364-3 단독101 |
| 튼튼 | 02) 507-5862 | (427-060) 경기도 과천시 과천동(뒷골) 400-1 |
| (과천)어깨동무 | 02) 504-4533 | (427-100) 경기도 과천시 갈현동 벌말길 67 |
| 하늘땅 | 031) 422-4633 | (437-082) 경기도 의왕시 내손2동 703-20 |
| 친구야 놀자 | 031) 425-3496 | (431-061) 경기도 안양시 동안구 관양1동 99-2 |
| 사이좋은 | 031) 227-5925 | (441-704) 경기도 수원시 권선구 금곡동 LG빌리지 208동 103호 |
| 달팽이 | 031) 251-3210 | (440-260) 경기도 수원시 장안구 하광교동 173-1 |
| 영차 | 031) 502-0104 | (425-859) 경기도 안산시 일동 541-5 |
| 산 | 032) 345-9213 | (422-231) 경기도 부천시 소사구 소사본1동 188-6 |
| 꾸러기 | 031) 711-4858 | (463-010) 경기도 성남시 분당구 정자동 228-5 |
| 두껍아 | 031) 708-9954 | (463-040) 경기도 성남시 분당구 율동 323-7 |

| 세발까마귀 | 031) 714-4245 | (463-470) 경기도 성남시 분당구 궁내동 322-5( |
| 도깨비 | 031) 969-3412 | (412-040) 경기도 고양시 덕양구 원흥동 410-6 |
| 도토리 | 031) 967-3480 | (411-060) 경기도 고양시 덕양구 도내동 825-5 |
| 야호! | 031) 917-4788 | (411-410) 경기도 고양시 일산구 대화동 1087-2 |
| 꿈틀꿈틀 | 031) 873-5420 | (480-030) 경기도 의정부시 장암동 2-5 |
| 해맑은 | 032) 546-2889 | (407-051) 인천시 계양구 계산1동 971-4 |
| 느티나무 | 031) 681-9650 | (451-870) 경기도 평택시 오성면 양교리 598-1 |
| 소꿉마당 | 033) 734-0021 | (220-840) 강원도 원주시 단계동 785-18 |
| 울퉁불퉁 | 033) 261-7889 | (200-240) 강원도 춘천시 신동면 증리 265-4 |
| (춘천)어깨동무 | 033) 244-3922 | (200-831) 강원도 춘천시 서면 금산2리 833-21 |
| 친구랑 | 042) 824-0065 | (305-328) 대전시 유성구 죽동 46 |
| 씩씩한 | 053) 755-6779 | (706-022) 대구시 수성구 만촌2동 1032-46 |
| (충주)아이들세상 | 043) 847-7934 | (380-080) 충북 충주시 봉방동 87-17 |
| (부산)아이들세상 | 051) 515-6832 | (609-391) 부산시 금정구 장전1동 119-19 |
| 씽씽 | 051) 865-5242 | (614-051) 부산시 부산진구 양정1동 471-1 |
| 쿵쿵 | 051) 342-2595 | (616-102) 부산시 북구 덕천2동 303-31 |
| 도토리 친구들 | 051) 512-2122 | (609-340) 부산시 금정구 남산동 483-8 |

## 방과후

| 도토리 방과후 | 02) 334-2346 | (121-240) 서울시 마포구 성산동 213-4 |
| 풀잎새 방과후 | 02) 323-0729 | (121-210) 서울시 마포구 서교동 378-15 |
| 재미난 방과후 | 02) 428-0605 | (134-080) 서울시 강동구 고덕동 시영종합상가 302호 |
| 꿈꾸는 방과후 | 02) 995-1805 | (134-024) 서울시 강북구 우이동 165-6 |
| 즐거운 방과후 | 02) 458-0659 | (143-222) 서울시 광진구 중곡2동 141-1 |
| 소리나는 방과후 | 02) 358-7725 | (122-050) 서울시 은평구 갈현동 494-12 |
| 열리는 방과후 | 02) 502-0677 | (427-040) 경기도 과천시 과천동 364-3 단독101(지하) |
| 튼튼 방과후 | 02) 504-7643 | (427-102) 경기도 과천시 갈현2동 22-9 마을회관 2층 |

하늘땅 방과후          031) 422-4633      (437-082) 경기도 의왕시 내손2동 703-20
산 방과후             032) 345-9213      (422-231) 경기도 부천시 소사구 소사본1동
                                                  188-6
사이좋은 방과후         031) 227-5925      (441-704) 경기도 수원시 권선구 금곡동
                                                  LG빌리지 208동103호
아름다운 방과후         031) 683-8237      (451-870) 경기도 평택시 오성면 양교4리 605-1
해맑은 방과후          032) 546-2013      (407-052) 인천시 계양구 계산 2동 896-3 4/2
친구랑 방과후          042) 861-8852      (305-345) 대전시 유성구 신성동 한울A 111동
                                                  101호
꾸러기 방과후          053) 755-6779      (706-022) 대구시 수성구 만촌2동 1032-46
아이들세상 방과후       051) 515-6832      (609-391) 부산시 금정구 장전1동 275-15
쿵쿵 방과후           051) 342-2595      (616-102) 부산시 북구 덕천2동 303-31


## 지역공동체학교(저소득층 지역 아이들을 위한 방과후)

해송어린이둥지공동체    02) 762-9201      (110-542) 서울시 종로구 창신2동 626-36
(강동)꿈나무학교       02) 478-7220      (134-052) 서울시 강동구 천호4동 364-5
(송파)꿈나무학교       02) 404-2159      (138-170) 서울시 송파구 송파동 185-6
                                                  인우빌딩 5층
(성남)꿈나무학교       031) 743-4416      (462-152) 경기도 성남시 중원구 은행2동
                                                  1613 4층


## 사단법인 공동육아와 공동체교육

(110-450) 서울시 종로구 원남동 89-1
02)764-0606 / FAX 02)764-7954
http://www.gongdong.or.kr
E-mail gongdong@gongdong.or.kr

# 시민자치뉴스레터 목차[*]

## 1호

[발간사] – 이기우(시민자치정책센터 대표/인하대 교수)
[이슈] 일본 지방자치헌장(안) – 하승수(시민자치정책센터 운영위원/변호사)
[시민자치정책센터 소개] – 편집팀

## 2호

[이슈] 반자치 흐름과 자치세력의 대응전략 – 편집팀
[주장] 고양시 러브호텔 반대운동 – 김범수(시민자치정책센터 운영위원/고양시의원)
[인터뷰] 김범수 의원에게 듣는다 – 편집팀

## 3호

[토론합시다] 주민운동 · 주민자치운동의 현황과 과제 – 편집팀
[지역운동사례] 서울 인근 도시 과천에서 시민운동 하기: 과천환경연합 활동을 중심으로
      – 김 현(시민자치정책센터 상근운영위원)

---

* 시민자치뉴스레터는 시민자치정책센터가 보름 간격으로 발간하고 이메일을 통해 전달되는 시민
자치에 관한 정보지입니다. 기사 전문은 시민자치정책센터 홈페이지에서 다운받으실 수 있습니다.

# 갈무리 신서

## 1. 오늘의 세계경제 : 위기와 전망
크리스 하먼 지음 / 이원영 편역
1990년대에 자본주의 세계경제가 직면한 위기의 성격과 그 내적 동력을 이론적 · 실증적으로 해부한 경제 분석서.

## 2. 동유럽에서의 계급투쟁 : 1945~1983
크리스 하먼 지음 / 김형주 옮김
1945~1983년에 걸쳐 스딸린주의 관료정권에 대항하는 동유럽 노동자계급의 투쟁이 어떻게 전개되어 왔는가를 실증적으로 분석한 역사서.

## 3. 오늘날의 노동자계급
알렉스 캘리니코스 · 크리스 하먼 지음 / 이원영 옮김
현대 자본주의 사회에서 노동자계급의 구성과 역할, 그리고 성격이 어떻게 변화하고 있는가를 실증적으로 분석한 책.

## 5. 서유럽 사회주의의 역사 : 1944~1985
이안 버첼 지음 / 배일룡 · 서창현 옮김
유럽 사회민주주의 정당들과 공산당들의 역사를 실제 행동을 중심으로 분석한 책.

## 6. 현대자본주의와 민족문제
알렉스 캘리니코스 외 지음 / 배일룡 편역
자본 국제화의 과정에서 국민국가의 위상은 어떻게 바뀔 것인가를 둘러싸고 전개된 논쟁집.

## 7. 소련의 해체와 그 이후의 동유럽
크리스 하먼 · 마이크 헤인즈 지음 / 이원영 편역
소련 해체 과정의 저변에서 작용하고 있는 사회적 동력을 분석하고 그 이후 동유럽 사회가 처해 있는 심각한 위기와 그 성격을 해부한 역사 분석서.

## 8. 현대 철학의 두 가지 전통과 마르크스주의
알렉스 캘리니코스 지음 / 정남영 옮김
현대 철학의 역사에 대한 비판적 분석을 통해 철학에서 마르크스주의의 역할은 무엇인가를 집중적으로 탐구한 철학개론서.

## 9. 현대 프랑스 철학의 성격 논쟁
알렉스 캘리니코스 외 지음 / 이원영 편역 · 해제
알뛰세의 구조주의 철학과 포스트구조주의의 성격 문제를 둘러싸고 영국의 국제사회주의자들 내부에서 벌어졌던 논쟁을 묶은 책.

## 10. 자유의 새로운 공간
펠릭스 가따리 · 안토니오 네그리 지음 / 이원영 옮김
《이 책은 갈무리 신서 22 『미래로 돌아가다』로 수정 · 증보되어 출간되었습니다.》

## 11. 안토니오 그람시의 단층들
페리 앤더슨 · 칼 보그 외 지음 / 김현우 · 신진욱 · 허준석 편역
마르크스주의 내에서 그리고 밖에서 그람시에게 미친 지적 영향의 다양성을 강조하면서 정치적 위기들과 대격변들, 숨가쁘게 변화하는 상황에 대한 그람시의 개입을 다각도로 탐구하고 있는 책.

## 12. 배반당한 혁명
레온 뜨로츠키 지음 / 김성훈 옮김

소련의 스딸린주의 체제가 한창 위세를 떨치던 1930년대. 혁명적 마르크스주의의 입장에서 통계수치와 신문기사 등 구체적인 자료를 바탕으로 소련 사회와 스딸린주의 정치 체제의 성격을 파헤치고 그 미래를 전망한 뜨로츠키의 대표적 정치분석서.

## 13. 들뢰즈의 철학사상
마이클 하트 지음 / 이성민 · 서창현 옮김
들뢰즈 철학사상의 발전을 분석한 철학 개론서이자 현대 프랑스 철학과 포스트구조주의 사상을 이해하는 데 커다란 도움을 줄 수 있는 입문서.